Wilting

Der Kompromiß als theologisches und als ethisches Problem

Moraltheologische Studien

Systematische Abteilung

Herausgegeben von
Bruno Schüller

Band 3

Hans-Josef Wilting

Der Kompromiß als theologisches und als ethisches Problem

Ein Beitrag zur unterschiedlichen Beurteilung des Kompromisses durch H. Thielicke und W. Trillhaas

Patmos-Verlag Düsseldorf

D 6
 1. Auflage 1975
Umschlaggestaltung Rüdiger Eschert
Satz und Druck Clausen & Bosse, Leck
ISBN 3-491-78422-0

Inhaltsverzeichnis

Einleitung

Das Problem, Normen zu finden und sie zu begründen, gehört zweifelsohne zu den Hauptaufgaben eines jeden Moraltheologen. Dennoch kann dieses Problem, wie die seit geraumer Zeit andauernde Diskussion unter katholischen Moraltheologen über die sittliche Beurteilung der Empfängnisverhütung, der Organtransplantation, des medizinisch indizierten Schwangerschaftsabbruchs oder neuerdings der sogenannten Sterbenshilfe bzw. der Tötung auf Verlangen in bestimmten Fällen deutlich macht, nicht als gelöst angesehen werden. Immer mehr Theologen erheben ernsthafte Zweifel an der Geltung und an der Begründung der von der Tradition erstellten sogenannten absoluten Handlungsnormen.

Als Weg zur Lösung schlägt der amerikanische Moraltheologe Ch. Curran vor, man solle sich auch im katholischen Bereich die Theorie des Kompromisses, wie sie der protestantische Theologe H. Thielicke in seiner ‚Theologischen Ethik' entwickelt, zu eigen machen. Mit diesem Vorschlag steht Ch. Curran nicht allein, auch einige andere katholische Moraltheologen (u. a. K. Demmer) haben H. Thielickes Grundgedanken aufgegriffen, um mit ihrer Hilfe eine Korrektur an der eigenen Tradition vorzunehmen. Dies war gleichsam der äußere Anlaß, H. Thielickes Lehre vom Kompromiß zu analysieren und die für sie angeführten theologischen und ethischen Begründungen auf ihre Stichhaltigkeit hin zu prüfen und ihren eventuellen Ertrag für eine Theorie sittlicher Urteilsbildung zu bestimmen.

Zum Aufbau dieser Untersuchung ist zu bemerken, daß den Ausführungen H. Thielickes die seines entschiedensten Kritikers W. Trillhaas gegenübergestellt werden. Im Anschluß daran geht es zunächst um die Frage, ob beide das Wort ‚Kompromiß' in derselben Bedeutung verwenden. In diesem Zusammenhang ist es auch erforderlich, in Anlehnung an den umgangssprachlichen Wortgebrauch eine Definition von ‚Kompromiß' zu erarbeiten. Von besonderem Gewicht sind dann die beiden letzten Kapitel. Dort werden zunächst die Gründe, die zu einer grundsätzlich negativen Bewertung des Kompromisses führen können, auf ihre Beweiskraft hin untersucht. Dabei wird diskutiert, ob die theologische Rechtfertigungslehre oder die These von der totalen Verderbtheit der Welt legitime Prämissen für die sittliche Bewertung von Kompromissen abgeben.

Danach wird ausführlich die Frage nach der Geltung des Axioms ‚Sollen setzt Können voraus' erörtert, die seit langem im Zusammenhang der sogenannten Pflichtkollision indirekt diskutiert wird. Dabei wird deutlich, daß H. Thielicke wahrscheinlich eine bestimmte Art einer deontologischen Normierung vertritt, deren Problematik er aber mit seiner Lehre vom Kompromiß unterläuft. Schließlich wird noch kurz gezeigt, wie man ohne die Behauptung der Möglichkeit von Pflichtenkollisionen im eigentlichen Sinn den Schwierigkeiten, die bei einer bestimmten Form deontologischer Begründung aller oder einiger Normen auftreten, auf andere Weise, als H. Thielicke es versucht, entgehen kann.

1. Kapitel
Der Kompromiß bei H. Thielicke

Im wesentlichen sind es zwei Gesichtspunkte, unter denen im folgenden die Aussagen H. Thielickes zum Kompromiß dargestellt werden sollen: Erstens ist zu klären, was H. Thielicke unter ‚Kompromiß' versteht. Da sich in seiner ‚Theologischen Ethik' keine ausdrückliche Definition dieses Wortes findet, kann die Bedeutung, die er dem Wort ‚Kompromiß' gibt, nur anhand der von ihm angeführten Beispiele erschlossen werden. Weiterhin ist zu prüfen, ob er es immer in ein und derselben Bedeutung gebraucht und welche verschiedenen Formen von Kompromiß er voneinander unterscheidet.

Zweitens soll herausgefunden werden, wie er den Kompromiß an sich bzw. wie er ihn in seinen einzelnen Formen bewertet. Von besonderem Interesse ist natürlich im Hinblick auf die spätere Diskussion die jeweils angeführte theologische und ethische Begründung für seine Wertung.

1. Der ethisch irrelevante und der ethisch relevante Kompromiß

H. Thielicke veranschaulicht das, was er unter ‚Kompromiß' versteht, zunächst an „technischen Vorgängen".[1] Bei der Konstruktion des Kraftwagens z. B. werden seiner Meinung nach mehrere Kompromisse geschlossen, einmal „zwischen dem Bedürfnis nach Geschwindigkeit und gleichzeitig nach Gewichtsminderung", zum anderen „zwischen möglichst hoher PS-Zahl und möglichst geringer steuerlicher Belastung" und drittens „zwischen möglichst hoher Leistung und möglichst geringem Betriebsstoffverbrauch".[2] Es stehen sich jeweils zwei Ziele bzw. Bedürfnisse ge-

1 *H. Thielicke,* Theologische Ethik, Bd. II, 1, Tübingen ³1965, Abschnitt 195 (im folgenden verkürzt angegeben: ThE II, 1 A 195): „Man wird – um mit den Elementen des Kompromißproblems zu beginnen – zunächst sagen müssen, daß das Leben in einer riesigen Fülle von Kompromissen besteht, die ethisch wertneutral sind und die sich besonders leicht an technischen Vorgängen demonstrieren lassen."

2 Ebd. A 196.

genüber: z. B. Geschwindigkeit und Gewicht oder Leistung und Betriebsstoff. Setzt man für diese Ziele die Zeichen x und y ein, so kann man sagen: Der Kompromiß wird geschlossen zwischen einem Ziel x und einem anderen Ziel y. Das Wort ‚Kompromiß' drückt demnach irgendeine Beziehung zwischen x und y aus. Allerdings geht aus der Formulierung H. Thielickes noch nicht ohne weiteres die Art dieser Beziehung hervor.

H. Thielicke nennt lediglich zwei „Bedürfnisse" – er meint wohl unterschiedliche Ziele, die bei der Konstruktion eines Kraftwagens zu berücksichtigen sind –, ohne daß er über die Art der Beziehung eine Aussage macht. Er scheint vorauszusetzen, daß der Leser aufgrund seines technischen Vorverständnisses eine gewisse Kenntnis über die Beziehung dieser Ziele untereinander besitzt.

Wenn er aber formuliert, daß beim Kompromiß jeweils das Ziel x in möglichst großem, das Ziel y dagegen in möglichst geringem Ausmaß verwirklicht werden soll, dann scheint er offensichtlich an ein Konkurrenzverhältnis zwischen x und y zu denken, in dem x die notwendige Bedingung für die Verwirklichung von y ist; so ist z. B. eine notwendige Bedingung für Motorleistung ein gewisser Betriebsstoffverbrauch. Zu einem Konflikt kommt es dabei nur deshalb, weil x als etwas Positives, das heißt Erstrebenswertes, y dagegen als etwas Negatives, das heißt zu Vermeidendes, angesehen wird.

Inwieweit nun diese Interpretation das trifft, was H. Thielicke mit dem Wort ‚Kompromiß' meint, ist noch an weiteren von ihm angeführten Beispielen zu überprüfen.

Beim Paradigma des Betriebs geht es um die beiden Ziele „Rentabilität" und „soziale Maßnahmen".[3] Auch in diesem Fall klärt H. Thielicke das zwischen ihnen bestehende Konkurrenzverhaltnis nicht. Im Gegensatz zum Kraftwagenbeispiel handelt es sich hier aber offensichtlich um zwei positiv zu bewertende Ziele, die im Verhältnis der Gegenläufigkeit zueinander stehen. Je mehr das eine verwirklicht wird, desto weniger läßt sich das andere realisieren, und umgekehrt, je mehr das andere desto weniger das eine. Der Kompromiß besteht bei diesem Beispiel demnach in einem möglichst ausgewogenen Ausgleich zwischen zwei positiv zu bewertenden Komponenten.

Bisher steht demnach fest: Beim Kraftfahrzeugbeispiel kommt es zum Kompromiß aufgrund eines notwendigen Bedingungszusammenhangs zwischen konträr bewerteten Komponenten – die eine Komponente gilt als positiv, die andere als negativ. Demgegenüber ist beim Beispiel des Betriebs der Kompromiß eine Folge der Gegenläufigkeit der beiden Ziele –

[3] Ebd.: „Jeder sozial verantwortliche *Betrieb* arbeitet mit Kompromissen zwischen der Rentabilität und dem Aufwande für soziale Maßnahmen."

beide gelten als positiv, lassen sich aber nicht gleichzeitig im gewünschten Umfang verwirklichen.
Auch im Kunstwerk möchte H. Thielicke einen Kompromiß sehen, da der Künstler seiner Ansicht nach nämlich einen Kompromiß zwischen seinem „Wollen“ und seinem „Können“ schließt oder, wie H. Thielicke erläutert, „zwischen der visionären Konzeption und dem, was Material, Zeit, Raum und Umstände hergeben“.[4] Wieso H. Thielicke allerdings im Kunstwerk einen Kompromiß sieht, ist nicht ganz ersichtlich. Denn hier geht es ja nicht um irgendeinen Ausgleich zwischen zwei positiv oder negativ bewerteten Zielen, sondern um die Angleichung des Gewollten an das Mögliche.
Dagegen gleichen die ebenfalls angeführten Beispiele des „wissenschaftlichen Buches“ und des „Rechts“ den zuerst analysierten. Indem H. Thielicke im wissenschaftlichen Buch u. a. einen Kompromiß zwischen „Vollständigkeit und Genauigkeit“ einerseits und Aktualität und Zeitaufwand anderseits sieht,[5] nennt er zunächst zwei positiv bewertete Ziele, die zwar beide anzustreben, doch wegen ihrer Gegenläufigkeit nicht gleichzeitig in beliebigem Ausmaß zu verwirklichen sind. Hierin gleicht dieses Paradigma dem Betriebsbeispiel. Da es sich aber bei dem Faktor ‚Zeitaufwand‘ weniger um ein eigenes positiv zu bewertendes Ziel, sondern eher um eine negativ zu bewertende notwendige Bedingung handelt, wäre das genannte Paradigma in dieser Hinsicht eher dem Kraftwagenbeispiel zuzuordnen.
Ähnlich liegt der Fall beim Beispiel des Rechts. Das Recht sei „ein Kompromiß zwischen der Freiheit des Einzelnen und der Notwendigkeit, die Summe der freien Individuen durch Regeln zu ordnen, welche jene Freiheit bewahren, indem sie sie zugleich begrenzen“.[6] Die Rechtsordnung wird hier, insofern sie die Freiheit des einzelnen beschränkt, negativ bewertet, ist jedoch als deren notwendige Bedingung in bestimmtem Umfang gefordert. Dieses Paradigma gleicht somit mehr dem Kraftwagenbeispiel.
Auch wenn H. Thielicke keine Definition von ‚Kompromiß‘ formuliert, gibt er doch durch seine Beispiele an, wie er dieses Wort gebrauchen will. Im Anschluß an die Analyse seiner Beispiele kann daher eine vorläufige Definition versucht werden, die H. Thielickes Wortgebrauch zu erfassen sucht. Für ihn scheint überall dort ein Kompromiß vorzuliegen, wo ein Ausgleich zwischen mehreren in irgendeiner Weise miteinander konkurrierenden Zielen stattfindet.

[4] Ebd.
[5] Ebd.
[6] Ebd.

Mit dieser Definition ist allerdings das Beispiel des Kunstwerks nicht zu vereinbaren. Wollte man es bei der Definition mitberücksichtigen, so würde H. Thielicke unter ‚Kompromiß' jegliche Form einer Angleichung verschiedener Komponenten aneinander verstehen. Gegen diese zweite weitere Definition spricht allerdings, wie angedeutet, daß allen anderen bisher genannten Beispielen die engere Kompromißdefinition entnommen werden kann. Bei der weiteren Darstellung ist also darauf zu achten, ob H. Thielicke immer der vorgeschlagenen engeren Definition den Vorzug gibt oder ob er in bestimmten Zusammenhängen unter ‚Kompromiß' jegliche Angleichung verstehen will.

Den bisher analysierten Beispielen ist gemeinsam, daß sie Resultate menschlichen Verhaltens darstellen. Daraus könnte man schließen, H. Thielicke wolle das Vorkommen von Kompromissen auf diesen Bereich beschränkt wissen. Gegen diese Vermutung spricht aber seine Bemerkung, daß sich die Liste der Beispiele für Kompromisse „ad infinitum" erweitern lasse. „Dieses infinitum", so sagt er, „ist die Unendlichkeit des Lebens selbst. Denn das natürliche Leben sowohl wie das geschichtliche vollzieht sich in Bewegung und Hemmung, in Gegensatz und Ausgleich, im Ringen von Kraft und Stoff."[7] Aus dieser und ähnlichen Formulierungen[8] geht hervor, daß für H. Thielicke überall im Bereich menschlichen Handelns ebenso wie im Bereich des Bios und Kosmos Kompromisse anzutreffen sind, und zwar überall dort, wo verschiedene irgendwie konkurrierende Kräfte wirken, zwischen denen irgendein Ausgleich sich vollzieht bzw. vollzogen wird. Aber wenn H. Thielicke auch bestimmte Sachverhalte, die nicht Resultate menschlichen Handelns sind, als ‚Kompromisse' bezeichnet, so sind sie doch für die Frage nach der ethischen Beurteilung völlig belanglos. Daher können sie in dieser Arbeit unberücksichtigt bleiben. Wenn also im folgenden das Wort ‚Kompromiß' gebraucht wird, ist ausschließlich an den Kompromiß als Gegenstand menschlichen Handelns gedacht.

Wie bereits aus H. Thielickes Überschrift[9] hervorgeht, unterscheidet er grundsätzlich zwei Formen von Kompromissen, nämlich den „wertneutralen", besser würde man wohl sagen den ‚ethisch irrelevanten', und den „ethisch relevanten" Kompromiß. Dabei überrascht das angegebene Unterscheidungskriterium. Nach H. Thielickes Ansicht verläuft nämlich die

[7] Ebd. A 199.

[8] So spricht H. Thielicke etwa auch von dem „Naturgesetz des Kompromisses", der „eine Brechung und Wesensveränderung" erfahre, „wenn er aus dem Vorgang des natürlichen Auspendelns zum Element einer menschlichen Entscheidung wird" (ebd. A 203).

[9] Vgl. ebd. A 181.

Grenze zwischen beiden Formen nicht, wie man vermuten könnte, zwischen jenen Kompromissen, die sich außerhalb des Bereiches menschlichen Handelns durch bloßes „natürliches Auspendeln“ – also unabhängig von jeglichem menschlichen Wollen – ergeben, und solchen, die Resultate menschlichen Handelns und Wollens sind. Er will vielmehr innerhalb der Gruppe der Kompromisse im menschlichen Handlungsbereich zwei Formen voneinander unterscheiden: den ethisch irrelevanten Kompromiß als das Ergebnis einer rechnerischen Operation, das heißt als eine berechnete Lösung,[10] ein „reines Sachgeschehen“, einen „simplen Kalkul“,[11] und den ethisch relevanten Kompromiß, der demgegenüber einem „wagenden Akt der Entscheidung“[12] entspringt.
Was H. Thielicke unter einem „berechenbaren“ Kompromiß versteht, geht aus seinem Vergleich mit dem „Kräfteparallelogramm“[13] hervor: Die beiden Komponenten sind vorgegeben, und die Resultante, die dem Kompromiß entspricht, läßt sich aus ihnen eindeutig bestimmen. Gerade dieser Vergleich zeigt, daß der ‚ethisch irrelevante‘ Kompromiß, obwohl ein Ergebnis menschlichen Handelns, dennoch nicht Gegenstand einer freien Wahl ist; denn in einer solchen ‚berechenbaren‘ Situation stellt sich dem Handelnden gar nicht ernstlich die Frage: Was soll ich tun? In diesem Sinn ist z. B. die Bestimmung des Verhältnisses von Betriebsstoffverbrauch und Leistung beim Kraftwagen für den Konstrukteur keine ethische Frage. Es ist aber auch zu bedenken, daß etwa das Verhältnis von Leistung und Gewicht Auswirkungen auf die Sicherheit des Fahrzeugs hat und somit für Leben und Gesundheit der Verkehrsteilnehmer bedeutsam ist. In diesem größeren Zusammenhang betrachtet, kann dann ein auf den ersten Blick ethisch irrelevant erscheinendes Problem durchaus zu einer ethischen Frage werden.
Diese Möglichkeit sieht auch H. Thielicke. Beim Beispiel des Betriebs weist er darauf hin, daß Situationen eintreten könnten, in denen die Verteilung der Geldmittel nicht nur nach rein rechnerischen Gesichtspunkten erfolgen dürfte.[14] Hieraus schließt er, daß die Grenze zwischen ethisch

10 Immer wieder betont H. Thielicke ausdrücklich, daß der ethisch relevante Kompromiß unberechenbar ist. So ist z. B. „Mut zu einer rechnerisch nicht legitimierbaren Tat“ verlangt. „Der Unternehmer ist eben *nicht* imstande, jene Entscheidung zu errechnen ...“ (ebd. A 204).

11 Ebd.

12 Ebd. A 207.

13 Vgl. *H. Thielicke*, Theologische Ethik, Bd. I, Tübingen ³1965 (ThE I), A 207, 1947; ThE II, 1 A 419 u. ö.

14 ThE II, 1 A 204: „Es sei nur an die nicht seltene Möglichkeit gedacht, daß bei einer Sättigung des Marktes und einer damit verbundenen Absatzkrise die Rentabilität eines Betriebes nur durch eine umfangreiche Entlassung von Ar-

irrelevanten und relevanten Kompromissen oft fließend ist.[15] Ob nun H. Thielicke mit der ‚Berechenbarkeit' ein eindeutiges Kriterium für die Unterscheidung zwischen ethisch relevanten und irrelevanten Kompromissen angegeben hat, mag dahingestellt bleiben. So viel ist jedenfalls klar, daß sich beim ethisch irrelevanten Kompromiß die Frage: Was soll ich tun? gar nicht ernsthaft stellt. Alle sogenannten Kompromisse, die diese Frage nicht notwendig voraussetzen, können in dieser Arbeit also unberücksichtigt bleiben.

Was sind nun die kennzeichnenden Merkmale des ethisch relevanten Kompromisses? Wie bereits erwähnt, basiert er für H. Thielicke auf einem wagenden Akt der Entscheidung. Dies veranschaulicht er an der Situation eines Pfarrers.[16]

Der Pfarrer stehe vor einem doppelten Anspruch: einmal habe er diakonische Aufgaben zu erfüllen und zum andern seine Sonntagspredigt vorzubereiten. Da die Erfüllung beider Aufgaben Zeit in Anspruch nimmt, dem Pfarrer aber nur eine begrenzte Arbeitszeit zur Verfügung steht, ist er genötigt, diese auf beide Aufgabenbereiche aufzuteilen. Dies hat zur Folge, daß der Pfarrer beiden Aufgaben nicht in dem Maß nachkommen kann, wie dies möglich wäre, wenn er seine ganze Arbeitszeit ausschließlich einer von beiden widmen könnte. Indem der Pfarrer also einen Ausgleich zwischen den beiden Anforderungen herbeiführt, schließt er einen Kompromiß, bei dem beide Aufgaben nur bis zu einem gewissen Grad verwirklicht werden.

Ganz offensichtlich handelt es sich hier um einen Kompromiß in der von H. Thielicke durch Beispiele festgelegten Bedeutung; denn der Pfarrer führt einen Ausgleich herbei zwischen zwei miteinander konkurrierenden Aufgaben. Ohne Zweifel liegt aber auch ein ethisch relevanter Kompromiß vor; steht der Pfarrer doch vor der ernsthaften Frage, was er tun solle.

Worin sieht H. Thielicke aber die ethische Relevanz des Kompromisses

beitern aufrechterhatlen werden kann. Die rechnerisch ermittelte Kompromißlösung zwischen der Rentabilität und dem sozialen Aufwand (der einen möglichst langen Verzicht auf Entlassung verlangt), wird sehr oft nicht das alleinige Kriterium bilden können, auf Grund dessen der Unternehmer eine solche Entscheidung zu fällen hat. Der Unternehmer ist eben *nicht* imstande, jene Entscheidung zu errechnen und sie damit als Entscheidung aufzuheben."

15 Vgl. ebd. 204.

16 Ebd. A 207: „Nach welchem Gesichtspunkt soll etwa ein Pfarrer – um eine ganz andere Art von Wert-Kollision anzudeuten – einen Kompromiß schließen zwischen der Zeit-Anforderung, die Krankenbesuche und sonstige diakonische Aufgaben an ihn stellen, *und* der Zeit-Anforderung, mit der ihn eine solide Vorbereitung seiner Sonntagspredigt beansprucht?"

beim Pfarrer? Beide Aufgaben des Pfarrers verdienen, erfüllt zu werden; insofern kann man sagen: Ihre Erfüllung ist von Wert. Da jedoch beide nicht gleichzeitig verwirklicht werden können, sondern im Verhältnis der Gegenläufigkeit zueinander stehen, befindet sich der Pfarrer nach H. Thielicke in einer „Wert-Kollision“ oder, wie er an anderer Stelle auch sagt, in einer „Pflichtkollision“.[17] Es gebe nämlich keinen Gesichtspunkt,[18] der es ermögliche, einen Ausgleich zwischen den Ansprüchen der beiden kollidierenden Werte herbeizuführen. Deshalb befinde sich der Pfarrer in einem nicht lösbaren Konflikt.[19]

Zunächst kann man sich vor Augen halten, daß, rein faktisch gesehen, wohl jeder Pfarrer einen Teil beider Aufgaben erfüllt. So gesehen löst er zumindest faktisch den bestehenden Konflikt. In diesem Zusammenhang kann unberücksichtigt bleiben, ob der eine Pfarrer mehr Zeit für diakonische Aufgaben, ein anderer dagegen mehr Zeit für Predigtvorbereitungen aufwendet. Jeder steht jeweils vor der Frage, wie es ihm möglich ist, den ‚unlösbaren‘ Konflikt zu überwinden. Nach Meinung H. Thielickes ist eine solche Wertekollision nur durch einen „wagenden Akt der Entscheidung“ zu beenden.[20]

Wieso spricht H. Thielicke aber dennoch von einem ‚unlösbaren‘ Konflikt? Diese Ausdrucksweise wird verständlich, wenn man seine Wertung der Konfliktlösung anschaut. Er sagt, durch eine solche Entscheidung vermöge der Pfarrer „das quälende Gefühl des Ungenügens und des Schuldigbleibens“ nicht von sich zu weisen. „Die Beanspruchung und die oft beklemmende Anklage seines Gewissens“ sage ihm, „daß er es hier mit Entscheidungen zu tun habe, in denen man schuldig“ werde.[21] Nach H. Thielicke kann der Pfarrer also nicht anders, als eine Entscheidung für einen Kompromiß wagen, bei dessen Ausführung er aber die Erfahrung macht, daß er dem Anspruch der Aufgaben nicht gerecht wird. Durch den Kompromiß werde der Pfarrer notwendig sittlich schuldig.

Es bleibt also festzuhalten: Die ethische Relevanz des Kompromisses liegt für H. Thielicke darin, daß ein solcher Kompromiß nicht durch eine rech-

17 Ebd. A 379.

18 Ebd. A 207: „Geht es hier wirklich um sachlich gegeneinander abwägbare Werte, die nur von einander subtrahiert zu werden brauchten, um als Ergebnis die notwendige Marschroute zu ergeben?“

19 Ebd. A 211: „Dem Kompromiß (liegt) stets ein Konflikt zugrunde ..., der an die Fundamente menschlicher Existenz rührt und der grundsätzlich unauflösbar ist.“

20 Ebd. A 207: „Die Sach- und Personenwerte, zwischen denen der Kompromiß zu vermitteln hat, können so heterogen sein, daß sachliche Kriterien überhaupt versagen und ausschließlich ein wagender Akt der Entscheidung hilft.“

21 Ebd.

nerische Operation zustandekommen kann, sondern nur durch eine Entscheidung, durch die man notwendigerweise sittlich schuldig wird.
Die Behauptung H. Thielickes, daß man beim ethisch relevanten Kompromiß notwendig sittlich schuldig werde, ist nun keineswegs ohne weiteres einsichtig. Es sprechen sogar ganz entscheidende Gründe gegen sie. Daher ist es ein Hauptziel dieser Arbeit, diese These auf ihre Stichhaltigkeit hin zu untersuchen. An mehreren anderen Beispielen stellt H. Thielicke ausführlich die Gründe für seine Auffassung dar. Um diese kennenzulernen und so die ethische Diskussion vorzubereiten, soll im folgenden auf die von H. Thielicke angeführten Beispiele eingegangen werden.

2. *Die Unbestimmbarkeit des ‚richtigen' Handelns*

Um H. Thielickes Gründe kennenzulernen, die zu seiner negativen Beurteilung des ethisch relevanten Kompromisses – und nur um diesen geht es im folgenden – führen, soll zunächst auf seine Aussagen über Ziel und Methode einer theologischen Ethik eingegangen werden. Es ist nämlich durchaus möglich, daß diese Ansichten sein Kompromißverständnis in mancher Hinsicht beeinflussen oder sogar ausschlaggebend dafür sind.
Eine theologische Ethik ist für H. Thielicke „ein Stück dogmatischer Prinzipienlehre";[22] deshalb lasse sie sich auch nicht von der Dogmatik loslösen. Beide befaßten sich nämlich mit demselben Thema, der „Rechtfertigungslehre",[23] das sie nur auf je eigene Art entfalteten.
Der Versuch H. Thielickes, die gesamte Ethik von der Rechtfertigungslehre, und zwar von einem ganz bestimmten Verständnis der Rechtfertigungslehre her zu entwickeln, führt, wie später noch ausführlicher zu zeigen ist, zu jener Interpretation der Konfliktsituation und des daraus hervorgehenden Kompromisses, die bereits am Beispiel des Pfarrers kurz erläutert wurde. Von der Rechtfertigungslehre her stellt sich ihm nämlich die christliche Ethik als ein „notwendiges Unternehmen"[24] und zugleich als eine „unmögliche Möglichkeit"[25] dar. Sie ist für ihn ein „unmögliches" Unterfangen, insofern sie den Christen, der sich de facto in einer von der Sünde gezeichneten Welt vorfinde, *noch* so fordere, als ob er im

[22] ThE I S. VII.
[23] *H. Thielicke*, Theologische Ethik, Bd. III, Tübingen [1]1964 (ThE III), X: „‚Dogmatik' und ‚Ethik' halten genau übereinstimmende Korreferate über das gleiche Thema. Beide haben ihren gemeinsamen Wurzelgrund in der Rechtfertigungslehre."
[24] ThE I A 205.
[25] Ebd. A 203.

Urstand vor dem Sündenfall weile, und *schon* so, als ob die kommende heile Welt bereits an die Stelle der alten getreten sei.[26] Sie ist für ihn aber auch eine wirkliche „Möglichkeit", insofern der Christ bereits „Bürger des neuen Äons"[27] sei und aus der Rechtfertigung durch Gott lebe. Und sie ist für ihn schließlich „ein notwendiges Unternehmen", insofern der Christ „in jenem Spannungsfeld leben und einen modus videndi finden"[28] müsse.

Aufgrund der Existenz des Christen innerhalb der Spannung zwischen diesem und dem zukünftigen Äon hält H. Thielicke es von vornherein für unmöglich, „einsichtige Regeln"[29] für das Handeln zu formulieren. Dadurch würde seiner Meinung nach die Spannung der christlichen Existenz, sowohl in diesem Äon zu existieren als auch schon „Glied des himmlischen πολίτευμα"[30] zu sein, verdeckt. Das rechte „Wie des Handelns" bleibe immer verborgen;[31] denn „vor dem Geheimnis des neuen *Seins*," das zugleich vom alten und vom neuen Äon bestimmt sei, „gewinnt auch das *Handeln* aus diesem Sein die Züge des Geheimnisses, und zwar nicht nur in dem Sinne, daß dies Handeln in Kraft des Heiligen Geistes – also wieder im Namen eines Geheimnisses – geschieht, sondern auch in dem Sinne, daß die Normen dieses Handelns an dem Geheimnis der Situation zwischen den Äonen partizipieren".[32]

H. Thielicke will also nicht in erster Linie Kriterien erstellen, nach denen entschieden werden kann, welche der möglichen Handlungen verwirklicht werden soll, sondern sein Hauptanliegen ist, dem Gläubigen „angesichts konkreter Aufgaben des Handelns"[33] zu zeigen, daß er sie nicht zu lösen vermag, ohne dadurch schuldig zu werden.

26 Vgl. ebd. A 204, wo H. Thielicke von der Bergpredigt, an der sich für ihn am deutlichsten die Eigenart der christlichen Ethik zeigt, sagt: „Sie nimmt mich sozusagen über den Sündenfall hinweg, ja über mein ganzes Bestimmtsein durch diesen *Äon* hinweg in Anspruch. Sie fordert mich *noch* so, als ob ich im Urstand weilte und mich eben aus den Händen Gottes empfangen hätte; und sie fordert mich *schon* so, als ob die kommende Welt bereits an die Stelle der alten getreten wäre." Vgl. ferner ThE II, 1 A 237: „Das sehen wir nicht zuletzt daran, daß die Bergpredigt, gerade indem sie faktisch innerhalb der Gesetze dieses Äons nicht erfüllbar ist, einen einzigen Protest *wider* die Welt des gefallenen Menschen darstellt."

27 ThE I A 212.

28 Ebd. A 205.

29 Ebd. A 208.

30 Ebd.

31 Ebd. A 209.

32 Ebd. A 210.

33 Ebd. A 212: „Das Ziel der Ethik kann es folglich nicht sein, jene Spannung zu überwinden durch Empfehlung von Kompromissen, die den beiden Kontrahenten jener Spannung gerecht würden, sondern sie kann nur den Weg

Daß es H. Thielicke nicht vornehmlich darum geht, klare ethische Weisungen zu formulieren, zeigt sich an seinem methodischen Vorgehen. Da es sein Ziel ist, „alle an der ethischen Entscheidung partizipierenden Normansprüche zu verdeutlichen, ihr jeweiliges Gewicht herauszustellen und auf den theologischen Hintergrund des so erkennbaren Wertwiderstreites hinzuweisen",[34] wählt er die von ihm so genannte „Modell-Methode". Das heißt, alle normativen Probleme werden anhand von Modellfällen analysiert und auf das genannte Ziel hin ausgelegt – nicht gelöst. So ist die Konfliktsituation etwa das Modell für das Spannungsverhältnis zwischen der ethischen Forderung und den Gegebenheiten dieser sündigen Welt. Der Kompromiß wiederum ist neben der Grenzsituation das Modell für die Konfliktsituation. Doch auch das Modell des Kompromisses läßt sich wieder anhand von vielen Einzelmodellen veranschaulichen, so daß schließlich jedes „Detail-Problem"[35] unter Zuhilfenahme eines eigenen Modells erläutert werden kann.

Bei diesen Detail-Modellen handelt es sich dann um Fälle (casus), „die für das jeweilige Sach-Problem repräsentativ sind".[36] So wird z. B. der Konflikt zwischen Wahrheit und Liebe „exemplarisch verdeutlicht am casus der ‚Wahrheit am Krankenbett'".[37] All diese Modelle will H. Thielicke nun nicht als bloße Illustrationen oder als „Beispielfälle", die der „Anschaulichkeit der Ethik" dienen sollen, verstanden wissen. Für ihn erfüllen sie vielmehr in zweifacher Hinsicht eine „sachliche Funktion".[38] Erstens machten sie „am konkreten Detail das ganze komplizierte Gewebe der Wirklichkeit sichtbar";[39] denn „durch das Eindringen ins Konkrete" zeige sich, „daß jeder Fall anders liegt, daß sich das Konkrete nämlich nie wiederholt und daß es als ein derart ‚unhandliches', unfixierbares Gebilde so nicht einfach unter bereitzustellende Normen subsumierbar ist".[40] Zweitens könne die Modell-Methode die Ethik vor einer ge-

durch die Spannung hindurchgehen. Die Ethik kann angesichts konkreter Aufgaben des Handelns zeigen, worin jene Spannung besteht; und sie kann ferner zeigen, wie inmitten der Vergebungsbedürftigkeit und der Verheißung *alles* Handelns die demonstratio dessen auszusehen hätte, daß ein Christ Bürger des neuen Äons ist und daß er den alten ehrt als den Kairos Gottes, als die ‚angenehme Zeit', die unter der göttlichen Geduld noch weiterlaufen darf. Das Thema der Ethik ist dieses ‚Wandern zwischen beiden Welten'."

34 ThE III S. XII.

35 Ebd. S. X.

36 Ebd.

37 Ebd.

38 Ebd.

39 Ebd.

40 Ebd. S. XII. Diese Aussagen, die sich beliebig vermehren ließen, lassen H.

setzlichen Tendenz bewahren. „Diese Tendenz würde sich dann ergeben, wenn die Ethik ihre Aufgabe darin sähe, klare ethische Weisungen bis ins Kasuistische zu geben. Gesetzlich wäre eine derartige Tendenz deshalb, weil sie dem Leser die eigene Entscheidung insofern abnähme, als sie diese Entscheidung präjudizierte und ihm folglich zumutete, die Entscheidung eines *Andern* – in diesem Fall die Entscheidung des Autors – zu übernehmen. Statt das Selbst und damit die mündige Autonomie zu engagieren, würde sie also beide ausschalten."[41] Präzise faßt H. Thielicke das Anliegen seiner Modell-Methode noch einmal zusammen. Er verfolge mit ihr „die Zerstörung der Illusion, als gebe es eine in Eindeutigkeit auszumachende ‚richtige' Gestalt des Handelns, als gebe es – ‚Gerechtigkeit'. Statt dessen wird an der Weltgestalt dieses ‚Äons zwischen Sündenfall und Gericht' deutlich, daß sie die Verwirklichung des Willens Gottes im Sinne der Gesetzesgerechtigkeit überhaupt nicht aus sich heraus gibt, daß also die Bergpredigt mit ihrer eschatologischen Infragestellung dieser unserer Welt recht hat."[42]

Damit ist der Ausgangspunkt der Überlegungen H. Thielickes wohl einigermaßen deutlich geworden: Der Christ lebt zwar noch in der durch die Sünde gezeichneten Welt Adams, dennoch aber auch schon in der durch Gottes Erbarmen heilen Welt Jesu Christi. Diese Spannung zwischen dem ‚Noch' und dem ‚Schon' wirkt sich insofern auf das Handeln des Christen aus, als es, weil von der Sünde immer noch infiziert, niemals im eigentlichen Sinn ‚richtig' sein kann. Wenn aber ein eindeutig ‚richtiges' Handeln in dieser Welt unmöglich ist, muß auch jeder Versuch zum Scheitern verurteilt sein, Kriterien für die Bestimmung des ‚richtigen' Handelns angeben zu wollen. Die Aufgabe des Ethikers kann demnach nur darin bestehen, anhand von Modell-Situationen, an denen das komplizierte Gewebe von sich häufig gegenseitig ausschließenden Ansprüchen anschaulich wird, die Spannung zu verdeutlichen, in der der Christ in dieser Welt lebt.

Bei der weiteren Untersuchung ist allerdings darauf zu achten, ob H. Thielicke tatsächlich darauf verzichtet, Kriterien für die Bestimmung des ‚richtigen' Handelns anzugeben. Noch wichtiger aber ist die Frage, ob die Existenz des Christen innerhalb der Spannung zwischen den beiden Äonen wirklich Grund für die prinzipielle Unbestimmbarkeit des ‚richtigen' Handelns sein kann.

Thielicke als einen Vertreter der Situationsethik erscheinen, auch wenn er sich nicht ausdrücklich zu dieser Richtung bekennt.

[41] Ebd. S. XI.

[42] Ebd. S. XII.

3. Schuld als Folge des Handelns im Kompromiß

Für H. Thielicke ist die Ethik, wie bereits erwähnt, ein ‚unmögliches', dennoch aber ‚notwendiges' Unternehmen. Bisher wurde diese Aussage so interpretiert, als ob H. Thielicke damit allein behaupten wolle, es gebe keine allgemeingültigen Kriterien für die Bestimmung des ‚richtigen' Handelns. Aus dem Gesamtzusammenhang seiner Aussagen scheint aber hervorzugehen, daß er mehr als nur dies sagen will. Vermutlich meint er mit dem Ausdruck ‚unmögliches Unterfangen' an dieser Stelle etwas Ähnliches wie mit dem Ausdruck ‚unlösbarer Konflikt' beim Beispiel des Pfarrers. Das würde dann bedeuten, daß nach Ansicht H. Thielickes alles Handeln des Christen in irgendeiner Weise sittlich anfechtbar ist. Die Gründe, die ihn zu einer solchen Annahme führen, versucht er unter anderem am Modell des ‚Großinquisitors' darzustellen. Diese Gestalt aus Dostojewskis Roman ‚Die Brüder Karamasow' dient ihm dazu, das seiner Ansicht nach für den katholischen Ethiker typische Kompromißverständnis zu veranschaulichen.
H. Thielicke geht von der Vermutung aus, der Kompromiß spiele in der katholischen Moraltheologie eine besondere Rolle. Dabei stützt er sich auf zwei Erwägungen: auf die „analogia-entis-Lehre" und das „ontologische Denkschema".[43] Man fragt sich unwillkürlich, welche Beziehungen diese Sachverhalte zur Moraltheologie und zur Beurteilung des Kompromisses haben können.
Die analogia-entis-Lehre erlaubt und gebietet seiner Meinung nach „eine weitgehende Rücksichtnahme der übernatürlichen Forderungen auf die Gegebenheiten der menschlichen Natur . . . Das Fehlen des ‚unendlichen qualitativen Unterschiedes von Zeit und Ewigkeit' (Kierkegaard) läßt es hier weniger zu radikalen Entgegensetzungen zwischen Göttlichem und Menschlichem kommen und legt statt dessen Ausgleich und ‚Kompromiß' näher."[44] H. Thielicke scheint hervorheben zu wollen, daß eine bestimmte Interpretation des Verhältnisses zwischen Schöpfer und Schöpfung Auswirkungen auf die Beurteilung des Kompromisses hat. Nimmt man nämlich an, das ‚übernatürliche' Sein des Schöpfers komme in irgendeiner Hinsicht mit dem ‚natürlichen' Sein des Geschöpfes überein, dann legt das den Schluß nahe, die ‚übernatürlichen' Forderungen ließen sich legitimerweise auf die ‚natürlichen' Möglichkeiten des Geschöpfes abstimmen.
Im ontologischen Denkschema sieht er eine weitere Ursache dafür, daß sich in der katholischen Moraltheologie „absolute Entscheidungen zugun-

43 ThE II, 1 A 213f.
44 Ebd. A 213.

sten des relativ Möglichen zurückstellen"[45] lassen. Berücksichtigt man seine Aussagen über die Existenz des Gläubigen als einen, der zwischen zwei Äonen lebt, dann scheint er sagen zu wollen, daß der Christ, der dem ontologischen Denkschema verhaftet ist, sich zwar, insofern er schon dem neuen Äon angehört, vor die ‚übernatürlichen' Forderungen Gottes gestellt sieht, insofern er jedoch noch in diesem Äon lebt, sich legitimiert weiß, diese ‚übernatürlichen' Forderungen auf die Möglichkeiten seiner ‚Natur' zurückzuschrauben.

Seine beiden Erwägungen laufen also wohl darauf hinaus, die katholische Moraltheologie vertrete aufgrund der ‚analogia-entis-Lehre' und ihres ‚ontologischen Denkschemas' den Grundsatz, Sollen setze Können voraus, das heißt nur das, was im Vermögen eines Menschen liege, könne Inhalt einer sittlichen Forderung sein. Von diesem Grundsatz setzt H. Thielicke sich aber ab. Das macht er unter anderem durch seine Interpretation der Gestalt des Großinquisitors deutlich.

In der Legende Dostojewskis wird erzählt, wie Christus während der spanischen Inquisition noch einmal auf die Erde zurückkehrt und ein Mädchen vom Tod erweckt. Diese Tat der Liebe erregt den Widerspruch des Großinquisitors, und er weiß angesichts jenes Wunders nur zu sagen: ‚Warum bist du gekommen, uns zu stören?'. H. Thielicke fügt nun folgende kurze Deutung an, die er anschließend weiter entfaltet: „Jesus Christus ist die große Störung jener berechnenden Konzeption, in der die Botschaft der Kirche auf die Schwächen, Erbärmlichkeiten, Sehnsüchte, Begierden und Ängste der menschlichen Kreatur eingespielt ist. Die Ewigkeit meldet sich in Christus nicht als Überhöhung, sondern als Widerspruch zu dieser Natur und inmitten dieses Widerspruchs als überwindende, opfernde, tragende – aber eben nicht als synthetisch ausgleichende! – Liebe."[46]

Aus der Sicht H. Thielickes schließt der Großinquisitor einen Kompromiß „mit der heruntergekommenen Natur des Menschen".[47] Diese Formulierung verwundert zunächst, wurde doch oben gezeigt, daß H. Thielicke den Kompromiß als Ausgleich zwischen wenigstens zwei verschiedenen Größen versteht. Hier nennt er aber nur eine Größe, nämlich „die heruntergekommene Natur des Menschen", ohne auf eine konkurrierende Größe Bezug zu nehmen.

Berücksichtigt man jedoch seine weiteren Aussagen, so scheint er zu mei-

[45] Ebd. A 214.
[46] Ebd. A 221.
[47] Ebd. A 217: „Der Großinquisitor ist der Repräsentant einer Kirche, die in ihrer Verkündigung einen Kompromiß geschlossen hat mit der heruntergekommenen Natur des Menschen, um gerade durch dieses Eingehen und diese Anpassung ein Optimum des Erfolges in der *Behandlung* jener Natur zu erreichen."

nen, der Großinquisitor habe einen Kompromiß zwischen den ‚übernatürlichen' Forderungen Gottes und der menschlichen ‚Natur' geschlossen. Er gehe auf diese ein und nehme dadurch gleichzeitig Abstriche an den göttlichen Forderungen vor. Deshalb spricht H. Thielicke bei diesem „Eingehen auf die heruntergekommene Natur" auch von einer „Anpassung",[48] die der Großinquisitor deshalb für ethisch gerechtfertigt halte, weil er der Meinung sei, durch sie „ein Optimum des Erfolges in der *Behandlung* jener Natur zu erreichen".[49]

„Der Anwalt dieses Kompromisses ist" aber nach H. Thielickes Ansicht „der Teufel".[50] Diese Aussage kann doch wohl nichts anderes bedeuten, als daß der vom Großinquisitor geschlossene Kompromiß sittlich nicht zu rechtfertigen ist. H. Thielicke veranschaulicht sie anhand der Versuchungsgeschichte Jesu.[51]

Die erste Versuchung, aus Steinen Brot zu machen, knüpfe an das menschliche Bedürfnis nach materieller Sicherheit an. Deshalb laute der Appell des Teufels an Christus: „‚Mach sie satt, dann verlange Tugenden von ihnen!' Christus soll also einen Pakt – eben einen Kompromiß! – mit der menschlichen Natur schließen, die nach dem Motto funktioniert: ‚Wes Brot ich eß', des Lied ich sing!'" Für den Teufel ist es also ausgemacht: „Wer sich auf die Befriedigung materieller Bedürfnisse einstellt, kommt auch in seinen ideellen Forderungen am weitesten."[52]

Handelt es sich hier nach katholischer Auffassung im Gegensatz zur reformatorischen etwa um einen sittlich diskutablen Kompromiß? Keineswegs. Denn jeder Versuch, einen Menschen durch einen Appell an seine egoistischen Bedürfnisse zum moralischen Handeln zu bewegen, ist von vornherein zum Scheitern verurteilt. Insofern ein solcher Kompromiß einen Widerspruch in sich selbst darstellt, kann er niemals ethisch gerechtfertigt sein. Es ist nur schwer vorstellbar, daß die katholische Moraltheologie einem so gravierenden Mißverständnis des moralischen Handelns erliegen soll.

Die zweite Versuchung, von den Zinnen des Tempels zu springen, setze das Bedürfnis nach Entscheidungsabnahme voraus. „Der Mensch sucht nämlich im Grunde ‚mehr das Wunder als Gott'. Er will ja gar kein persönliches Gewissen haben und will keine persönliche Gewissensentscheidung fällen, zu der ihn die Begegnung mit Gott selber nötigen würde."[53]

48 Ebd.
49 Ebd.
50 Ebd.
51 Mt 4,1–11 parr.
52 ThE II, 1 A 218.
53 Ebd. A 219.

Wäre ein solcher Kompromiß sittlich diskutabel? Ebenfalls nicht, denn sowohl die Verkündigung des Evangeliums als auch die der sittlichen Forderung müssen sich von ihrem eigenen Selbstverständnis her gerade an das Gewissen der Adressaten richten. Sie rufen geradezu zur Entscheidung auf. Eine Verkündigung, die dieses Ziel nicht verfolgen würde, verfehlte nicht nur teilweise, sondern *total* ihr Ziel.
Die dritte Versuchung, den Teufel anzubeten, knüpfe an das Bedürfnis des Menschen nach Besitz und Macht an. „Wenn die Kirche die Macht zu übernehmen bereit ist, wird sie die Herzen bannen und sich zu eigen machen. Denn dieser Macht kann niemand widerstehen, weil sie auf zwei Urbedürfnisse des Menschen eingeht: *Einmal* wird jene äußerste Macht es wagen, den Menschen nicht nur die *Strafe* für ihre Sünde abzunehmen, sondern (wonach alle Welt sich sehnt!) auch die *Sünde selbst* auf sich zu nehmen ... *Zweitens* quälen sich die Menschen ab, um eine ‚Zusammenfassung der ganzen Welt zu einem Ganzen' zu gewinnen, zu einem Ganzen, in dem der Widerstreit zwischen Gott und Welt, Innerem und Äußerem ausgelöscht ist."[54]
Wenn kirchliche Macht tatsächlich nur diese Funktion hätte, nämlich dem Menschen die Sünde zu nehmen und den Widerspruch zwischen Gott und Welt aufzulösen, dann wäre ein solcher Kompromiß, wie H. Thielicke ihn in der dritten Versuchung angedeutet sieht, ebenfalls sittlich völlig indiskutabel. Er liefe darauf hinaus, den betroffenen Menschen zu entmündigen, insofern ihm jegliche Verantwortung abgenommen und er zu einem nichtmoralischen Wesen degradiert würde.
Der Jesus vom Teufel angetragene Kompromiß besteht nach H. Thielickes Interpretation also in allen drei Fällen letztlich in einem Ausgleich zwischen der sittlichen Forderung und dem egoistischen Streben des Menschen. Es ist aber evident, daß zwischen dem Egoismus, das heißt der Sünde, und der sittlichen Forderung ein ethisch zu rechtfertigender Kompromiß unmöglich ist.
Merkwürdigerweise dient die Versuchungsgeschichte Jesu bei H. Thielicke jedoch der Veranschaulichung des Kompromisses des Großinquisitors und damit des Kompromißverständnisses der katholischen Kirche und der katholischen Moraltheologie. Wieso kommt H. Thielicke aber dazu, die Angleichung der ‚übernatürlichen' Forderungen Gottes an die menschliche ‚Natur' – das scheint ja den Kompromiß des Großinquisitors auszumachen – als Ausgleich zwischen der sittlichen Forderung und dem egoistischen Streben bzw. der Sünde zu verstehen?
Eine solche Parallelisierung scheint nur dann möglich, wenn man die

54 Ebd. A 220.

menschliche ‚Natur' engstens mit der Sünde verknüpft. Dies ist bei H. Thielicke wohl tatsächlich der Fall; denn er beschreibt die ‚Natur' des Menschen als die „herunterkommene Natur",[55] die nach dem egoistischen Motto funktioniere: „Wes Brot ich eß', des Lied ich sing'!",[56] die nicht nach Gott suche, sondern darauf aus sei, der Entscheidung auszuweichen[57] und sich ihr fremden Autoritäten zu unterwerfen.[58] Ferner sei sie gekennzeichnet durch allerlei Schwächen, Erbärmlichkeiten, Sehnsüchte, Begierden, Ängste[59] und niedere Instinkte.[60] Der Mensch ist nach H. Thielicke also ein von Grund auf eigensüchtiges Wesen. Seine ‚Natur', das heißt das, was ihn zum Menschen macht, ist somit wesentlich durch Sündigkeit charakterisiert. Wenn demnach der Großinquisitor bzw. die katholische Moraltheologie auf die menschliche ‚Natur' eingeht, so bedeutet das, daß er bzw. sie einen Kompromiß mit der Sünde schließt.

Muß H. Thielicke aber nicht auch jegliches Eingehen auf die Strukturen und Gegebenheiten der außermenschlichen Natur als nicht zu rechtfertigenden Kompromiß bezeichnen? Auch diese sind ja vom Handelnden zu berücksichtigen. Dies ist tatsächlich der Fall; denn „die reformatorische Ethik weiß, daß nicht nur unser singuläres Tun, sondern daß auch die Gesetze und Ordnungen dieses Äons, innerhalb deren es sich vollzieht, von der Sünde infiziert sind – einfach deshalb, weil dieser Äon eben die Welt des Menschen ist und sozusagen seine Objektivierung darstellt".[61] Ähnlich wie die Natur des Menschen sündig ist, sind also auch die Ordnungen, die Institutionen nicht frei von Sünde, so daß der Mensch in allem in Sündhaftigkeit verstrickt ist.[62]

Da nun der Mensch aufgrund der Gestalt dieser sündigen Welt bei jeder Handlung gezwungen ist, Abstriche an den göttlichen Forderungen vorzunehmen, ist jedes Handeln für H. Thielicke ein Kompromiß „zwischen der göttlichen Forderung und dem, was die Gestalt dieser Welt, was die Eigengesetzlichkeit ihrer Ordnungen und die vielfachen Pflichtenkollisio-

55 Ebd. A 217.
56 Ebd. A 218.
57 Vgl. ebd. A 219.
58 Vgl. ebd. A 223.
59 Vgl. ebd. A 221.
60 Vgl. ebd. A 223.
61 Ebd. A 237.
62 Mit diesem Sündenverständnis versucht H. Thielicke, sich von dem der katholischen Theologie abzusetzen. Im Katholizismus verstehe man die Sünde nicht als das „alles Durchdringende". Außer dem Bereich, der von der Sünde durchdrungen sei, kenne man noch einen „unangefochtenen Bezirk der eigentlichen ‚Natur'", der von der Sünde frei bleibe. Dieser mache es möglich, „ein Naturrecht zu begründen, mit dessen Hilfe klare Entsprechungen unseres Handelns zu den Geboten Gottes deduziert und festgelegt werden können". (Ebd. A 244.)

nen zulassen".[63] Deshalb gibt es keinerlei Rechtfertigung oder irgendeine Entschuldigung für einen Kompromiß, sondern durch jeden Kompromiß nimmt der Mensch teil „an der überpersönlichen Schuld dieses Äons".[64] Wie bereits erwähnt, macht H. Thielicke der katholischen Moraltheologie die analogia-entis-Lehre zum Vorwurf. Dies ist nun verständlich. Wenn nämlich, wie er annimmt, die Schöpfung in einem solchen Maß verdorben ist, daß sie gleichsam mit der Sünde identifiziert werden kann, so ist tatsächlich jeglicher Schluß von der Schöpfung auf den Schöpfer undenkbar, da Gott mit der Sünde nichts gemein haben kann. Ebenfalls ist dann aber auch aus der Sicht H. Thielickes der von den Katholiken vertretene Grundsatz abzulehnen, die Gnade setze die Natur voraus.[65]
H. Thielicke übersieht hierbei offenbar, daß die katholische Theologie das Wort ‚Natur' gewöhnlich nicht im Sinne von ‚sündiger Natur', wie er es tut, versteht. Mit Hilfe der analogia-entis-Lehre macht sie nämlich keine Aussagen über das Verhältnis Gott – Sünder bzw. Bund – gefallene Schöp-

[63] Ebd. A 238.

[64] Ebd. A 239; vgl. auch ebd. A 464: „Es wäre darum ein verhängnisvoller, geradezu blasphemischer Irrtum, wollte man den Kompromiß durch die Situation, die ihn erzwang, als gerechtfertigt ansehen, statt daß man die Situation selbst als eine nicht zu rechtfertigende – als eine vor jenem letzten Maß der der Gebote Gottes nicht zu rechtfertigende – versteht. Der Konflikt der Pflichten, der Widerstreit der Werte ist das Zeichen einer Wunde am Leibe unserer Welt." In völlig entsprechender Weise redet H. Thielicke auch von der Grenzsituation, dem zweiten Modell für die Konfliktsituation. Nach ihm muß man sagen, daß (ebd. A 769) „überall dort, wo eine Grenzsituation vorliegt, nicht einfach von einem uns überwältigenden *Schicksal,* sondern zugleich von einer uns in sie verstrickenden *Schuld* geredet werden muß." Warum es zu dieser notwendigen Schuldverstrickung komme, wird an dieser Stelle (ebd. A 770f.) noch klarer ausgedrückt: „Daß es überhaupt so etwas wie eine Konfliktsituation und einen Wertwiderstreit in der Welt gibt, liegt ja nicht an der ‚Struktur' dieser Welt, oder genauer: das liegt nicht an dem ihr schöpfungsmäßig eingestifteten Charakter, der ihr ‚von Anfang an' tragische Züge verliehen hätte. Sondern das beruht auf Fehlentscheidungen, von denen wir immer schon herkommen und die letzten Endes in jener Urentscheidung gründen, die uns in der Sündenfallgeschichte berichtet wird. Nicht ‚die Welt' ist so pervers, daß sie uns immer wieder der Grenzsituation auslieferte, sondern der Mensch hat seine Welt pervertiert, und niemand, der selber menschliches Antlitz trägt, kann sich der Mitbeteiligung an diesem menschlichen Charakter seiner Welt entziehen."

[65] Vgl. ebd. A 228: „Hier stoßen wir ... auf die tiefste Problematik der analogia-entis-Lehre: Indem die Gnade an die Natur ‚anknüpft', bleibt sie zugleich an die der Natur verfügbaren Mittel gebunden und drängt damit auf die *Berechnung* und *Benutzung* dieser Mittel. Hier liegt sozusagen die innerste Gefahr im dogmatischen und moraltheologischen Ansatz des römischen Katholizismus."

fung, sondern über das Verhältnis Gott – Geschöpf bzw. Bund – Schöpfung. Darüber hinaus scheint H. Thielicke auch nicht zu beachten, daß der Ausdruck ‚sündige Natur des Menschen' nicht eindeutig ist. Einmal kann damit der Mensch gemeint sein, insofern er sich zur Sünde entschieden hat, zum andern aber auch der Mensch, insofern er von den Folgen der Sünde betroffen ist. Nur der Mensch vermag sich zu entscheiden. Darum kann schließlich unter dem Ausdruck ‚sündige Welt' nur die Schöpfung verstanden werden, insofern sie von den Folgen der Sünde betroffen ist. H. Thielicke scheint dagegen ‚sündige Welt' bzw. ‚gefallene Schöpfung' unmittelbar mit ‚Sünde' zu identifizieren. Dies veranlaßt ihn wohl zu dem Schluß, alles Handeln sei, weil ein Eingehen auf diese Welt, Kompromiß und damit Sünde. Auf diese Problematik wird aber später noch ausführlich einzugehen sein.

4. Selbstherrlichkeit und von Gott geschenkte Gerechtigkeit als Gründe für die unterschiedliche Wertung des Kompromisses

Vorausgesetzt, die bisherige Interpretation der Aussagen H. Thielickes zum Kompromiß sei richtig, dann müßte er folgerichtig den Menschen in eine ausweglose Situation gestellt sehen. Wenn der Mensch, wie er auch handelt, nur sündigen kann, scheint ihm nur die Verzweiflung zu bleiben.

Diesem, in sich betrachtet notwendigen Schluß versucht die katholische Theologie nach Ansicht H. Thielickes dadurch zu entgehen, daß sie die genannte Voraussetzung leugnet und behauptet, obwohl die Welt von der Sünde gezeichnet sei, gebe es in ihr sittlich gerechtfertigtes Handeln. Er veranschaulicht diesen Sachverhalt an der bereits erwähnten Gestalt des Großinquisitors.

Dieser halte es für gerechtfertigt, die egoistischen Bedürfnisse des Menschen „auszunutzen", „um sie vor den Wagen einer guten Sache zu spannen".[66] Unter der ‚guten Sache' versteht H. Thielicke das Ziel des Großinquisitors, welches durchaus „zu würdigen" sei, „die Menschen zu Gott zu bringen".[67] Dieses Ziel könne in den Augen des Großinquisitors nur durch Eingehen auf die menschliche Natur erreicht werden, d. h. indem man mit Hilfe von Kompromissen Abstriche an den göttlichen Forderungen vornehme. Aufgrund des guten Ziels, so glaube er, seien auch die zur Erreichung dieses Ziels notwendigen Mittel sittlich gerechtfertigt. Somit

[66] Ebd. A 223.
[67] Ebd. A 222.

geschehe das Eingehen auf die menschliche Natur, also das Schließen von Kompromissen, „ad maiorem Dei gloriam".[68]

Bedenkt man, wie H. Thielicke anhand der Versuchungsgeschichte Jesu die menschliche Natur und ihre ‚Instinkte' beschrieben hat, so muß jedes Eingehen auf sie definitionsgemäß die Menschen von Gott fernhalten. Deshalb bedeute „jeder Versuch, die menschliche Natur in die Verkündigung einzukalkulieren und damit die Bekehrung des Menschen in eine berechnende Strategie einzubauen, eine unerlaubte cooperatio des Menschen". Sie traue nämlich Gott nicht zu, „daß er selber Mittel und Wege finden wird, um Menschenherzen zu erobern". Durch einen solchen Versuch lasse der Großinquisitor nicht Gott wirken, sondern stattdessen wolle er selber wirken. Auf diese Weise setze er sich „heimlich an die Stelle Gottes"; er betreibe letztlich „Götzendienst" und erliege einer Art von „Werkgerechtigkeit".[69]

Man wundert sich, wieso H. Thielicke dem Großinquisitor hier vorwirft, er erliege der Haltung der Werkgerechtigkeit. Gewöhnlich versteht man doch unter ‚Werkgerechtigkeit' den Versuch des Menschen, durch die Erfüllung der Werke des Gesetzes die Gerechtigkeit vor Gott zu erlangen. Statt sich die Gerechtigkeit von Gott schenken zu lassen, versucht man, sich aus eigenen Kräften zu erlösen.[70] Genau genommen, besteht aber das dem Großinquisitor angelastete Fehlverhalten darin, daß er wenigstens bestimmte Weisen, auf die menschliche Natur Rücksicht zu nehmen, als sittlich gerechtfertigt erklärt. Er ist es, der eine solche Rechtfertigung ausspricht, nicht Gott. Treffend drückt H. Thielicke diesen Sachverhalt dadurch aus, daß er ihm vorwirft, er setze sich „heimlich an die Stelle Gottes". Der Großinquisitor ist also nicht im eigentlichen Sinne werkgerecht, sondern vielmehr selbstherrlich; denn seine Selbstmächtigkeit besteht ja nicht in erster Linie darin, daß er durch sein Tun Gerechtigkeit vor Gott erlangen will, sondern darin, daß er bestimmte Handlungsweisen, die sich

68 Ebd. A 226.

69 Ebd.

70 Vgl. *H. Schlier,* Der Brief an die Galater, Göttingen [4]1965, 184: „Solche ἴδια δικαιοσύνη die der δικαιοσύνη τοῦ Θεοῦ entgegengesetzt ist, erscheint von außen her gesehen durchaus als Gesetzeserfüllung, also als Gerechtigkeit oder gerechte Tat. Aber sie ist es nicht ihrem Wesen nach. Denn sie ist als Eigengerechtigkeit Selbsterfüllung des ... aus sich lebenden Menschen ... Sie ist als Selbstgerechtigkeit ... der Gerechtigkeit, die Gott gewährt, ... und die ihre Herkunft nicht im Gesetz, sondern in Gott hat, sich nicht in den Leistungen, sondern in dem Glauben eröffnet, entgegengesetzt ... Die Gerechtigkeit, die sich der nicht im Glauben von sich selbst abgelöste Mensch auf dem Wege der Gesetzesleistung verschafft, ... ist für Paulus nur eine Form des Selbstvertrauens und eine Weise des Eigen-ansehens oder Selbst-ruhmes."

nach H. Thielickes Ansicht nicht rechtfertigen lassen, für gerecht erklärt.

Dennoch ist es verständlich, wenn H. Thielicke in diesem Zusammenhang auch von ‚Werkgerechtigkeit' spricht; denn einerseits stellt auch sie, wie aus ihrer vorhergehenden Beschreibung hervorgeht, eine Form der Selbstherrlichkeit dar. Anderseits besteht die Selbstherrlichkeit des Großinquisitors aber auch darin, die Menschen zu einem quasi werkgerechten Handeln zu verleiten. Bewußt täuscht er sie über die Erlösungsbedürftigkeit allen menschlichen Tuns hinweg und ist somit gleichsam stellvertretend für alle werkgerecht.

Auch in diesem letzten Punkt hält H. Thielicke den Großinquisitor für einen typischen Vertreter seiner Kirche. Ziel seiner Täuschung sei es ja, den Menschen die Entscheidung für oder gegen Gott abzunehmen. Dasselbe Ziel verfolge die katholische Kirche mit der Erziehung. „Die reformatorischen Kirchen sehen den Menschen vor die klare Entscheidung gestellt, *entweder* glaubend ja zu dem in seinem Wort erschlossenen Gott zu sagen, *oder* sich ihm zu versagen und sein Feind zu sein ... Der Katholizismus läßt demgegenüber die *Entscheidung* zurücktreten hinter der *Erziehung*. Denn die Erziehung bedient sich bestimmter Mittel, um auf den zu Erziehenden einzuwirken, und führt ihn u. U. dahin, daß er sich eines Tages dabei ertappt, wie er über die Schwelle der Entscheidung, halb träumend und unwissend, *geführt* worden ist."[71]

Wenn es wirklich der Fall sein sollte, daß die katholische Theologie den Menschen die Entscheidung abzunehmen versuchte, dann handelte es sich bei diesem Bestreben zweifellos um Selbstherrlichkeit, die jener des Großinquisitors vergleichbar wäre. Doch ist es höchst zweifelhaft, ob die katholischen Theologen tatsächlich das Ziel der Erziehung darin sehen, dem Menschen die Entscheidung abzunehmen. Damit würden sie nämlich nicht mehr zwischen ‚Erziehung' und ‚Dressur' unterscheiden.

H. Thielicke entlarvt also den Versuch der katholischen Theologie, der Ausweglosigkeit des Sündigen-Müssens und damit der Verzweiflung zu entgehen, als Selbstherrlichkeit. Damit ist klar, daß dieser Weg für ihn nicht gangbar ist. Welche Lösung aber bietet er an? Wie bereits am Beispiel des Pfarrers deutlich wurde, ist H. Thielicke durchaus der Meinung, daß Kompromisse in dieser Welt faktisch nicht umgangen werden können. Auch er hält demnach das Schließen von Kompromissen für notwendig. „Denn daß auch eine Theologie, die das sola fide und das sola gratia ernst zu nehmen versucht und sich damit in principiis jeder Begründung einer cooperatio widersetzt, nicht umhin kann, ... die menschliche Natur

[71] ThE II, 1 A 234.

einzukalkulieren, ist klar. Es kommt nur darauf an, wie die damit gegebene Angleichung und also der Kompromiß *verstanden* wird."[72]
Vorausgesetzt, H. Thielicke versteht hier unter ‚menschliche Natur' wie in den vorhergehenden Zusammenhängen die ‚sündige Natur', dann behauptet er in diesem Abschnitt: Wie die katholische Kirche so sehe sich auch die reformatorische Theologie genötigt, auf die sündige Natur Rücksicht zu nehmen; auch sie könne der Sünde nicht radikal widerstehen, sondern müsse sich mit ihr irgendwie arrangieren. Im Unterschied aber zur katholischen Theologie, die aus der Not eine Tugend mache, verstehe die reformatorische den Kompromiß grundlegend anders. Während jene sage, der aufgrund der Struktur dieser Welt notwendige Kompromiß sei, gerade insofern er nicht umgangen werden könne, auch sittlich gerechtfertigt, müsse diese sagen, er sei zwar notwendig, dennoch aber nicht legitim. Während jene behaupte, insofern der Kompromiß – unter bestimmten Umständen – sittlich gerechtfertigt sei, dürfe man ihn guten Gewissens schließen und er bedürfe „keiner besonderen Vergebung",[73] müsse diese darauf beharren, insofern er grundsätzlich illegitim sei, bedürfe er der Vergebung.
Von einem christlichen Soldaten, „der in einem ‚gerechten' Krieg seine Pflicht tut", sagt H. Thielicke z. B.: Er wird bei seinem Tun im Namen der vergebenden Gnade Gottes „darum nicht einfach ein ‚gutes' Gewissen, aber er wird ein ‚getröstetes' Gewissen haben".[74] Dieser Trost erwachse ihm aus dem Glauben an die erlösende Tat Jesu Christi und dem

72 ThE II, 1 A 229. Am Ende seiner Untersuchung des Kompromisses im katholischen und reformatorischen Raum faßt H. Thielicke noch einmal das zusammen, worauf es ihm ankommt: (Ebd. A 310): „An alledem sollte klar geworden sein, daß das Entscheidende nicht darin liegt, ob Kompromisse geschlossen werden müssen – sie sind uns auf Schritt und Tritt aufgegeben –, sondern wie man sie *versteht,* wie man ihrer Konsolidierung zu Endgültigkeiten entrinnt, wie man sie als Phänomene der gefallenen, unter der Geduld Gottes weiterlaufenden Welt begreift, wie man sie darum relativiert sieht und wie man durch diese Entlarvung allem Hörigsein gegenüber dem Weltgesetz gnädig entnommen wird."

73 Ebd. A 246: „Natürlich liegt im Gebrauch derart fragwürdiger Mittel auch nach katholischer Meinung ein Kompromiß vor: Es gibt Notstände, in denen gebotene Zwecke nicht unmittelbar angegangen werden können, sondern durch eine Mittel-Sphäre belastet sind, die unter ‚normalen' Umständen anfechtbar wäre und mit dem Gebote Gottes – vorsichtig ausgedrückt – in Spannung stehen würde. Aber dieser Kompromiß ist innerhalb des Notstandes in gewissem Umfange sanktioniert durch den Zweck, dem er gilt, und ist also gerechtfertigt – wirklich *auch* in dem theologischen Sinne dieses Begriffes ‚gerechtfertigt'. – Er bedarf dadurch, daß er so an die Situation der gefallenen Welt und ihrer belastenden Mittel gebunden ist, keiner besonderen Vergebung."

74 Ebd. A 1125.

Wissen um die „unbegrenzte Weite der Vergebung".[75] Wesentlich nur sei, daß das „Sündigen-im-Kompromiß nicht als Gesetzmäßigkeit dieser Welt, meinetwegen von tragischem Charakter, bezeichnet und damit gerechtfertigt wird, sondern daß es im Bewußtsein geschieht, daß Christus der victor über diese Sünde und über den mundus ist, dessen Struktur sie mir sozusagen abringt".[76]

Nach Ansicht der protestantischen Theologie sündigt der Mensch somit zwar durch all seine Handlungen, aber im Hinblick auf die Vergebung ist er in gewisser Weise frei, so daß er getrosten Gewissens sündigen kann. Für H. Thielicke besteht der Unterschied im Kompromißverständnis zwischen Katholiken und Reformierten demnach nicht darin, daß beide aufgrund dieser ihrer differierenden Auffassung ein unterschiedliches Handeln forderten, sondern vielmehr darin, daß beide ein und dieselbe geforderte Handlungsweise verschieden interpretieren. Die Katholiken halten den Kompromiß unter Umständen für sittlich gerechtfertigt und keiner weiteren Vergebung bedürftig; die Reformierten halten ihn dagegen nach H. Thielicke immer für sittlich anfechtbar und glauben daher, nur im Hinblick auf die Vergebung Gottes handeln zu dürfen. Diese unterschiedliche Beurteilung ergibt sich aus der Tatsache, daß für die katholischen Moraltheologen nur das Inhalt einer sittlichen Forderung sein kann, was dem Handelnden auch zu tun möglich ist, während die Reformierten den Inhalt der sittlichen Pflicht ohne Rücksicht auf das Können des Handelnden bestimmen.

Es scheint demnach, daß die unterschiedliche Bewertung des Kompromisses die logische Folge der Annahme oder Ablehnung des Axioms ‚Sollen setzt Können voraus' darstellt. Die Selbstherrlichkeit, die H. Thielicke der katholischen Moraltheologie und ganz ausdrücklich auch jeder philosophischen Ethik vorwirft, muß dann folglich in deren Festhalten an diesem Axiom bestehen.

Denen, die jenes Axiom vertreten, wirft er eine eigenmächtige Reduzierung des eigentlich Gesollten auf das vor, „was in dieser Welt als prinzipiell ‚möglich' erscheint". Die Pflicht des Christen konstituiere sich nämlich nicht aus den beiden „genannten Komponenten: nämlich einmal aus der Komponente des Sollens und dann aus dem, was das Material der Welt hergibt ... Für ihn, den Christen, ist der axiomatische Zusammenhang von Sollen und Können im Sinne der These: ‚Du kannst, denn du sollst' aufgehoben. Für ihn ergibt sich etwa angesichts der radikalen Bergpredigtforderung die Notwendigkeit zu bekennen: ‚Ich soll, aber ich kann nicht.'

[75] Ebd. A 251.
[76] Ebd. A 252.

Dieses Bekenntnis ist innerhalb der Kantschen Ethik, es ist innerhalb *jeder* innerweltlichen Ethik prinzipiell unvollziehbar."[77]

Der Grund für die Ablehnung dieses Axioms liegt nach H. Thielicke darin, daß der Mensch durch den Rekurs auf sein Können sich nicht „selbst zum Kriterium dafür machen" dürfe, „was Gott von uns wollen darf und was nicht".[78] Denn wer das kategorische Sollen von seinem Können abhängig mache, erhebe sein „Ich zur richterlichen Instanz über die Verbindlichkeit der göttlichen Gebote".[79]

Was muß H. Thielicke nun hier unter den ‚göttlichen Geboten' verstehen, damit sein Schluß richtig ist, wer das Sollen vom Können abhängig mache, erhebe sich zum Richter über die Verbindlichkeit der göttlichen Gebote? Statt von ‚göttlichen Geboten' spricht er, wie aus dem bisher Gesagten hervorgeht, auch von ‚übernatürlichen', ‚absoluten' oder ‚radikalen' Gesetzen, die den Menschen ‚unbedingt', ‚total' und ‚kompromißlos' fordern. Ihr Charakter wird seiner Ansicht nach besonders deutlich an der Bergpredigt; sie radikalisiere den „mosaischen Nomos", sie fordere uns total und sie stelle „nicht nur unser Handeln, sondern unser gesamtes Sein in Frage".[80] In der Bergpredigt werde man gerade nicht „auf den Aktionsradius" seiner „Möglichkeiten hin angesprochen", sondern auf sein sündiges „Sein, das alle etwaigen Möglichkeiten" determiniere.[81] Die Bergpredigt fordere somit nicht nur etwas, sondern sie klage immer auch an, indem sie zeige, daß der Mensch immer schon Sünder sei. Diese Funktion des Anklagens komme allen Geboten zu. Aufgrund dieses „negativen Charakters" sei z. B. das Gebot: ‚Du sollst nicht töten!' zu lesen als: ‚Du sollst nicht töten; denn du *bist* ein Mörder!'[82] Lese man das Gebot so, dann werde deutlich, daß „der Mensch, der nicht mehr ist, was er sein sollte, auf eben dieses Sein-sollende, auf dieses sein eigentliches Sein hin angesprochen" werde.[83] Die Gebote Gottes richteten sich also ursprünglich an den Menschen im sündenlosen Urstand, wo sie nach H. Thielickes Ansicht wohl auch erfüllbar waren. Für den Menschen in der gefallenen Welt dagegen sei es unmöglich, sie zu erfüllen, so daß er angesichts der Forderung Gottes nur sagen könne: ‚Ich soll, aber ich kann nicht!'

Aus den Erwägungen H. Thielickes ist folgendes festzuhalten: Seine negative Bewertung des Kompromisses ergibt sich aus zwei Voraussetzungen:

77 Ebd. A 170.
78 ThE I A 1631.
79 Ebd. A 1633.
80 Ebd. A 204.
81 Ebd. A 830.
82 Ebd. A 832.
83 Ebd. A 833.

Erstens interpretiert er, ausgehend von der Bergpredigt, die Gebote Gottes und damit die sittlichen Forderungen in der Weise, daß ihre Geltung völlig unabhängig von jeglicher Bedingung ist. Von daher sieht er sich gezwungen, das Axiom ‚Sollen setzt Können voraus' abzulehnen. Zweitens behauptet er, der Mensch, so wie er sich in dieser Welt vorfinde, könne aufgrund ihrer totalen Verderbtheit durch die Sünde das Gesollte in keinem Fall erfüllen. Wer daher das Gesollte vom Können abhängig mache, sei selbstherrlich. Der Kompromiß bestehe aber darin, daß man in ihm das Gesollte auf das Können abstimme; er lasse sich also niemals sittlich rechtfertigen.

Da der Kompromiß in dieser Welt aber notwendig sei und diese „von der Geduld Gottes in ihrem Sosein bejaht" werde,[84] müsse auch der Christ ihn schließen. Er könne es allerdings nicht guten, sondern nur getrosten Gewissens tun, nämlich im Hinblick auf die Vergebung Gottes.

Wenn aber alles Handeln sündig und der Vergebung bedürftig ist, folgt dann daraus, daß es auch völlig gleichgültig ist, welche der Handlungsmöglichkeiten der Mensch wählt? Diesen möglichen Einwand sieht auch H. Thielicke, weshalb er die rhetorischen Fragen stellt: „Sollen wir womöglich ‚in der Sünde beharren, auf daß die Gnade desto mächtiger werde' (Röm 6, 1)? Herrscht nicht, wenn doch alles von der Sünde infiziert ist, jene Nacht, in der alle Katzen grau sind?"[85] Auf diese Schwierigkeit antwortet er, der Christ dürfe nicht die Folgerung ziehen, „also sei alles in gleicher Verdammnis und alles auch gleichermaßen erlaubt, also gebe es auch kein quantitatives Abwägen zwischen verwerflichen und weniger verwerflichen, zwischen guten und weniger guten Möglichkeiten mehr für ihn".[86] H. Thielicke kennt also unterschiedliche Grade der Verwerflichkeit. Deshalb habe der Handelnde bei seinen Handlungen danach zu fragen, welche der Handlungsmöglichkeiten die am wenigsten verwerfliche sei. Diese habe er dann zu wählen. Das Abwägen ist für H. Thielicke also „sehr wohl gefordert". Doch sofort fürchtet er ein Mißverständnis; deshalb fügt er erläuternd hinzu, es sei aber „unmöglich anzunehmen, daß etwa das quantitativ bestmögliche Handeln, das durch jenes Abwägen herausgefunden werden mag, eine ontische Gerechtigkeitsgestalt aus sich herausgebe".[87]

Wie begründet aber H. Thielicke diese Verpflichtung des Christen, nach der weniger verwerflichen Handlung zu fragen? Sagt er doch ausdrücklich, „daß die ethische Entscheidung es sehr wohl mit dem Quantitäten-

84 ThE II, 1 A 266.
85 Ebd. A 254.
86 Ebd. A 243.
87 Ebd.

Problem zu tun hat und daß ihr eine Eliminierung der Werte-Skala im Namen abstrakter (‚qualitativer') Alternativen verboten ist".[88] Es sei gerade das Wissen um das Schuldigwerden-Müssen und die Notwendigkeit der Vergebung durch Gott, das den Christen daran hindere, sich auf dem „Boden der Fragwürdigkeiten nonchalant, harmlos nivellierend und also leichtsinnig zu bewegen. Ich kann nicht im Namen der Vergebung, die angeblich alles zudeckt und damit nivelliert, gleichgültig werden gegenüber den verschiedenen Graden des Bösen oder Fragwürdigen."[89]
Die Begründung, die H. Thielicke für die Forderung angibt, zwischen den möglichen Kompromissen abwägen zu sollen, um die weniger schlechten den schlechten vorziehen zu können, ist nicht ganz durchsichtig. Vielleicht kann man so sagen: Angesichts der Rechtfertigung durch Jesus Christus gehe dem Christen auf, daß das Böse vor Gott keinen Bestand habe, daß es nicht sein solle. Damit sei aber einschlußweise die Erkenntnis mitgegeben, daß im Konkurrenzfall das weniger Böse dem Böseren vorzuziehen sei, daß der Christ also in diesem Fall seine von Christus empfangene Freiheit auf das weniger Böse richten solle. Fraglich bleibt aber, ob diese Begründung H. Thielickes Ansicht wirklich trifft. Soviel wird jedenfalls deutlich, daß er innerhalb der notwendig schuldig machenden Kompromißalternativen zwischen besseren und schlechteren Möglichkeiten unterschieden wissen will. Auch hält er offensichtlich den Menschen für befähigt, diesen Unterschied in der Regel der Fälle auf Grund irgendwelcher Kriterien zu bestimmen.

Exkurs: Die sittliche Unbedenklichkeit des „formalen Kompromisses"

Neben den sittlich verwerflichen Kompromissen, die sich durch eine „inhaltliche Angleichung" an die Möglichkeiten dieser Welt und durch eine „Alterierung"[90] der göttlichen Gebote auszeichneten, kennt H. Thielicke überraschenderweise noch formale und sittlich unbedenkliche Kompromisse. Auf diese Unterscheidung kommt er in dem Zusammenhang zu sprechen, wo er sich die Frage stellt, ob und in welcher Weise der Prediger bei der Verkündigung des Wortes Gottes auf die Situation der Hörer eingehen dürfe. Beispielsweise fragt er, ob ein Prediger alle Ergebnisse der historisch-kritischen Schriftauslegung der Gemeinde mitteilen solle. Nachdem er herausgestellt hat, daß die historisch-kritische Schriftforschung als bloßes Handwerkszeug für das Eindringen in den Schrifttext gelten kön-

88 Ebd.
89 Ebd. A 254.
90 Ebd. A 269.

ne, kommt er zu dem Schluß, der Glaube selbst werde durch sie nicht notwendigerweise inhaltlich verändert.[91] Da sie also nicht den Inhalt des Glaubens berühre, dürfe sie unter Umständen in der Verkündigung unerwähnt bleiben. In diesem Fall handle es sich nämlich um eine bloße pädagogische Akkomodation.

Als weitere Beispiele für formale Kompromisse nennt H. Thielicke die Berücksichtigung der Struktur der jeweiligen Gemeinde – „ob es etwa um eine Arbeiter-, eine Bauern- oder eine Villengemeinde geht“[92] –, dann die Rücksichtnahme auf die jeweiligen Hörer – ob es sich gerade um Erwachsene oder Kinder handelt[93] – und schließlich die Berücksichtigung der konkreten Situation der Hörer – „einem senilen Geizkragen gegenüber werde ich z. B. nicht das Gebot ‚Du sollst nicht ehebrechen!‘ besonders betonen, sondern eher das Gebot ‚Du sollst nicht stehlen!‘“ –.[94]

Bereits diese kurze Beschreibung einiger formaler Kompromisse macht deutlich, daß es sich bei ihnen wohl nicht um ethisch relevante Kompromisse handelt; denn es stellt sich bei ihnen nicht die ethisch gemeinte Frage: Was soll ich tun? Die jeweils Handelnden stehen in einer Situation, die mit der des Konstrukteurs eines Kraftwagens vergleichbar ist. Daher erscheint es sinnvoll, den von H. Thielicke so genannten formalen Kompromiß den ethisch irrelevanten Kompromissen zuzurechnen. Mit dieser Zuordnung soll natürlich nicht bestritten werden, daß Kompromisse dieser Art unter Umständen ethisch relevant werden können.

Auf den Übergangsbereich zwischen ethisch relevanten und irrelevanten Kompromissen gehen auch die Ausführungen H. Thielickes über „Formen des Kompromisses im reformatorischen Raum“[95] ein. Auch wenn es höchst interessant ist, wie er sich dort anhand von Einzelproblemen um Unterscheidungskriterien zwischen diesen beiden Arten bemüht, so werden in diesem Kapitel doch keine neuen, für die Beurteilung des Kompromisses relevanten Gesichtspunkte genannt.

5. *Die Pflichtenkollision als Voraussetzung des Kompromisses*

Aus den bisherigen Ausführungen geht hervor, daß H. Thielicke alles menschliche Handeln als Kompromiß verstanden wissen will. Unter ‚Kompromiß‘ versteht er in diesem Zusammenhang jede Angleichung der

91 Vgl. ebd. A 316.
92 Ebd. A 269.
93 Vgl. ebd. A 230.
94 Ebd. A 231.
95 Ebd. A 267 ff.

‚göttlichen Forderung' an die Gegebenheiten dieser der Sünde verfallenen Welt. Er meint nun, dieser Kompromiß-Charakter allen Handelns trete besonders klar an dem Modell der Konfliktsituation zutage. Als typischen Fall eines solchen Konfliktes behandelt er recht ausführlich das Problem der Notlüge,[96] auf das noch eigens eingegangen werden soll, weil an ihm das Schuldverständnis H. Thielickes besonders deutlich wird.

„Eine diskutierbare Notlüge" liegt für ihn „nur da vor, wo entweder die Gemeinschaft mit dem anderen zerbrochen ist und er seinen Anspruch auf Wahrheit verwirkt hat, oder wo ich um eines andern willen und also aus Liebe meine, ihn mit einer gefährlichen Wahrheit verschonen zu müssen."[97] Den ersten Typ einer Notlüge, die ein wirkliches ethisches Problem darstelle, veranschaulicht er am Beispiel des Widerstandskämpfers angesichts eines Unrechtsregimes,[98] den zweiten am Beispiel des Arztes am Krankenbett.[99]

Wie sieht nun die Konfliktlage des in einem Verhör stehenden Widerstandskämpfers aus? Einerseits, so sagt H. Thielicke, sehe er sich verpflichtet, „die Wahrheit als System, als vernünftige Ordnung", gegen das Unrechtsregime verteidigen und darüber hinaus das Leben von Freunden und Angehörigen, die durch seine Aussagen gefährdet würden, schützen zu sollen, anderseits wisse er sich auch zur wahrhaftigen Aussage verpflichtet.[100] Durch das Verhör des Untersuchungsrichters, der so geschickt zu fragen verstehe, daß ein reines Verschweigen der Tatsachen schon eine Antwort bedeuten würde, werde der Widerstandskämpfer vor die folgenschwere Alternative gestellt, entweder die eine oder die andere der beiden Pflichten nicht erfüllen zu können. Da H. Thielicke, wie bereits erwähnt, das Axiom ‚Sollen setzt Können voraus' ablehnt, ist für ihn die Nichterfüllung einer Pflicht identisch mit einer eigentlichen Pflichtverletzung, durch die der Mensch sittlich schuldig werde. Daher wird der

96 H. Thielicke befaßt sich allerdings nicht ausschließlich mit dem Problem der Notlüge; denn innerhalb des Kapitels ‚Formen des Kompromisses angesichts der Wahrheitsfrage' kommt er auch auf Fragen der Höflichkeit, der Etikette, der Diplomatie, der geschlechtlichen Aufklärung usw. zu sprechen, die er vornehmlich unter dem Gesichtspunkt der Abgrenzung zwischen formalen und inhaltlichen bzw. ethisch irrelevanten und relevanten Kompromissen behandelt.

97 Ebd. A 356.

98 Vgl. ebd. A 372–395, 419–471.

99 Vgl. ebd. A 339 f., 567–641.

100 Vgl. ebd. A 380: „Es geht *einmal* um den Konflikt zwischen der Wahrheit der Einzelaussage, die man verleugnen muß, und der Wahrheit als System, als vernünftiger Ordnung, für die man ja gerade kämpft. Es geht *ferner* um den Konflikt zwischen jener Wahrheit der Einzelaussage und der Liebe zu denen, die man durch eine solche Aussage gefährden würde, zu den Kameraden, den Familien, dem Volk selbst."

Widerstandskämpfer notwendig sittlich schuldig: Denn spräche er die Wahrheit, so müßte er einen weiteren Sieg des Unrechts und den Tod seiner Freunde in Kauf nehmen – er verletzte also die Widerstands- und Liebespflicht. Würde er dagegen seine Freunde zu schützen versuchen, so verginge er sich an dem Gebot zur Wahrhaftigkeit. Der Widerstandskämpfer befindet sich nach H. Thielicke demnach in einer „vielschichtigen Pflichtenkollision".[101]

Ein Arzt am Krankenbett befindet sich nach H. Thielickes Darstellung in einer vergleichbaren Pflichtenkollision. Erkundige sich z. B. eine schwerkranke Frau nach dem Zustand ihres mit dem Tode ringenden Kindes,[102] so befinde sich der Arzt in einem „Konflikt zwischen Schonungspflicht und Wahrheitspflicht",[103] weil die den Tatsachen entsprechende Aussage den zur Genesung der Frau unbedingt notwendigen Lebenswillen aller Vorraussicht nach zerstören würde. Das Leben der Frau ließe sich demnach nur durch eine Falschaussage retten, was H. Thielicke wohl dadurch auszudrücken versucht, daß er „die Lüge" als „produktiv", die Wahrheit dagegen als „destruktiv" bezeichnet.[104] Will der Arzt das Leben der Frau retten, muß er die Pflicht, nicht die Unwahrheit zu sagen, verletzten, will er dagegen diese Pflicht nicht verletzen, muß er möglicherweise ihren Tod in Kauf nehmen und sich sagen, daß er nicht alles zu ihrer Rettung getan, d. h. seine ‚Schonungspflicht' der Frau gegenüber verletzt habe. Auch der Arzt befindet sich also in einer Situation, in der er der Schuld nicht entrinnen könne, weil jede mögliche Handlungsweise ihn sittlich schuldig mache. Auch hier ist demnach das Vorhandensein der Pflichtenkollision der Grund dafür, daß der Handelnde, unabhängig davon, wie er sich entscheidet, schuldig wird.

Vergleicht man diese beiden Beispiele mit den bisher genannten, so ist es verwunderlich, daß H. Thielicke auch auf sie das Wort ‚Kompromiß' anwenden will. Schließen der Arzt und der Widerstandskämpfer wirklich Kompromisse? Versuchen sie tatsächlich, einen Ausgleich zwischen meh-

101 Ebd. A 379; vgl. auch ebd. A 374: „Sie (die Verschwörer der deutschen Widerstandsbewegung) sahen sich zum Bruch der Wahrheit des Eides getrieben; sie wußten sich ermächtigt, in den Verhören Irreführungen zu versuchen und objektive Tatbestände zu verleugnen ... – und das alles nicht nur, weil sie ein Volk vom physischen Untergang zurückreißen wollten, weil sie ihre Freunde schonen, decken und tarnen mußten, sondern vor allem deshalb, weil sie einem System der organisierten Lüge gegenüberstanden."

102 Vgl. ebd. A 339. Obwohl H. Thielicke dieses Beispiel nicht ausführlich analysiert, soll hier an ihm der Konflikt zwischen Schonungspflicht und Wahrheitspflicht veranschaulicht werden.

103 Ebd. A 567.

104 Ebd. A 579.

reren Pflichten herbeizuführen, wie es etwa der Pfarrer angesichts der Aufgaben der Diakonie und der Predigt tut, indem er an beiden Aufgaben Abstriche vornimmt und eben nicht einer einzigen den Vorzug einräumt? Offensichtlich schließen die beiden Pflichten in den hier diskutierten Beispielen einander vollständig aus, so daß auf die Erfüllung einer von beiden ganz verzichtet werden muß und es nicht genügt, Abstriche an beiden vorzunehmen.

H. Thielicke spricht in solchen Fällen vielleicht deshalb von ‚Kompromiß', weil er betonen will, daß auch bei völligem Ausschluß einer Pflicht das Bemühen darauf gerichtet sein muß, so viel wie nur möglich auch von der ausgeschlossenen Pflicht zu erfüllen. Für die genannten Fälle hieße das: Der Widerstandskämpfer und der Arzt sollten nicht mehr als eben nötig von der Falschaussage Gebrauch machen. Interpretiert man die Aussagen H. Thielickes in dieser Weise, dann scheint sein Wortgebrauch von ‚Kompromiß' auch in diesen Beispielen noch mit der oben gegebenen Definition in Einklang zu stehen.

Wenn aber feststeht, daß der Handelnde, der sich in einer Situation befindet, in der mehrere nicht gleichzeitig erfüllbare Pflichten unbedingte Erfüllung von ihm fordern, notwendig sittlich schuldig wird, dann stellt sich auch hier wieder die Frage, ob für H. Thielicke daraus folgt, daß es für den Handelnden völlig gleichgültig ist, welcher der kollidierenden Pflichten er nachkommt? Dürfte man etwa in einer solchen Situation die Würfel entscheiden lassen? Aus der Darstellung der beiden Beispiele geht bereits hervor, daß H. Thielicke in beiden Fällen der Falschaussage den Vorzug gibt. Hinsichtlich des Problems, vor dem der Widerstandskämpfer steht, spricht er ganz ausdrücklich von der sittlichen Forderung zur Notlüge: „Hier ist es darum nicht nur erlaubt, sondern unter Umständen geboten, die eigene Wahrhaftigkeit *nicht* zum Mittel jenes taktischen Spiels machen zu lassen und dem Gegner also nicht jenen Anspruch auf Wahrheit einzuräumen, den er notorisch verwirkt hat. Wir sehen folglich, daß hier notvolle Kompromisse mit der Situation gefordert sein können."[105] Und auf das Problem, „wie der Arzt sich angesichts der Frage entscheiden solle, ob er einem unheilbar Kranken oder unmittelbar ante exitum Stehenden die Wahrheit über seinen Zustand schulde oder ob er ihn täuschen dürfe",[106] antwortet H. Thielicke: Falls die Mitteilung eine allmähliche und hinführende Eröffnung sei, so sei „der Kompromiß – der vorübergehende Kompromiß! – zwischen dem Postulat der ‚Schonung', d. h. des allmählichen Prozesses *und* der diagnostischen Tat-

[105] Ebd. A 391f.
[106] Ebd. A 638.

sachenwahrheit, legitimiert".[107] In diesen Fällen gibt H. Thielicke der Falschaussage nicht nur irgendwie den Vorzug, sondern er kommt nach langem Abwägen zu dem Schluß, sie seit sittlich „geboten", „gefordert" und „legitimiert"; dennoch aber verletze man mit ihr ein göttliches Gebot und werde dadurch sittlich schuldig. Nach H. Thielicke steht also der Mensch in bestimmten Situationen vor einer sittlichen Pflicht, die so geartet ist, daß er durch ihre Erfüllung sittlich schuldig wird. Er kennt somit eine sittliche Schuld, die bei Erfüllung der sittlichen Pflicht eintritt.

Der katholischen Moraltheologie und der philosophischen Ethik ist natürlich der Fall bekannt, in dem jemand trotz der Erfüllung des sittlich Gebotenen schuldig wird. Man denkt dann an das nur legale Handeln, bei dem der Handelnde aus Selbstsucht bestimmte sittliche Forderungen ihrem Inhalt nach erfüllt. Er begeht z. B. nur deshalb keinen Diebstahl, weil er befürchtet, entdeckt und belangt zu werden. Gedacht ist hier – in Kants Terminologie – an ein Handeln zwar *gemäß* der Pflicht, aber nicht *aus* Pflicht.

Wenn H. Thielicke aber gebotene Handlungsweisen kennt, durch die man sittlich schuldig werde, so denkt er offensichtlich nicht an das nur legale Handeln. Schließt er doch ganz zu Beginn seiner Überlegungen zur Notlüge jene Fälle von vornherein als nicht legitimierbar, als Lügen im eigentlichen Sinn, aus, in denen jemand aus egoistischen Motiven die Unwahrheit sagt: „Offenbar kann man ... hier (bei der Notlüge) nicht einfach von *Lüge* sprechen. Denn die Lüge verleugnet die Wahrheit aus egoistischen Gründen. Sie bedeutet also, daß man die Wahrheitsfrage dem Interesse unterordnet."[108] In die gleiche Richtung weisen H. Thielickes Überlegungen über mögliche Motive des Arztes am Krankenbett, der etwa aus Furcht vor dem Sterbenden bzw. aus Angst, sich der Frage des Todes stellen zu müssen, zur Unwahrheit greift: „Die Peinlichkeit und die psychologisch begreifliche Hemmung, von der jemand zurückgehalten wird, einen andern Menschen durch eine schwerwiegende Aussage zu ‚erschüttern', führt, wenn sie tatsächlich über die Wahrheit triumphiert, zur Lüge und zu nichts anderem. Denn dann ist das Motiv nicht die Schonung des andern, sondern die Schonung gegenüber sich selbst ... (Der Arzt) scheint vom Motiv einer schonenden Liebe getrieben zu sein, ist aber de facto vom Gegenteil bewegt."[109] Danach steht wohl fest, daß H. Thielicke in einem ungewöhnlichen Sinn von ‚gebotenen Handlungsweisen' redet, ‚durch die man sittlich schuldig werde'.

[107] Ebd. A 378.
[108] Ebd.
[109] Ebd. A 587.

Gerade das Kapitel über „die Grenzen der Wahrhaftigkeit“ macht übrigens auch deutlich, daß H. Thielicke keineswegs darauf verzichtet, nach Kriterien zur Bestimmung des ‚richtigen‘ Handelns zu suchen; erörtert er doch ausführlich die Frage, wann ein Widerstandskämpfer oder ein Arzt zum Mittel der unwahren Aussage greifen dürfe und wann nicht.

6. Das Handeln Gottes mit der Welt als „Kompromiß“

Aus der bisherigen Darstellung des Kompromißverständnisses von H. Thielicke geht hervor, daß er den Kompromiß einerseits als „Tribut an die gefallene Welt“ versteht, durch den der Mensch notwendig sittlich schuldig wird,[110] und ihn anderseits für ‚notwendig‘ und, wie gezeigt wurde, sittlich ‚gefordert‘ hält.[111] Seine Ausführungen scheinen demnach zu einem Widerspruch zu führen, was ihn selbst zu der Frage veranlaßt: „Wie kann aber etwas Gegenstand einer ethischen Hemmung und zugleich Inhalt eines ethischen Auftrages sein?“[112] Nach allem, was bisher festgestellt wurde, läßt sich diese Frage ohne irgendeine Sinnverschiebung in die folgende umformulieren: Wie kann etwas zugleich sittlich verboten und geboten sein?

Der hier sichtbar werdende Widerspruch kann nun aber zwei Ursachen haben. Entweder stößt das Denken hier an seine Grenze, oder man hat irgendwo eine wesentliche Unterscheidung[113] übersehen. Es scheint nun

110 Vgl. ebd. A 642f.: „Wir haben in den verschiedenen Spielarten des Kompromißproblems immer wieder das Eine erkannt: Der Kompromiß ist ein Tribut, der an die gefallene Welt zu entrichten ist ... Weil aber der Kompromiß ein Tribut an die gefallene Welt ist, entspricht er nicht dem ‚eigentlichen‘ Willen Gottes; er entspricht nicht dem Schöpfungsentwurf der Welt. Insofern gibt es keine Selbstrechtfertigung des Kompromisses mit Hilfe des Argumentes, er sei notwendig. Denn die Welt, die ihn notwendig macht, ist ‚meine‘ Welt. Sie ist die Objektivierung oder wenn man will: die Institutionalisierung meiner Rebellion gegen den Schöpfungsentwurf ... Das Bekenntnis, daß diese Welt den Kompromiß ‚verlange‘, spricht implizit die Vergebungsbedürftigkeit dieser Welt und meines Handelns in ihr aus.“

111 Vgl. ebd. A 645: „Andererseits ist uns aber der Kompromiß geradezu *aufgetragen*. Denn ohne ihn würden wir einem schwärmerischen Radikalismus verfallen, der die Gestalt ... dieser Welt ignoriert und sie darum zerbricht, der also nicht dem gottgewollten Bestande der Welt dient, sondern das Chaos heraufbeschwört.“

112 Ebd.

113 *K. E. Løgstrup* weist in der Einleitung zu seinem Buch ‚Die ethische Forderung‘, Tübingen 1959, 4f., darauf hin, daß viele ethische Probleme bereits dadurch einer Lösung nahegebracht werden können, daß mit Hilfe von Distinktionen die zu behandelnde Frage präzise herausgearbeitet wird: „Rein metho-

so, als glaube H. Thielicke, er habe das anstehende Problem des Kompromisses inzwischen so präzise wie nur möglich gefaßt, so daß keine weiteren Distinktionen, die den bestehenden Widerspruch als einen nur scheinbaren aufzuheben vermöchten, mehr denkbar seien. Er meint wohl, an diesem Punkt bleibe einem nichts anderes übrig, als den Widerspruch als unlösbar, als ein Geheimnis anzuerkennen, an dem der Mensch sich der Grenzen seiner Vernunfterkenntnis bewußt werde.

H. Thielicke sieht sich also vor einem nicht weiter auflösbaren Widerspruch stehen, der ihm auf ein Geheimnis hinzudeuten scheint. Um den Versuch, einen solchen Widerspruch aufzulösen, zu beenden, verweist er auf ein noch größeres Geheimnis, nämlich auf das des Handelns Gottes mit der Welt. Vom „Kompromiß" Gottes mit der Welt werde nämlich der Kompromiß des Menschen in der Welt als eines zugleich sittlich gebotenen und verbotenen verständlich. Man kann sich bei den folgenden Ausführungen H. Thielickes allerdings nicht ganz des Eindrucks erwehren, als versuche er, das Dunkle durch das noch Dunklere zu erläutern.

Angesichts der Schwierigkeit, daß der Kompromiß „Gegenstand einer ethischen Hemmung und zugleich Inhalt eines ethischen Auftrages" sei, sagt er, man komme hier nur weiter, wenn man sich zweierlei klarmache. Erstens sei das Schließen von Kompromissen „in gewissem... Sinn ein Abbild und ein Nachvollzug dessen..., was Gott seinerseits in tragender Geduld getan hat, wenn er sich durch seine Herablassung dem Wesen der Welt ‚akkommodiert' und sie im Rahmen der ihr verbliebenen Möglichkeiten bis an den Jüngsten Tag erhält".[114] Und zwar habe sich Gott der Welt in zweifacher Weise „akkommodiert": einmal im Gesetz und zum andern im Evangelium. Diese Anpassung Gottes könne aber zweitens „nur cum grano salis mit dem Begriff ‚Kompromiß'" bezeichnet werden; denn diese „Akkommodation der Gnade" sei nicht notwendig, sondern werde aus Gottes freiem Entschluß, gleichsam aufgrund „göttlicher Privilegien" dem Menschen gewährt[115] – gemeint ist wohl, wenn H. Thielicke vom ‚notwendigen' und ‚nicht notwendigen' Kompromiß spricht,

disch gesehen, besteht das Verfahren, das eine Untersuchung wie die folgende verlangt, in einer Ausarbeitung von Distinktionen." Anderseits warnt er aber davor, bereits in einer neu gewonnenen Unterscheidung die Lösung eines Problems zu sehen. „Sucht man dies zu vermeiden, so muß man jede neue Unklarheit und jedes neu auftauchende Problem zum Anlaß neuer Distinktionen machen und solange damit fortfahren, bis das Thema, mit dem man sich beschäftigt, so präzise wie überhaupt möglich gefaßt ist. Systematische Arbeit besteht zum guten Teil darin, Probleme, die sich ineinander verfilzt haben, säuberlich auseinander zu klauben."

114 Ebd. A 646.

115 Ebd. A 647.

daß Gott im Unterschied zum Menschen niemals aufgrund eines sittlichen Imperativs handelt –.[116]

Indem Gott dem Menschen nach dem Sündenfall das Gesetz gegeben habe, habe er sich „auf den Boden der durch den menschlichen Fall geschaffenen Tatsachen gestellt".[117] Im Urstand sei der Mensch „eindeutig Gott zugewandt" gewesen. Durch die Versuchung sei das Böse für ihn zur Möglichkeit geworden; damit aber habe er bereits seine „Eindeutigkeit" verloren. „Das Sich-entscheiden-müssen" sei bereits das „Zeichen eines ausgebrochenen Zwiespaltes". Es sei gewiß, „daß schon die Situation, in der diese Entscheidung notwendig ist und dann auch gefordert wird, eine Depravierung des eigentlichen Schöpfungsentwurfes Gottes ist". Daraus folgert H. Thielicke, alle menschliche Ethik steht „letztlich unter dem Zeichen dieser ihrer Fragwürdigkeit: Sie ist eine Notstandsmaßnahme gegenüber der gefallenen Welt".[118]

Für H. Thielicke scheint der vom Gesetz ausgehende Anspruch an den Menschen, also der Sollenscharakter des sittlichen Imperativs, nicht nur die Bedingung der Möglichkeit für die Sünde, sondern selbst schon Zeichen der Sünde zu sein. Dementsprechend versteht er die Entscheidungsfreiheit, auf die das Sollen bezogen ist, als eine von der Sünde infizierte Freiheit. Nachdem er so die auf das Sollen bezogene Freiheit als eine sündige charakterisiert hat, fragt man sich, wie er sich dann die Freiheit des Geschöpfes im Urstand vorstellt. Ihm bleiben nur zwei Möglichkeiten: Entweder muß er dem Menschen vor dem Fall jegliche Freiheit absprechen; – dann aber könnte er nicht sagen, er sei Gott zugewandt gewesen; oder er muß ihm eine Freiheit zusprechen, durch die er notwendig – ohne anders zu können oder gekonnt zu haben – für Gott und damit für das Gute entschieden ist; – dann aber wäre nicht nur der Sündenfall undenkbar, sondern dem Geschöpf käme göttliche Freiheit zu; denn nur diese besteht in einer notwendigen Entschiedenheit, ohne ein Anders-Können oder Anders-Gekonnt-Haben in sich zu enthalten; dies gilt selbstverständlich nur für die Freiheit Gottes ad intra, „durch die er sich selbst notwendig liebt", nicht für jene ad extra, kraft derer er schaffen oder nicht schaffen, dieses oder jenes wirken kann.[119] Da weitere Möglichkeiten nicht denkbar sind, ist zu schließen, daß die auf das Sollen bezogene Freiheit eben die Freiheit des Geschöpfes, nicht die des Sünders ist, wie H. Thielicke meint.

116 Vgl. dazu etwa ebd. A 654.

117 Ebd. A 651.

118 Ebd. A 650.

119 *M. Rast*, Freiheit Gottes, in: *W. Brugger* (Hrsg.), Philosophisches Wörterbuch, Freiburg 71959, 94; vgl. auch *C. Nink*, Philosophische Gotteslehre, München 1948, 205–210.

Wenn H. Thielicke also auf das Gesetz, das Gott in seiner Geduld dem sündigen Menschen gegeben hat, verweist, um den Widerspruch des zugleich gebotenen und verbotenen Kompromisses durch den Hinweis auf das Geheimnis des Handelns Gottes verständlich zu machen, dann kann er sich dabei nicht, wie er es tut, auf den Sollenscharakter des Gesetzes beziehen. Denn das Geheimnis, auf das er damit anspielt, besteht nicht darin, wie göttliche Heiligkeit und menschliche Bosheit miteinander zu vereinbaren, sondern vielmehr darin, wie göttliche und menschliche Freiheit zusammen zu denken sind.

Das Gesetz, insofern es den Menschen zur Entscheidung zum Guten aufruft, kann demnach nicht – auch nicht im analogen Sinn – als Kompromiß Gottes mit der Welt verstanden werden. Da es aber jeweils auch bestimmte Inhalte gebietet, ist es durchaus möglich, es im Hinblick auf seinen Inhalt als eine Art von Kompromiß Gottes mit dieser sündigen Welt zu verstehen. Darauf weist auch H. Thielicke hin: „Die Akkommodation Gottes zeigt sich im Rahmen des Gesetzes auch darin, daß man von einer ‚Brechung' des göttlichen Nomos durch das Medium dieses Äons sprechen muß."[120]

H. Thielicke führt für diese inhaltliche Akkommodation zwei Beispiele aus dem „noachitischen Bund" an, nämlich den Befehl Gottes, unter bestimmten Umständen die Todesstrafe zu vollziehen, und die Erlaubnis, unter Umständen die Ehe zu scheiden. In diesen göttlichen Anordnungen sei nämlich nicht der ursprüngliche Wille Gottes wirksam, „sondern ein Wille, der sich um des Menschen willen selber alteriert, auf ihn eingeht und auf seine Möglichkeiten Rücksicht nimmt, der ‚geduldig' ist".[121] Die keine Ausnahme zulassenden Schöpfungsgebote, nicht zu töten und nicht die Ehe zu scheiden, würden in dieser Welt, so wie sie jetzt sei, „nur Schrecken und Chaos stiften. Die Welt ist dem göttlichen Entwurf so entfremdet, daß sie an ihm zerbrechen und zugrunde gehen müßte, wenn Gott nicht die Gnade seines sich akkommodierenden Eingehens über das Recht seines ursprünglichen Anspruchs triumphieren ließe."[122]

Für H. Thielicke besteht die Geduld Gottes darin, daß dieser an dem ursprünglichen Inhalt seiner sittlichen Forderungen im Hinblick auf die Möglichkeiten der von der Sünde betroffenen Welt Abstriche vornimmt und so tatsächlich einen „Tribut an die gefallene Welt" entrichtet, der es rechtfertigt, hier von ‚Kompromiß' zu sprechen. Vergleicht man dieses Handeln Gottes mit dem des Widerstandskämpfers bzw. des Arztes, so scheint in der Art ihres Handelns kein wesentlicher Unterschied zu be-

120 Ebd. A 655.
121 Ebd. A 658.
122 Ebd. A 659.

stehen. Der Widerstandskämpfer würde es vorziehen, die Wahrheit zu sagen, wenn es das Unrechtsregime nicht gäbe und er die Wahrheit sagen könnte, ohne daß sich dadurch die übelsten Folgen einstellten; der Arzt würde es ebenfalls begrüßen, die Wahrheit zu sagen, wenn die Umstände es zuließen und er dem Patienten die Wahrheit sagen könnte, ohne daß dieser daran wahrscheinlich zerbräche. Analog könnte man auch von Gott sagen, er würde Gewaltverzicht vorziehen, wenn diese Welt so beschaffen wäre, daß es in ihr Gewaltverzicht ohne unübersehbar schreckliche Folgen geben könnte. Doch um diese negativen Folgen zu verhindern, übt Gott „Geduld" und gestattet gegenüber Rechtsbrechern die Anwendung von Gewalt. Sollte man aber nicht auch beim Widerstandskämpfer und beim Arzt ähnlich urteilen können? Um schwerwiegende negative Folgen zu verhindern, üben sie ‚Geduld'. In ihrem Fall spricht H. Thielicke jedoch überraschenderweise statt von Geduld von Schuld.

Es scheint, daß H. Thielicke den Grund für diese konträre Bewertung darin sieht, daß „der göttlichen Akkommodation jener Charakter der Notwendigkeit fehlt, wie er menschlichen Kompromissen eignet";[123] denn dies ist für ihn dasjenige Merkmal, das den Kompromiß Gottes von dem des Menschen unterscheidet. Er bezeichnet die göttliche Akkommodation deshalb als nicht-notwendig, weil sie „niemals so etwas ist oder sein will wie ein zeitloses Gesetz: Sie ist vielmehr auf das begrenzte Interim des Notstandes dieser Weltzeit beschränkt."[124] Im Gegensatz dazu müßte er dann, wenn er von der ‚Notwendigkeit' des menschlichen Kompromisses spricht, meinen, der Mensch fasse ihn auf als ein zeitloses Gesetz, das nicht auf diese Weltzeit beschränkt sei. Vermutlich wendet sich H. Thielicke damit gegen die Ansicht, der Kompromiß lasse sich rechtfertigen. Seine Rechtfertigung bestünde darin, daß man ihn „vom Gedanken einer lebensgesetzlichen Anangke her legitimiert" sehe und seine „Fragwürdigkeit und Vergebungsbedürftigkeit"[125] bestritte. Diese Aussagen bedeuten aber nichts anderes, als daß der Kompromiß Gottes gerechtfertigt ist, der Kompromiß des Menschen dagegen nicht; das Handeln Gottes erscheint als Geduld, das des Menschen als Schuld. H. Thielicke hat durch die Angabe des Merkmals der Notwendigkeit bzw. Nicht-Notwendigkeit des Kompromisses also letztlich nur mit anderen Worten noch einmal seine konträre Wertung des Kompromisses beim Menschen und bei Gott wiederholt, ohne damit einen Grund für sie zu nennen. Aufs Ganze gesehen, scheint er nichts anderes sagen zu wollen, als daß Gott, weil unendlich gut, nur gut handeln kann, wohingegen der Mensch, weil von Grund auf

123 Ebd. A 664.
124 Ebd.
125 Ebd. A 666.

böse, aus sich heraus nur schlecht handeln kann. Von diesem Ansatz her wird dann verständlich, wieso nach H. Thielicke die Kompromisse des Widerstandskämpfers und des Arztes nicht gerechtfertigt sind, wohingegen der „Kompromiß" Gottes ein gnädiges Geschenk an den Menschen darstellt.

Doch nicht nur im Gesetz, sondern auch im Evangelium habe Gott sich in einer Art von Kompromiß der gefallenen Welt gnädig akkommodiert; denn Jesus Christus sei als die Mitte des Evangeliums „in die Gestalt des Menschen, und das heißt: in die Gestalt des Sünders"[126] eingegangen. Dieser „Kompromiß" unterscheidet sich nach H. Thielicke wiederum darin von dem des Menschen, daß er ebenfalls „nicht unter dem Gesetz der Notwendigkeit und der erzwungenen Verständigung steht, sondern vom Wunder der freien Gnade getragen ist",[127] und daß Jesus Christus, weil Sohn Gottes, „ohne Sünde ist".[128] Wie im Falle des Gesetzes als einer Form des „Kompromisses" Gottes mit der Welt gibt H. Thielicke auch hier keinen weiteren Grund für seine unterschiedliche Wertung des Kompromisses bei Gott und beim Menschen an, sondern wiederholt nur mit anderen Worten, daß der Mensch, weil Sünder, den Kompromiß nicht als „ein gerechtfertigtes Weltgesetz"[129] verstehen dürfe.

[126] Ebd. A 671.
[127] Ebd. A 673.
[128] Ebd. A 675.
[129] Ebd. A 681.

2. Kapitel
Der Kompromiß bei W. Trillhaas

Mit dem Kompromiß als ethischem Problem haben sich die evangelischen Theologen H. Steubing[1], G. Zink[2] und D. Walther[3] eingehender befaßt. Ähnlich wie H. Thielicke versuchen sie, unter dem Stichwort ‚Kompromiß' das Verhältnis zwischen dem Gebot Gottes und der Wirklichkeit dieser Welt zu bestimmen. Wichtige neue Gesichtspunkte gegenüber den Aussagen H. Thielickes zum Kompromiß findet man bei ihnen nicht. Deshalb braucht hier auch auf ihre Arbeiten nicht weiter eingegangen zu werden. Anders verhält es sich dagegen mit W. Trillhaas.[4] In seinem Verständnis von ‚Kompromiß' unterscheidet er sich deutlich von H. Thielicke. Daher ist es für eine weitere systematische Klärung der Frage, wie man den Kompromiß an sich bzw. im Einzelfall ethisch zu beurteilen hat, angebracht, ausführlich auf ihn einzugehen.

1 *H. Steubing*, Der Kompromiß als ethisches Problem, Gütersloh 1955.

2 *G. Zink*, Der christliche Glaube und der Kompromiß, in: Die Mitarbeit 11 (1962), 110–114.
Ders., Versöhnendes Handeln, ebd., 153–156. Die beiden Artikel sind eine Art Ergebnisbericht der unveröffentlichten Theol. Dissertation ‚Der Begriff des Kompromisses, sein Ort, sein Rang und seine Verwandlung in der theologischen Ethik', Hamburg 1955.

3 *D. Walther*, Zur Behandlung des Kompromißproblems in der Geschichte der evangelisch-lutherischen Ethik, in: Kerygma und Dogma IV (1958), 73–111. D. Walther veröffentlicht hier Ausschnitte aus der unveröffentlichten Theol. Dissertation ‚Der Kompromiß in der römisch-katholischen Moral und der evangelisch-lutherischen Ethik', Heidelberg 1956.

4 *W. Trillhaas*, Ethik, 1. Aufl. Berlin 1959 (im folgenden abgekürzt: E 1. A).
Ders., Ethik, 3. neu bearbeitete und erweiterte Aufl. der 2. neu bearbeiteten und erweiterten Aufl. Berlin 1965, Berlin 1970 (im folgenden abgekürzt: E 3. A).
Da in der Frage des Kompromisses die 2. Aufl. mit der 3. Aufl. völlig übereinstimmt, kann diese unberücksichtigt bleiben.
Ders., Zum Problem des Kompromisses, in: Zeitschrift für evangelische Ethik 4 (1960), 355–364 (im folgenden abgekürzt: ZPK).
Ders., ‚Kompromiß', in: Evangelisches Staatslexikon, Stuttgart 1969, 1113–1116 (im folgenden abgekürzt: K).

Bei der Wiedergabe dessen, was W. Trillhaas zum Thema ‚Kompromiß' darlegt, soll einmal darauf geachtet werden, was er unter ‚Kompromiß' versteht bzw. in welcher Bedeutung er das Wort gebraucht, zum andern darauf, wie er das von ihm als ‚Kompromiß' Bezeichnete sittlich bewertet. Sieht er wie H. Thielicke im Kompromiß eine Handlungsweise, die den Menschen stets schuldig werden läßt? Bringt er den Kompromiß in einen inneren Zusammenhang mit der Rechtfertigungslehre, und unterscheidet er schließlich, wie H. Thielicke es trotz seiner grundsätzlich negativen Beurteilung des Kompromisses tut, zwischen „guten und weniger guten Kompromissen"?

1. *Der Kompromiß als Ausgleich in einer Ausnahmesituation*

Was W. Trillhaas unter ‚Kompromiß' versteht, erklärt er zunächst, indem er drei Ausdrücke mit annähernd gleicher Bedeutung anführt: „Übereinkunft, Ausgleich, Vergleich."[5] Sodann verweist er auf die Etymologie des Wortes: ‚Kompromiß' sei „von dem lateinischen Wort compromittere = versprechen, miteinander absprechen"[6] abgeleitet. Damit will W. Trillhaas wohl zu verstehen geben, beim Kompromiß handle es sich um einen zwischenmenschlichen Ausgleich. Aber erst die Beispiele, die er zur Veranschaulichung anführt, machen einigermaßen deutlich, was genau er mit dem Wort ‚Kompromiß' meint. Als ein solches Beispiel nennt er die freiheitliche Verfassung eines Staates. In ihr sind, wie W. Trillhaas darlegt, „gegensätzliche Prinzipien ... zu einem Ausgleich gebracht ..., also zum Beispiel die Autorität der Regierung mit der Freiheit der Bürger, die Gesamtstaatlichkeit eines Bundes mit dem Föderalismus der Bundesstaaten, das Recht zur Parteiengründung mit der Einschränkung dieses Rechtes unter bestimmten Bedingungen usw".[7]

Bei diesem Beispiel der Verfassung stehen sich ähnlich wie bei H. Thielickes Beispiel des Betriebs mehrere konkurrierende Ziele bzw. Prinzipien gegenüber. Setzt man für sie ebenfalls die Zeichen x und y ein, so kann man auch hier sagen: der Kompromiß wird geschlossen zwischen einem Ziel x und einem anderen Ziel y. Beide stehen im Verhältnis der Gegenläufigkeit zueinander, das heißt, je mehr das eine verwirklicht wird, desto weniger läßt sich das andere realisieren und umgekehrt. Ein Ausgleich zwischen der „Gesamtstaatlichkeit eines Bundes mit dem Föderalismus der Bundesstaaten" wäre z. B. durch Kompetenzabgrenzungen zu errei-

[5] ZPK, 355.
[6] Ebd.
[7] Ebd. 355f.

chen. Bei einem reinen Zentralismus lägen alle Kompetenzen beim Bund, bei einem reinen Föderalismus dagegen alle bei den einzelnen Bundesstaaten. Neben diesen Extremen sind aber viele Spielformen des ,Teils – Teils' möglich, die wohl alle als Ausgleich zwischen den Extremen Kompromisse sind. Auch nach W. Trillhaas' Meinung scheint demnach überall dort ein Kompromiß vorzuliegen, wo ein Ausgleich zwischen mehreren konkurrierenden Zielen oder Interessen, die sich nicht vollständig, sondern nur bis zu einem gewissen Grade ausschließen, stattfindet.

In der ersten Auflage seiner ‚Ethik' spricht er bei den Kompromissen dieser Art von Kompromissen in der „Horizontalen".[8] Ohne dieses Wort zu gebrauchen, beschreibt er sie in der dritten Auflage als „Ausgleich der verschiedenen Interessen und der divergierenden Auffassungen der einzelnen und der Gruppen".[9]

Durch eine Fülle von Beispielen erläutert er noch eine zweite Form des Kompromisses, die er in der ersten Auflage der ‚Ethik' als Kompromiß in der „Vertikalen"[10] bezeichnet. Bei ihm handle „es sich um die Angleichung der reinen Grundsätze an die Realität"[11], um die Angleichung eines Ziels an die gegebenen Möglichkeiten, und zwar gelte es, „die Idee in möglichster Reinheit zu bewahren und zugleich das Gelingen des ... Zusammenlebens zu sichern".[12] Die Grundsätze einer Partei z. B. müßten immer wieder der „politischen Wirklichkeit" angepaßt werden, weil „staatliches Leben" nicht „am Reißbrett konstruiert" werden könne. So werde etwa in jedem Staat ein Kompromiß zwischen den verschiedenen Wahlsystemen nach praktischen Gesichtspunkten geschlossen. Auch die Verfassung selbst spiegele das ganze Ringen und Suchen nach Kompromissen, weil die politische Wirklichkeit zwar nicht die „Preisgabe der Grundsätze", wohl aber die „Einpassung dieser Grundsätze" in die Gegebenheiten des politischen Alltags fordere.[13] So sei „vor allem ... der Ausgleich der reinen Idee mit der ‚schlechten' Realität das tägliche Brot demokratischer Kompromisse. Ganz allgemein kann man sagen, daß die in der demokratischen Idee beschlossene Moralität immerfort mit der Macht realer Staatlichkeit zum Ausgleich gebracht werden muß."[14] Die Idee der Demokratie spreche z. B. „für völlige Öffentlichkeit aller Ver-

[8] E 1. A, 378: „Zu diesem gleichsam in der Vertikalen auftretenden Kompromißproblem tritt dann das andere, gleichsam in der Horizontalen gelegene."
[9] E 3. A, 469.
[10] E 1. A, 378.
[11] E 3. A, 469.
[12] Ebd.
[13] Ebd.
[14] K, 1115.

handlungen, aber die politische Notwendigkeit spricht für Geheimhaltung wichtiger Staatsangelegenheiten, die Idee spricht für uneingeschränkte Pressefreiheit, das Bedürfnis der Landesverteidigung läßt sie nicht in allen Fällen zu".[15]

Auch in anderen Zusammenhängen scheint W. Trillhaas, wenn er vom Kompromiß spricht, diesen Kompromiß in der Vertikalen zu meinen. Bei der Behandlung des sittlichen Bewußtseins sagt er, es komme unter Umständen dann zu einem Kompromiß, wenn das Lebensziel eines Menschen nicht verwirklicht werden könne, weil zwischen Individuum und Welt kein Einverständnis herrsche. In einem solchen Konfliktfall werde das Lebensziel den Gegebenheiten der Welt angepaßt.[16] Ebenso ergäben sich „die positiven Rechtssätze" aus den Überlegungen, was Recht ‚an sich', und dem, was durchführbar sei. „Sie bilden sozusagen eine mittlere Lage zwischen den idealen Grundsätzen und der Welt praktischer Notwendigkeiten und Bedürfnisse. Die positiven Rechtssätze tragen Kompromißcharakter."[17]

Diese letzte Form des Kompromisses gleicht dem von H. Thielicke angeführten Beispiel des Kunstwerkes und des wissenschaftlichen Buches. Bis hierhin stimmen W. Trillhaas und H. Thielicke also in ihrem deskriptiven Wortgebrauch von ‚Kompromiß' völlig überein. Sie verstehen darunter einmal den Ausgleich zwischen mehreren konkurrierenden Zielen, zum andern aber auch die Angleichung eines idealen Ziels an die gegebenen Möglichkeiten.

Mit dieser Bestimmung des Kompromisses als eines Ausgleichs oder einer Angleichung, wobei die Ziele bzw. das Einzelziel jeweils nur teilweise realisiert werden, schließt W. Trillhaas anders als H. Thielicke die Pflichtenkollision als ‚Kompromiß' aus. W. Trillhaas unterscheidet nämlich in einer Anmerkung[18] zwei verschiedene Arten von Konflikten, solche, die durch eine Sowohl-als-auch-Entscheidung gelöst werden, und solche, die sich nur durch eine Entweder-oder-Entscheidung beenden lassen. Nur die erste Art will er ‚Kompromiß' nennen, während er für die zweite Art das Wort ‚Pflichtenkollision' verwendet. Im Unterschied zu H. Thielicke, der den Kompromiß der Pflichtenkollision zuordnet und dann auch beide einheit-

[15] Ebd.

[16] Vgl. E 3. A, 145.

[17] Ebd. 441f.

[18] Vgl. ZPK, 358: „Man wird das Problem auch nicht so verallgemeinern dürfen, daß man von Konfliktsituationen überhaupt spricht. Auch die vielberufene Pflichtenkollision ist ein Konflikt. Während aber der Kompromiß auf einen Verzicht, auf eine Aufgabe oder doch auf einen Teilverzicht auf das eigene hinausläuft, kann man die Pflichtenkollision nur in einem Entweder-Oder zu Ende bringen."

lich bewertet, trennt W. Trillhaas also Pflichtenkollision und Kompromiß voneinander, so daß es ihm möglich wird, die Frage nach ihrer Bewertung unabhängig voneinander zu erörtern.

Diese Trennung von Kompromiß und Pflichtenkollision ist bei ihm ein Grund dafür, daß er sich mit N. Monzel gegen die besonders bei evangelischen Theologen vorhandene „Neigung" wendet, „alles menschliche Handeln, und nicht nur den Ausgleich in besonderen Konfliktsituationen, als Kompromiß zu deuten".[19]

Eine weitere begriffliche Einengung von ‚Kompromiß' gegenüber H. Thielicke nimmt er aber auch dadurch vor, daß er nur unter bestimmten Voraussetzungen einen Ausgleich oder eine Angleichung ‚Kompromiß' nennen will, und zwar nur dann, wenn ein „echter Verzicht" geleistet werde und eine „Ausnahmesituation" vorliege.

Was W. Trillhaas unter einem ‚echten Verzicht' versteht, erläutert er an einer menschlichen „Grunderfahrung", die man in der Begegnung mit anderen Menschen machen könne. Wenn jemand z. B. einem anderen in besonderer Weise entgegenkomme, dann erfahre dieser ein solches „Entgegenkommen als einen" um seinetwillen „übernommenen Verzicht". Er erkenne, daß der andere etwas aufgebe, „worauf er einen Anspruch" habe, etwas, worin er selbst stecke, das heißt, „es ist eine Art von Selbstaufgabe", die jener unternehme, um mit ihm „beisammen zu bleiben".[20] Unter einem ‚echten Verzicht' versteht W. Trillhaas also die Aufgabe von etwas, woran man ein „berechtigtes Interesse"[21] hat. Der Kompromiß ist demnach ein wechselseitiges Entgegenkommen, das um eines gemeinsamen Zieles, um einer „künftigen Möglichkeit"[22] willen geleistet wird. In diesem Sinne definiert er den Kompromiß im Evangelischen Staatslexikon: „Kompromiß ist eine freie Vereinbarung unter gegenseitigem Verzicht auf bestimmte Interessen, um dadurch ein höheres gemeinsames Gut zu sichern."[23]

[19] Ebd. 359; vgl. *N. Monzel,* Kompromiß, in: Staatslexikon, Bd. IV, Freiburg 1959, 1205.

[20] ZPK, 356.

[21] E 3. A, 468.

[22] ZPK, 356: „Begreifen wir den Kompromiß als ein solches sich gegenseitig Entgegenkommen, dann wird deutlich, wie er hüben und drüben ein Element der Selbstaufgabe enthält, und es wird ebenso deutlich, daß wir dieses Entgegenkommen leisten, um uns – sei es des anderen Menschen, sei es gemeinsam mit ihm – einer künftigen Möglichkeit zu versichern."

[23] K, 1114; vgl. ferner: E 3. A, 468: „Kompromiß bedeutet, daß wir im Wege der Vereinbarung auf Verzichtbares – es sind in aller Regel ‚Interessen', und zwar immer auch ‚berechtigte Interessen' – verzichten, um das Dringliche und Unaufschiebbare zu besorgen. Bei diesem Verzicht, bei diesem Kompromiß steht also immer etwas Größeres auf dem Spiel, was nicht beschädigt werden

So seien z. B. jene Übereinkommen, wie ein „Geschäftsabschluß" oder irgendein staatliches „Abkommen", keine Kompromisse, weil in ihnen kein „echter Verzicht" geleistet werde, sondern „auf vernünftigem Wege Schwierigkeiten ausgeglichen" würden.[24] Ebenfalls seien auch „die erwartete Rücksicht auf die Umwelt, die Beobachtung der Etikette, die schlichte Höflichkeit" keine Kompromisse im eigentlichen Sinne.[25]
Aus der Art und Weise, wie W. Trillhaas den „echten Verzicht" beschreibt, nämlich als ein Aufgeben von gewichtigen Interessen, geht bereits hervor, daß er beim Kompromiß an eine „Ausnahmesituation" denkt. Bei ihm handle es sich „immer um bestimmte Situationen, die uns jeweils als Ausnahmefälle sehr deutlich ins Bewußtsein treten".[26]
Um zu verdeutlichen, was er unter ‚Ausnahmesituation' verstanden wissen will, führt er als Beispiel „Härtefälle"[27] an, wie sie im Rechtsleben vorkommen können. In der Regel könne der Richter Recht sprechen, indem er die vorhandenen Gesetze auf den vorliegenden Fall anwende. Nun gebe es aber auch solche Fälle, in denen „durch eine formale Anwendung des Gesetzes offenkundig eine Ungerechtigkeit geschehen würde".[28] Damit will W. Trillhaas wohl sagen, daß in einem solchen Fall eine Ausnahme von der buchstäblichen Anwendung des Gesetzes zu machen sei, weil nur so das Ziel aller Gesetzgebung – Gerechtigkeit – erreicht werden könne. Um dieses Zieles willen wird dem Richter in solchen Fällen ein „Ermessensspielraum" zugestanden: Er hat den anstehenden Fall unabhängig oder sogar gegen den Wortlaut des Gesetzes zu entscheiden. W. Trillhaas kommt es in diesem Beispiel also darauf an zu zeigen, daß der Handelnde in einer Ausnahmesituation „zu einer in keiner Weise vorgezeichneten Entscheidung" aufgerufen sei; denn der Ausnahmefall sei nicht bereits „durch eine Verhaltensregel vorweg entschieden", sondern er enthalte „in sich eine Unklarheit . . ., welche eine unmittelbare Anforderung an . . . (das) Ermessen" des Handelnden stelle.[29]
Wenn W. Trillhaas nur den Ausgleich in einer Ausnahmesituation, in der

darf: die Zukunft, der Friede." Diese Definitionen können dann rein deskriptiv verstanden werden, wenn man unter dem ‚Größeren', dem ‚höheren Gut', den ‚berechtigten Interessen' usw. nur jene Ziele versteht, um derentwillen die Handelnden *faktisch* Kompromisse schließen. Verstände man jedoch diese Ziele als solche, die angestrebt werden *sollen*, dann handelte es sich bei diesen Definitionen um den Versuch der Beschreibung des sittlich legitimen Kompromisses.

24 ZPK, 358.
25 E 3. A, 468.
26 Ebd.
27 Ebd.
28 ZPK, 359.
29 Ebd. 360.

der Handelnde sich vor eine ‚Entscheidung' gestellt sieht, als ‚Kompromiß' bezeichnet, dann scheint er genau das zu meinen, was H. Thielicke den ‚ethisch relevanten Kompromiß' nennt; dieser zeichnet sich nach ihm nämlich dadurch aus, daß er einer ‚Entscheidung' entspringe. Ausgleichsformen, denen keine ‚Entscheidung' zugrunde liegt, zählt H. Thielicke zu den ‚ethisch irrelevanten Kompromissen'; W. Trillhaas dagegen würde für sie das Wort ‚Kompromiß' am liebsten ganz vermeiden.[30] Da es in dieser Arbeit nur um den Kompromiß geht, insofern er ethisch relevant ist, stimmen sie also in dieser Hinsicht in ihrem deskriptiven Wortgebrauch überein – mit der einen bereits erwähnten Einschränkung, daß W. Trillhaas die Pflichtenkollision als Entweder-oder-Entscheidung bei der Behandlung des Kompromißproblems aus seinen Überlegungen ausschließt.

2. *Der Kompromiß als sittlich legitimierbare Möglichkeit des Handelns*

Wie bereits erwähnt, macht W. Trillhaas es vielen evangelischen Theologen zum Vorwurf, daß sie dazu neigen, alles menschliche Handeln als Kompromiß zu verstehen. Da nach ihrer Auffassung alles Handeln unter dem Gesetz der Sünde stehe, folgerten sie, der Kompromiß sei „nur eine andere Form, in der wir der Ausweglosigkeit aller menschlichen Schuld ansichtig" würden. Der Kompromiß ist nach diesen Theologen, so wie W. Trillhaas sie versteht und wie auch die Darstellung des Kompromißverständnisses H. Thielickes ergeben hat, „als menschliche Möglichkeit ein unerlaubter Ausweg", jedoch als „Wagnis des Glaubens in der Gewißheit der Vergebung der Schuld" möglich.[31]
In der 1. Auflage seiner Ethik setzt W. Trillhaas sich noch ausführlicher mit ihnen auseinander. Bei all diesen Ethikern werde der Kompromiß als „Alternative zum ‚Radikalismus', bzw. zur radikalen Lösung"[32] gesehen. Voraussetzung für ihre Kompromißauffassung sei nämlich ihre Ansicht, „daß alle christliche Ethik Forderungsethik sei und den Menschen

[30] Beide sind sich allerdings nicht in allen Fällen darüber einig, ob es sich im jeweiligen Fall tatsächlich um einen Ausgleich handelt, der aus einer ‚Entscheidung' hervorgeht. Man denke nur an ihre unterschiedliche Einschätzung der Höflichkeit. Für H. Thielicke ist die Entscheidungssituation allerdings die Regel, während sie für W. Trillhaas die Ausnahme darstellt. Er sagt ebd. 362: „Man kann natürlich den Entscheidungsbegriff so verallgemeinern, daß gleichsam immer Entscheidungssituation ist. Aber dieser ‚Radikalismus' ist nicht nur im Blick auf unser gelebtes Leben unwahr, es ist zugleich jener Radikalismus, in dem der Tiefsinn banal wird."

[31] Ebd. 359.

[32] E 1. A, 377.

‚in die Entscheidung stelle', wobei die radikale Forderung mit der Reinheit der Ethik zusammenfällt und dementsprechend auch die Entscheidung ‚radikal', d. h. ‚kompromißlos' gefällt werden muß".[33] Ethisches Handeln wird bei ihnen also mit radikalem Handeln und radikales Handeln mit kompromißlosem Handeln gleichgesetzt. Ein Handeln im Kompromiß bedeutet dann immer eine Zurückweisung der ethischen Forderung; es ist daher niemals gerechtfertigt, und der Handelnde wird somit sittlich schuldig.[34]

Gegen diese Ansicht, die W. Trillhaas weder ausdrücklich widerlegt noch für falsch erklärt,[35] wendet er jedoch ein, wenn man „die grundsätzliche Sündhaftigkeit" des Menschen zum Ausgangspunkt seiner Stellungnahme zum Kompromiß mache, dann stehe man in der Gefahr, offensichtliche Unterschiede im Wertcharakter der verschiedenen Handlungen zu verwischen. Damit meint er wohl, wer von allem Handeln des Menschen sagt, es sei unausweichlich von der Sünde infiziert, kann leicht den Unterschied übersehen, der z. B. zwischen einer Hilfeleistung und einem Mord besteht.[36]

Wenn man – wie H. Thielicke es tut – glaube, sowohl an der allgemeinen Sündhaftigkeit des menschlichen Handelns als auch an der Notwendigkeit des Kompromisseschließens festhalten zu müssen, dann sei man gezwungen, „einerseits über die Ausweglosigkeit und andererseits über die mögliche ‚Rechtfertigung' des ‚Kompromisses'"[37] nachzudenken. W. Trillhaas erklärt sich „die hier hervortretende Hilflosigkeit ... aus der mangelnden begrifflichen Schärfe in der Erfassung des Problems und aus den modischen Voraussetzungen in der Prinzipienlehre".[38]

Wenn W. Trillhaas von einer „mangelnden begrifflichen Schärfe" spricht, dann hat er sicherlich die Ausweitung des Begriffsumfangs von ‚Kompro-

33 Ebd.

34 In diesem Sinne wird das Kompromißproblem nach Meinung W. Trillhaas' in einer „Popularphilosophie" (E 1. A, 377) oder „Popularethik" (ZPK, 357) behandelt, „die durch die Gleichsetzung von ‚kompromißlos' und ‚ethisch radikal' und durch die stehende Rede vom ‚faulen Kompromiß' gekennzeichnet ist" (E 1. A, 377).

35 Nachdem W. Trillhaas die Auffassung jener protestantischen Theologen kurz dargestellt hat, jeder Kompromiß mache sittlich schuldig, meint er (ZPK, 359): „Gegen diese Sätze läßt sich an sich nichts sagen."

36 Ebd.: „Wie die konkrete Sünde bei einem prinzipiellen Verweis auf die grundsätzliche Sündhaftigkeit des Menschen unerkennbar werden kann, so wird auch die Frage, ob ich einen Kompromiß schließen muß oder ihn in concreto jetzt und hier als eine Versuchung abzuweisen habe, im Horizont dieser allgemeinen Erkenntnisse undeutlich."

37 E 1. A, 377.

38 Ebd.

miß‘ auf alles menschliche Handeln vor Augen, wie er sie bei H. Steubing, D. Walther und H. Thielicke kritisiert; aber vielleicht denkt er darüber hinaus auch an einen undifferenzierten Wortgebrauch von ‚Schuld‘ und ‚Sünde‘, der wiederum auf einem ursächlichen Zusammenhang mit den „modischen Voraussetzungen in der Prinzipienlehre“ beruhen würde. Als modische Voraussetzung dieser Art sieht W. Trillhaas wohl den Versuch an, möglichst jede ethische Frage mit der Rechtfertigungslehre in Verbindung zu bringen.

Wie beurteilt nun demgegenüber W. Trillhaas den Kompromiß, und welche Gründe führt er für seine Wertung an? Im Unterschied zu den genannten Ethikern will er den Kompromiß nicht generell verwerfen – ihn allerdings auch nicht generell legitimieren. Ihm scheint die Alternative, der Kompromiß sei entweder sittlich zu billigen oder sittlich abzulehnen, falsch gestellt zu sein. Er sucht deshalb nach einer dritten Lösungsmöglichkeit. Danach wäre der Kompromiß unter bestimmten Bedingungen geboten, unter anderen dagegen als Versuchung abzuweisen. Daß W. Trillhaas den Kompromiß nicht grundsätzlich für sittlich verwerflich hält, zeigt sich bereits in seiner Hinführung zum Problem. Er verweist hier, wie bereits erwähnt, auf eine Grunderfahrung, die man in der Begegnung mit anderen Menschen machen könne, nämlich auf das gegenseitige Entgegenkommen. Obwohl er an dieser Stelle noch nicht ausdrücklich sagt, der Kompromiß sei unter Umständen sittlich gefordert, deutet er dennoch durch seine Wortwahl an, daß er ihn unter bestimmten Bedingungen positiv gewertet wissen möchte. Wörter wie ‚Entgegenkommen‘, ‚Begegnung‘, ‚Verzicht‘, ‚Selbstaufgabe‘, ‚Dienstbereitschaft‘ usw. werden nämlich in ethischen Kontexten üblicherweise als positive Wertungswörter verwendet. Auch die Betonung der geforderten Gegenseitigkeit des Entgegenkommens weist in diese Richtung; hiermit scheint W. Trillhaas die Goldene Regel auf eine menschliche Erfahrung anwenden zu wollen, deren Sinn dann wäre: Man kann auf eine moralisch zu nennende Weise das Entgegenkommen eines anderen nur wünschen und annehmen, wenn man seinerseits gewillt ist, dem anderen ein gleiches Entgegenkommen, einen gleichen Verzicht entgegenzubringen.

W. Trillhaas befürchtet aber offensichtlich, daß durch diese Beschreibung des Kompromisses als eines gegenseitigen Verzichts der Eindruck entstehen könnte, er hielte jeden Kompromiß für sittlich legitim, so daß die Rede von einem sittlich abzulehnenden Kompromiß eine contradictio in adiecto wäre. Deshalb macht er selbst darauf aufmerksam, daß das einem anderen bewiesene Entgegenkommen „ja nicht notwendig sittlich wertvoll sein“ müßte. Es könne nämlich auch seinen Grund in „Faulheit oder Schwäche“ haben, aus „Unüberlegtheit“ oder dem „Unvermögen zu klaren Rechtsbegriffen" hervorgehen, oder sogar „aus purer Berechnung" erfolgen.[39] Dadurch erscheine der Kompromiß, so folgert W. Trillhaas, in einem Zwielicht: einerseits sei er ein „Grundelement menschlichen Zusammenlebens", anderseits aber auch „Inbegriff der Schwäche, des unwürdigen und charakterlosen Verzichts".[40] Im ersten Fall scheint für ihn die Bereitschaft, Kompromisse zu schließen, sittlich gefordert,[41] im zweiten Fall dagegen sittlich verwerflich zu sein.

Die Gründe, die W. Trillhaas veranlassen, den Kompromiß völlig anders als H. Thielicke zu bewerten, lassen sich bei ihm nur schwer nennen. Einen Grund könnte er in der Notwendigkeit des Kompromisses für das menschliche Zusammenleben sehen. Unser Leben und unsere Zukunft seien mit dem Leben und der Zukunft anderer ‚verzahnt', so daß wir Menschen auf gegenseitiges Entgegenkommen angewiesen seien. Bei der Verwirklichung der eigenen Interessen sei es nicht immer so, daß einer gewinne, der andere aber verliere, sondern oft könnten auch beide gewinnen, nämlich dann, wenn beide teilweise auf ihr Interesse verzichteten. Verweigere man jedoch dem andern gegenüber jegliches Entgegenkommen, dann werde eine gemeinsame Zukunft unmöglich, und der andere würde zum Feind.[42] Da es aber sittliche Pflicht des Menschen ist, so könnte man den Gedanken fortsetzen, den andern zu lieben, ihn also nicht zum Feind zu machen, ist es auch sittliche Pflicht, die Gemeinschaft mit dem andern durch Kompromisse zu sichern. Überträgt man den Gedankengang W. Trillhaas' auf die Mittel-Zweck-Relation, dann will er wohl folgendes sagen: Kann das friedliche Zusammenleben allein durch einen Kompromiß gesichert werden, dann ist der Kompromiß als Mittel zur Erreichung dieses guten Zweckes sittlich gefordert.

Dieser Überlegung würde auch H. Thielicke, wie gezeigt wurde, in gewisser Weise zustimmen; betont er doch ebenfalls die Notwendigkeit bestimmter Kompromisse. Nur folgert er daraus nicht, sie seien deswegen auch voll und ganz sittlich gerechtfertigt; für ihn bleibt ihre grundsätz-

39 ZPK, 356f.; ebd. 357 schreibt er: „Diese kritische Erfahrung nun nimmt dem Kompromiß mit einem Schlag allen Glanz. Der Kompromiß wird geächtet. Er gilt als ‚Kuhhandel'. Es wird ein sittliches Werturteil, kompromißlos zu sein."

40 Ebd.

41 In E 3. A, 469f. weist W. Trillhaas darauf hin, daß ein staatliches Leben ohne bestimmte Kompromisse undenkbar sei. „Sie sind insofern unmittelbarer Gegenstand einer ethischen Überlegung, als sie nicht etwa unter Berufung auf die unausweichliche Lage gerade noch gerechtfertigt werden können, sondern sie sind sittlich geboten ... Politik heißt aber schlechterdings Bemühung um den vertretbaren Kompromiß. Und dieser ist sittlich geboten, weil das Gesamtinteresse die Teilinteressen übergreift und weil wir miteinander auch morgen wieder zusammenleben müssen."

42 Vgl. ZPK, 360.

liche Vergebungsbedürftigkeit trotz ihrer Notwendigkeit für das menschliche Zusammenleben erhalten.

Wie aber kommt W. Trillhaas dazu, bestimmte Kompromisse uneingeschränkt für geboten zu erklären? Ausgangspunkt seiner Überlegungen ist sicherlich sein spontanes Unbehagen an der Auffassung, jeder Kompromiß mache sittlich schuldig, selbst dann, wenn er um der gemeinsamen Zukunft willen unerläßlich sei. Ein solches Urteil scheint ihm im Widerspruch zum sittlichen Bewußtsein zu stehen; denn obwohl es unzweifelhaft Situationen gibt, in denen ein Kompromiß zu verweigern ist, urteilt man in vielen Fällen durchaus guten Gewissens, daß ein Kompromiß um eines ‚höheren Gutes' willen zu schließen sei. Ein Arzt hätte wohl kaum ein schlechtes Gewissen, wenn er bei einem schweren Verkehrsunfall erste Hilfe leistete und dadurch einen ihn erwartenden Patienten, dessen Leben nicht unmittelbar bedroht wäre, längere Zeit warten lassen müßte.

Trotz dieses spürbaren Unbehagens gibt W. Trillhaas dennoch nicht die Gründe an, die für ihn ausschlaggebend sind, sich von dem bei protestantischen Theologen weit verbreiteten Kompromißverständnis abzusetzen. Ein wichtiger Hinweis findet sich allerdings am Schluß seines Artikels über den Kompromiß. Dort schreibt er: „Bei der ganzen Überlegung über den Kompromiß hat die Frage seiner Rechtfertigung überhaupt keine Rolle gespielt. Die Ethik hat nicht an Gottes Statt zu rechtfertigen."[43] W. Trillhaas will vermutlich die ethische Frage nach dem Kompromiß logisch unabhängig von der theologischen Rechtfertigungslehre behandelt wissen. Man muß jedoch zugeben, daß der Sinn der zitierten Sätze nicht eindeutig zum Ausdruck kommt. W. Trillhaas kennt Kompromisse, die sittlich geboten und somit auch sittlich verantwortbar sind. Eine sittlich verantwortbare Handlung wird von vielen Ethikern aber auch als ‚sittlich gerechtfertigte' Handlung bezeichnet. Versteht man das Wort ‚Rechtfertigung' jedoch in dieser Bedeutung, dann macht W. Trillhaas es sich geradezu zur Aufgabe, nach einer eventuellen ‚Rechtfertigung' von Kompromissen zu fragen. Offensichtlich versteht er in den zitierten Sätzen unter ‚Rechtfertigung' aber etwas anderes, nämlich die Rechtfertigung des Sünders durch Gottes Gnade und nicht durch die Werke des Gesetzes. Diese Gerechtigkeit kann in der Tat nur Gott allein dem Menschen schenken; einer Ethik wäre dies selbst dann, wenn sie sittlich gerechtfertigt Kompromisse nachweisen sollte, unmöglich. Sie hat, wie W. Trillhaas versichert, etwas anderes zu leisten: „Sie hat davon zu handeln, wie wir den Fragen unseres Menschseins standhalten können, in diesem Fal-

[43] Ebd. 364.

le: wie wir in menschlicher Gemeinsamkeit immer aufs neue eine Zukunft gewinnen können, soviel an uns ist und soweit wir es in dem uns zugemessenen Raum des ‚Vorläufigen‘ verantworten können.“[44] Leider ist dies keine präzise Bestimmung der Aufgabe einer Ethik. Diese umschreibt er in der Einleitung zur dritten Auflage seiner ‚Ethik‘ etwas klarer. Der Ausgangspunkt evangelischer Ethik liege in der Frage: Was sollen wir tun? Sie setze somit die Bereitschaft, Gottes Willen zu tun, voraus und frage im Anschluß daran nach dem „richtige(n) christliche(n) Handeln“, um so „das Zeugnis des Wortes durch das Zeugnis der Tat zu ergänzen“. Es gehe in ihr also um die „Bewährung des Glaubens“.[45] An anderer Stelle sagt er: „Ethik ... ist die Wissenschaft von den Normen des menschlichen Verhaltens in sittlicher Hinsicht.“[46] Daraus kann man wohl entnehmen: Was den Kompromiß anbelangt, hat die Ethik vor allem zu fragen, ob und wann man ihn zu schließen oder abzulehnen hat – ob und wann die Menschen durch ihn „neue Zukunft“ gewinnen oder verlieren.

3. *Der sittlich gebotene und verbotene Kompromiß*

Aus den bisherigen Überlegungen W. Trillhaas' geht eindeutig hervor, daß er zwischen sittlich gebotenen und verbotenen Kompromissen unterscheidet. Welches aber sind nun die Kriterien, nach denen sich beurteilen läßt, wann ein Kompromiß gefordert und wann er zu verweigern ist?
Von einem sittlich geforderten Kompromiß will W. Trillhaas dann sprechen, wenn in einer Ausnahmesituation auf eigene berechtigte Interessen um eines höheren Gutes (Zukunft) willen verzichtet wird. Wann dagegen ist für ihn ein Kompromiß sittlich abzulehnen? Der Erfahrung, in der der Kompromiß als sittliche Pflicht erscheine, stellt er eine andere entgegen, nämlich die des „unerlaubten Kompromisses“.[47] In bestimmten Situationen erkenne der moralisch handelnde Mensch, daß er den Kompromiß abzulehnen habe, und zwar dann, wenn er zur „Zumutung“, zum „Naheliegenden“ oder zur „einfachsten Lösung“ werde, und er nicht als „Kunst“ oder als „Probe“ erscheine. In all diesen Fällen sei er als „Versuchung“ zurückzuweisen. Die Warnung des Gewissens artikuliere sich in der plötzlichen Erkenntnis: „Es geht nicht“ oder „Ich kann nicht“.[48] Dem Handelnden wird also nach Meinung W. Trillhaas' durch

44 Ebd.
45 E 3. A, 1.
46 *W. Trillhaas*, Ethik, in: Evangelisches Staatslexikon, Stuttgart 1969, 442.
47 ZPK, 361.
48 Ebd.

den Spruch seines Gewissens in der jeweiligen Situation gesagt, daß er den sich anbietenden Kompromiß nicht eingehen dürfe. Schließe er den Kompromiß trotzdem, so klage ihn das nachfolgende Gewissen an. „Der Spruch des ‚bösen Gewissens'" gebe kund, „daß hier etwas zu Schaden gekommen ist, was nicht hätte zu Schaden kommen dürfen."[49]

Sind aber bereits mit dieser Schilderung der beiden Erfahrungen der sittlich legitime und der sittlich illegitime Kompromiß eindeutig bestimmt? Keineswegs, denn bisher ist vor allem gesagt, daß es Situationen gibt, in denen der Handelnde einmal den Kompromiß als sittlich gefordert, ein andermal ihn dagegen als sittlich abzulehnen *erfährt*. Im ersten Fall fordert das Gewissen, den Kompromiß einzugehen. Durch diesen Gewissensspruch wird das Eingehen des Kompromisses zur sittlichen Pflicht, die zu erfüllen sittlich gut, die zu verletzen dagegen sittlich schlecht und somit Sünde ist. Im zweiten Fall dagegen fordert das Gewissen, den Kompromiß zu verweigern, wodurch die Verweigerung des Kompromisses zur sittlichen Pflicht des Handelnden wird, der nachzukommen sittlich gut, der zuwiderzuhandeln dagegen sittlich schlecht ist. Würde in diesem Fall der Kompromiß geschlossen, so sündigte der Handelnde. W. Trillhaas hat durch seine Schilderung der beiden Erfahrungen also bisher vornehmlich bestimmt, wann das *Eingehen* eines Kompromisses sittlich gut und wann es sittlich schlecht ist. Mit dieser Bestimmung hat er aber auf den Fall des Kompromisses nur eine ethische Selbstverständlichkeit angewendet. Diese lautet: Das Handeln gemäß dem Gewissensspruch ist sittlich gut, das Handeln gegen den Spruch des Gewissens sittlich schlecht.

Wie kommt das Gewissen aber dazu, den einen Kompromiß für geboten, den andern dagegen für verboten zu erklären? Oder anders gefragt: Gibt es Kriterien, nach denen erkannt werden kann, welcher Kompromiß gewählt und welcher verweigert werden soll? Können unterscheidende Merkmale angegeben werden, die den einen Kompromiß als sittlich legitim, den andern dagegen als sittlich illegitim ausweisen? So viel ist jedenfalls gewiß: Der Grund für die Unterschiedlichkeit der Gewissenssprüche kann nicht im Gewissen selbst liegen, sondern er muß in der Verschiedenheit der Kompromisse gesucht werden. Dieser Meinung ist wohl auch W. Trillhaas; denn er fragt sich: „Wann ist aber ein Kompromiß, ein Übereinkommen unter Drangabe eigener Interessen und dessen, was uns wertvoll ist, erlaubt, und wann ist ein solcher Kompromiß unerlaubt?"[50]

Um den Sinn dieser Frage erfassen zu können, soll auf W. Trillhaas' Kritik an der Auffassung einer reinen Gesinnungsethik[51] eingegangen wer-

49 Ebd. 361f.
50 Ebd. 362.
51 Vgl. E 3. A, 126–130.

den. W. Trillhaas hält der Gesinnungsethik entgegen, neben der Alternative von Gut und Böse gebe es auch jene von „Richtig und Unrichtig".[52] Um die Alternative Gut und Böse gehe es, wenn man auf die Haltung, die Gesinnung, die innere Absicht, das Motiv – also auf den „Personkern" blicke; gehe dagegen der Blick von der Person weg und richte er sich auf die Handlung selbst, auf das Ziel, das Objekt des Handelns und somit auf die „materialen Elemente",[53] dann gehe es darum, welche Folgen die Handlung habe, an denen gemessen werden könne, ob sie richtig oder falsch sei. „Je mehr wir uns ... am Ziel unseres Handelns orientieren, je mehr wir dieses Ziel und dann auch die Mittel unseres Handelns in unsere Verantwortung aufnehmen, desto mehr wird es zur entscheidenden Frage des Handelnden selbst, ob er *richtig* handelt. Im Sinne eines vertretbaren und wünschbaren Erfolges der Handlung und der Wahl vertretbarer Mittel tritt neben das *Gute* als Leitgedanke für mein Handeln das *Richtige*."[54] Wertet man demnach den Kompromiß im Hinblick auf die dem Kompromißschluß zugrunde liegende Haltung oder Gesinnung, des Handelnden, im Blick auf seinen Personkern, womit wohl auch die Stimme des Gewissens gemeint ist, dann gibt es gemäß der Alternative von Gut und Böse sittlich gute und sittlich böse oder schlechte Kompromisse. Wertet man den Kompromiß dagegen von seiner materialen Seite her als eine Handlung mit bestimmten Folgen, dann gibt es gemäß der Alternative von Richtig und Unrichtig sittlich richtige und sittlich unrichtige oder falsche Kompromisse.

Betrachtet man daraufhin die bisherigen Ausführungen von W. Trillhaas zum Kompromiß, dann hat er darin klarzumachen versucht, daß es sittlich gute und sittlich schlechte Kompromisse gibt und darüber hinaus, daß ein Kompromiß dann sittlich gut ist, wenn er in Übereinstimmung mit der Gewissensforderung, und dann sittlich schlecht, wenn er gegen den

52 Ebd. 129f.: „Je mehr wir im Sinne der Gesinnungsethik an der Person bleiben, desto mehr bleiben wir im Allgemeinen, bleiben wir auch bei dem, was allen sittlich Handelnden gemeinsam ist: der Alternative von Gut und Böse. Je weiter wir unseren Blick von dem Personkern entfernen, je weiter wir selbst in die Richtung blicken, in der die handelnde, d. h. zunächst wollende, sich entschließende, ihre Mittel prüfende Person blickt, desto mehr lautet die ethische Alternative: Richtig oder Unrichtig."

53 Ebd. 127; vgl. auch ebd. 129: Dort verweist W. Trillhaas auf die Unterscheidung von Max Scheler zwischen Gesinnungsethik und Erfolgsethik, die W. Trillhaas nach Max Weber lieber als Verantwortungsethik bezeichnen möchte. W. Trillhaas charakterisiert beide Formen der Ethik folgendermaßen: „Die Gesinnungsethik führt zur Analyse der Entstehung der Handlung in der Persönlichkeit und ist an der Lauterkeit der Motive interessiert. Die Verantwortungsethik führt in Sachfragen hinein."

54 Ebd. 129.

Gewissensspruch geschlossen wird. Die Frage nach der „Erlaubtheit" bzw. „Unerlaubtheit" eines Kompromisses lautet demnach: wann ist es sittlich richtig und wann sittlich falsch, einen Kompromiß einzugehen?
Allgemein sagt W. Trillhaas in seiner ‚Ethik' von einer Handlung, sie sei richtig, wenn sie auf „etwas Nützliches" gerichtet sei oder etwas „Schädliches" verhindere, wenn durch sie das „Wertvollere" oder „Wichtigere" realisiert werde.[55] Dies deutet darauf hin, daß er – wenigstens in bestimmten Fällen – teleologisch normieren will, insofern er die Richtigkeit bzw. Falschheit von Handlungen von ihren guten und üblen Folgen her bestimmt wissen möchte.
Bei der Erörterung der Frage nach den Kriterien zur Beurteilung der Richtigkeit von Kompromissen äußert er sich allerdings nicht so eindeutig. Zuerst diskutiert er die Antwort von N. Monzel.[56] Dieser habe im Sinne der Neuscholastik einige Grundsätze entwickelt, die ein Abwägen darüber ermöglichen sollten, „was jeweils drangegeben werden kann, im Verhältnis zu dem, wofür es drangegeben wird".[57] Die von N. Monzel aufgestellten Wertvorzugsregeln hält W. Trillhaas zwar für „eindrucksvoll" und „wohlerwogen", doch seien sie wenig hilfreich für jemanden, der sich in einer Ausnahmesituation befinde und einen „richtigen Entschluß" zu treffen habe. Darüber hinaus bezweifelt er die Voraussetzung solcher Vorzugsregeln, daß eine klare und gültige „Rangordnung der Werte" aufgestellt werden könne.[58] Als drittes Argument gegen die Leitsätze N. Monzels führt er diesen selbst an. N. Monzel sagt: „Der Blick auf die objektive Wertrangordnung von Gütern und Verhaltensweisen genügt jedoch nicht. Es muß auch die auf den Menschen bezogene Abstufung der Dringlichkeit der Güter beachtet werden."[59] Dies treffe aber nach An-

[55] Ebd. 127.
[56] *N. Monzel*, Kompromiß, a. a. O. 1203–1206. N. Monzel definiert den Kompromiß im Anschluß an den neueren deutschen Sprachgebrauch als „Ausgleich zwischen verschieden strebenden Personen durch beiderseitigen Teilverzicht auf die volle Zielverwirklichung" (ebd. 1203). Er bemüht sich um ethische Grundsätze, die es ermöglichen sollen, das „gebotene oder erlaubte Maß des Teilverzichts auf das sittlich geforderte Ziel" zu erkennen. Zwar sei es unmöglich, allgemeine Regeln aufzustellen, „die für jeden konkreten Fall eine eindeutige Antwort über die sittliche Pflicht oder Erlaubtheit des Kompromißhandelns" geben könnten, doch gebe es einige „Leitsätze", die zu beachten seien, „wenn das Wagnis des Kompromisses besonnen und sittlich zu rechtfertigen sein soll" (ebd. 1204). Auf die Darstellung der einzelnen Grundsätze und ihre Interpretation durch W. Trillhaas soll verzichtet werden, obwohl W. Trillhaas vermutlich den Stellenwert der Leitsätze N. Monzels verkennt.
[57] ZPK, 362.
[58] Ebd.
[59] *N. Monzel*, Kompromiß, a. a. O. 1204.

sicht W. Trillhaas' auf alle Fälle zu; immer sei „eine solche Dringlichkeit im Spiel".[60] Diese Dringlichkeit äußere sich in der Erfahrung, „etwas stehe auf dem Spiel"[61] und in dieser Erfahrung komme der Ausnahmecharakter der Situation zum Vorschein. „Alle Reflexion über den Kompromiß hat ein Element in sich, das zur ‚Situationsethik' führt."[62] Da jede Situation einmalig und nicht mit anderen vergleichbar sei, so scheint W. Trillhaas sagen zu wollen, könne es letztlich auch keine allgemeingültigen Kriterien für die Richtigkeit eines Kompromisses geben. Mit diesem Hinweis auf die Situationsethik bezieht er sich offensichtlich auf seine Charakterisierung des Kompromisses als der eines Ausgleichs in einer *Ausnahmesituation.* Eine solche Situation hält er dann für gegeben, wenn es dem Handelnden unmöglich sei, anhand vorgegebener sittlicher Regeln die richtige Handlungsweise zu ermitteln.[63] „Zum Kompromiß sind wir immer durch eine Situation aufgefordert. Und diese Aufforderung trägt Entscheidungscharakter."[64] Unter ‚Entscheidung' versteht W. Trillhaas hier ähnlich wie H. Thielicke jene Beendigung eines Konflikts, bei dem der Handelnde sich nicht in der Lage sieht, ihn aufgrund allgemeingültiger rationaler Kriterien zu lösen. Es ist allerdings zu fragen, ob es sinnvoll ist, das Wort ‚Entscheidung' innerhalb ethischer Erörterungen in dieser Bedeutung zu gebrauchen. Auf diese Frage muß später noch eingegangen werden.

Mit dem Hinweis auf die Situationsethik gibt sich W. Trillhaas allerdings nicht zufrieden. Immer wieder nimmt er, ohne es ausdrücklich anzumerken, auf seine Definition des Kompromisses Bezug, in der er gesagt hatte, der Kompromiß werde immer um einer ‚künftigen Möglichkeit' willen geschlossen. Diese noch wertneutrale Bestimmung versucht er dadurch zu einem Kriterium für den sittlich legitimen Kompromiß zu machen, daß er die ‚künftige Möglichkeit' inhaltlich genauer bestimmt. Statt ‚künftige Möglichkeit' sagt er, wie bereits gezeigt wurde, z. B. auch: die ‚gemeinsame Zukunft', das ‚höhere gemeinsame Gut' und das ‚Größere'. Bei der Erhebung des Wortgebrauchs von ‚Kompromiß' wurde ausschließlich die deskriptive Bedeutung dieser Wörter beachtet. Es scheint aber, daß W. Trillhaas durch die genannten Bestimmungen auch die Kriterien für den sittlich gerechtfertigten Kompromiß angeben will. Damit würde er allerdings von der Position einer reinen Situationsethik abrücken und auch für

60 ZPK, 362. Hier gebraucht W. Trillhaas das Wort ‚Dringlichkeit' offensichtlich in einem anderen Sinn als N. Monzel.

61 Ebd. 363.

62 Ebd. 362.

63 Vgl. ebd. 360.

64 Ebd. 362.

den Kompromiß das gelten lassen, was er in seiner ‚Ethik' als das allgemeinste Kriterium für die sittlich richtige Handlung anzunehmen scheint, nämlich die Verwirklichung des in der jeweiligen Situation „Wertvolleren" oder „Wichtigeren".

Im Zusammenhang mit dem Kompromiß spricht W. Trillhaas statt vom ‚Wertvolleren' auch vom „Unverletzlichen" und „Höheren",[65] vom „Unverzichtbaren" und „Nichtpreiszugebenden",[66] das zwar verletzt und preisgegeben werden könne, aber nicht „drangegeben" werden dürfe.[67] Wenn etwas Unverzichtbares nur durch einen Kompromiß gewahrt werden könne, dann sei dieser sittlich gefordert; werde es durch einen Kompromiß dagegen verletzt, dann sei dieser als sittlich verwerflich zu verweigern.

Aus all seinen Ausführungen geht nun leider nicht hervor, was W. Trillhaas unter dem ‚Nichtpreiszugebenden' verstehen will. Er sagt selbst, es sei „nur sehr allgemein zu beschreiben. Und zwar deswegen, weil oft gar keine reale Sache genannt werden kann, um deretwillen der Kompromiß in Erwägung gezogen wird."[68] Im einzelnen nennt er die „Zukunft", der „allemal unsere Sorge" gelte, die „Tugend der Wahrheit, die Gerechtigkeit, die Ehe oder auch das bedrohte physische Leben", die auch dann noch zu wahren seien, wenn derjenige, mit dem ein Kompromiß geschlossen werden solle, diese nicht für unverzichtbar halte.[69] Diese Konkretisierungen des ‚Unverzichtbaren', an dem sich abmessen lasse, wann ein Kompromiß geboten oder verboten sei, scheinen darauf hinzudeuten, daß W. Trillhaas das Schließen bzw. Verweigern von Kompromissen vom jeweils höheren Gut her legitimiert sieht, wobei zu beachten ist, daß er bestimmte Güter kennt, die unter keinen Umständen preisgegeben werden dürfen.

Als Ergebnis der Überlegungen W. Trillhaas' kann festgehalten werden: Im Gegensatz zu H. Thielicke versucht er, die Frage des Kompromisses aus dem Zusammenhang mit der theologischen Rechtfertigungslehre zu lösen. Allerdings hat er für diese Trennung keine wirklich stichhaltige Begründung angegeben. Ansatzweise unterscheidet W. Trillhaas auch zwischen einem richtigen bzw. falschen und einem guten bzw. schlechten Kompromiß. Diese Unterscheidung ist bei ihm jedoch nicht klar und unmißverständlich durchgeführt; denn es ist ihm nicht gelungen, eindeutig zu bestimmen, in welchem Verhältnis ein guter zu einem richtigen Kompromiß steht. Ebenfalls bedürfen die von ihm angegebenen Kriterien für den richtigen Kompromiß noch einer weiteren Klärung.

[65] Ebd. 363.
[66] E 3. A, 468f.
[67] ZPK, 363.
[68] Ebd.
[69] Ebd. und: *ders.*, K., a. a. O. 1115f.

3. Kapitel
Die deskriptive Bedeutung von ‚Kompromiß'

Die Darstellungen des Kompromißverständnisses von H. Thielicke und W. Trillhaas haben deutlich gemacht, daß beide den Kompromiß unterschiedlich bewerten, aber auch, daß sie das Wort ‚Kompromiß' nicht in völlig gleicher Bedeutung verwenden. Eine systematische Klärung der Frage, wie man den Kompromiß sittlich zu beurteilen habe, setzt aber voraus, daß man sich zuvor über den sittlich neutralen, das heißt deskriptiven Gebrauch des Wortes ‚Kompromiß' einig geworden ist. Durch ein solches Vorgehen wird ausgeschlossen, daß eine unterschiedliche Wertung eventuell nur darauf beruht, daß man trotz der Verwendung desselben Wortes von verschiedenen Sachverhalten redet.
Im folgenden geht es also darum, zunächst eine möglichst kurze, aber vollständige Nominaldefinition von ‚Kompromiß' zu erarbeiten und diese dann mit dem entsprechenden Wortgebrauch bei H. Thielicke und W. Trillhaas zu vergleichen. Nur durch einen solchen Vergleich läßt sich feststellen, ob man im wesentlichen von derselben Sache spricht.

1. *Bestimmung der Wortbedeutung von ‚Kompromiß'*

Da das Wort ‚Kompromiß' keine wissenschaftliche Tradition besitzt und erst in neuerer Zeit in ethischen Abhandlungen verwendet wird, liegt es nahe anzunehmen, daß sowohl H. Thielicke als auch W. Trillhaas ihr Verständnis von ‚Kompromiß' dem umgangssprachlichen Gebrauch entnehmen. Besonders deutlich wird dies bei H. Thielicke, der die Bedeutung des Wortes ‚Kompromiß' anhand von Beispielen aus dem Alltagsleben bestimmt. Es empfiehlt sich darum, den Gebrauch des Wortes in der Umgangssprache kurz zu untersuchen.
Am häufigsten wird wohl im politischen Raum von ‚Kompromiß' gesprochen. So sagt man etwa, ein guter Politiker sei nur jemand, der die Kunst des Kompromisseschließens beherrsche. Auch in den jährlich neuen Lohnverhandlungen zwischen Arbeitgebern und Arbeitnehmern wird viel von

Kompromißvorschlägen und Kompromissen geredet. Dabei versteht man unter Kompromiß etwa folgendes: Die entgegengesetzten unterschiedlichen Standpunkte von Arbeitgeber und Arbeitnehmer werden dadurch miteinander in Einklang gebracht, daß beide einander ein Stück weit entgegenkommen, z. B.: Die Arbeitnehmer fordern 12 % Lohnerhöhung, die Arbeitgeber erklären, es seien höchstens 4 % vertretbar. Jede Einigung auf eine Lohnerhöhung zwischen 4 % und 12 % kann nur dadurch zustandekommen, daß beide von ihren Ausgangspositionen abrücken und sich einander annähern. Eine solche Einigung nennt man dann ‚Kompromiß'.

In solchen und ähnlichen Zusammenhängen versteht man unter ‚Kompromiß' gewöhnlich einen bestimmten deskriptiven Sachverhalt, ohne daß dieser bereits durch die Verwendung des Wortes ‚Kompromiß' positiv oder negativ gewertet würde. Anders verhält es sich dagegen mit den adjektivischen Ausdrücken ‚kompromißlos' und ‚kompromißlerisch'. Sie werden sehr häufig als ethische Wertungswörter gebraucht. Schreibt man z. B. in einem Nachruf von einem Verstorbenen, er sei sein ganzes Leben lang aufrichtig, gerade und kompromißlos gewesen, so will man dadurch dessen beispielhafte Sittlichkeit anerkennen. Spricht man dagegen davon, daß ein Mensch kompromißlerisch sei, so will man dadurch zu verstehen geben, der Betreffende sei opportunistisch, er handle nicht nach sittlichen Grundsätzen.

Auch in Sätzen wie, jemand schließe Kompromisse und mache Konzessionen, wird häufig eine ethische Wertung vorgenommen. Allerdings läßt sich meist erst aus dem Kontext entnehmen, ob diese Wertung positiv oder negativ ist. Sagt man z. B., das Leben bestehe darin, Kompromisse zu schließen und Konzessionen zu machen, so kann man das in der Absicht vorbringen, sein schlechtes Gewissen zu beruhigen und seine Halbheit und Unvollkommenheit zu überspielen; bisweilen soll diese Redensart aber auch dazu dienen, ein Stück Lebensweisheit zum Ausdruck zu bringen, etwa, daß sittlich richtiges Handeln oft darin bestehe, um eines übergeordneten Gutes willen Zugeständnisse zu machen. In der Umgangssprache werden das Wort ‚Kompromiß' und die davon abgeleiteten Adjektive also häufig auch als Wertungswörter verwendet, und zwar sind sie merkwürdigerweise je nach dem Redezusammenhang mit einer positiven oder negativen Wertung verbunden.

Der Gebrauch von Wertungswörtern in ethischen Erörterungen birgt nun aber immer die Gefahr von Scheinargumentationen in sich: Man meint, eine ethische Begründung anzuführen, übersieht aber, daß man die zu begründende These nur mit anderen Worten wiederholt. Sagt man z. B., jeder Mord sei unerlaubt, dann kann man in bestimmten Zusammenhängen damit den Eindruck erwecken, als wolle man behaupten, es sei unter keinen Umständen sittlich gerechtfertigt, einen Menschen zu töten. In Wirklichkeit stellt der angeführte Satz aber nur ein analytisches Urteil dar. Denn das Wort ‚Mord' bedeutet gerade ‚unerlaubte Tötung'. Mit seinem Urteil sagt man also nichts anderes, als daß jede unerlaubte Tötung unerlaubt sei. Man macht aber damit keine Aussage darüber, welche Art von Tötung man für einen ‚Mord' oder für ‚unerlaubt' hält, – und gerade das sollte doch in einer ethischen Diskussion begründet werden.

Ähnliche Scheinargumentationen sind auch bei der Beurteilung des Kompromisses möglich. Sagt man z. B., jedes kompromißlerische Verhalten – und manche wären vielleicht geneigt zu sagen: jeder Kompromiß – sei unerlaubt, dann handelt es sich hierbei ebenfalls um eine analytisch wahre Aussage. Zu klären wäre aber gerade die Frage, unter welchen Bedingungen ein Verhalten mit Recht als ‚kompromißlerisch' oder ‚unerlaubt' bezeichnet werden dürfe. Sie wird aber als bereits geklärt vorausgesetzt, wenn man ‚Kompromiß' oder ‚kompromißlerisch' bzw. ‚kompromißlos' als ethische Wertungswörter gebraucht. Da es in dieser Arbeit jedoch um das Problem geht, wann ein Kompromiß sittlich gerechtfertigt ist und wann nicht, so muß hier folglich von dem wertenden Gehalt von ‚Kompromiß' und der ihm verwandten Wörter ganz abgesehen werden; es kommt also ausschließlich darauf an, die deskriptive Bedeutung dieses Wortes zu klären, um dadurch die Gefahr von Scheinargumentationen und Mißverständnissen so gering wie möglich zu halten.

Es geht im folgenden darum, anhand eines einfachen fiktiven Beispiels, aus dem bewußt jegliche ethische Problematik ausgeschlossen ist, eine solche rein deskriptive Definition von ‚Kompromiß' zu erstellen.

Angenommen, ein Kraftwagen hätte bei einer Geschwindigkeit von 100 km/h den günstigsten Benzinverbrauch von 10 l, vor jemandem läge eine Fahrt von 200 km, im Tank wären nur noch 23 l und es gäbe keine Möglichkeit, auf der Strecke neu zu tanken. Weiter angenommen, er würde gerne langsam fahren, z. B. 50 km/h, um sich die landschaftlich sehr reizvolle Gegend beim Fahren anschauen zu können. Bei einer Geschwindigkeit von 50 km/h nähme aber der Bezinverbrauch seines Kraftwagens für die Strecke von 200 km um 6 l zu, so daß er bei einer solchen Fahrweise den Zielort nicht erreichen könnte.

Der Fahrer hat nun folgende Möglichkeiten:

1. Er verzichtet auf die Betrachtung der Landschaft und fährt mit einer Geschwindigkeit von 100 km/h seinem Zielort entgegen. Dies wäre nach dem normalen Sprachgebrauch kein ‚Kompromiß'.
2. Er verzichtet um des Genusses der Landschaftsbetrachtung willen auf die Erreichung seines Zielortes. Auch dies wäre kein ‚Kompromiß'.

3. Er fährt mit einer Geschwindigkeit von 70 km/h; dies würde gerade noch ausreichen, zum Zielort zu gelangen, weil der Mehrverbrauch bei 70 km/h nur ungefähr 2 l betragen würde; ihm bliebe noch eine Reserve von 1 l. Anderseits würde bei dieser Geschwindigkeit aber auch noch ein gewisser, wenn auch verminderter Genuß durch die Betrachtung der Landschaft gewonnen. Dies wäre auf jeden Fall als ‚Kompromiß' zu bezeichnen.

Aus der Analyse dieses Beispiels lassen sich wichtige Erkenntnisse über den als ‚Kompromiß' bezeichneten Sachverhalt gewinnen. Einmal sollen bei einem Kompromiß gleichzeitig mindestens zwei Interessen verwirklicht werden, z. B. der Genuß, der nur beim Langsamfahren gewonnen werden kann, und das schnelle und billige Erreichen des Zielortes, das nur durch schnelleres Fahren möglich wird. Beide Ziele zeichnen sich dadurch aus, daß sie in einem graduell unterschiedlichen Maße erreichbar sind: Je langsamer man fährt, desto mehr Genuß hat man an der Landschaftsbetrachtung; je schneller man fährt, desto geringer wird dieser Genuß, statt dessen werden aber die Fahrtkosten verringert, und es wird Zeit gespart.

Damit ist bereits ein zweites Merkmal angesprochen: Die Befriedigung des einen Interesses läßt sich nur auf Kosten des anderen erreichen. Ist man jedoch nicht bereit, einen gewissen, auch nicht den geringsten Nachteil in bezug auf ein Interesse in Kauf zu nehmen, also z. B. keinerlei Zeitverlust und Mehrverbrauch, dann muß auf den Genuß der Landschaftsbetrachtung vollständig verzichtet werden. Will man anderseits ein Höchstmaß an ästhetischem Genuß, muß die Erreichung des Zielortes aufgegeben werden. Soll also eines der beiden Interessen ganz verwirklicht werden, so geht dies nur durch vollständigen Verzicht auf das andere Interesse. Wenn man zu keinerlei Konzessionen an eines der beiden Interessen bereit ist, stehen diese in einem Gegensatz, demgegenüber nur eine Entweder-oder-Lösung möglich ist. Obwohl eine solche kompromißlose Handlungsweise auch ihren Preis hat, eben den Ausschluß der Alternative, spricht man in einem solchen Fall gewöhnlich nicht von ‚Kompromiß'. Wählt nämlich jemand ein Interesse ganz und schließt dadurch das andere vollständig aus, so sagt man, er handle ‚kompromißlos'.

Für einen Kompromiß ist es also wesentlich, daß nicht nur mindestens zwei Interessen zur Wahl stehen, sondern auch, daß diese sich unter bestimmten Voraussetzungen – wenn auch nur in eingeschränktem Maße – *gleichzeitig* verwirklichen lassen, das heißt, ein Kompromiß kommt nur dann zustande, wenn an beiden Interessen teilweise Einschränkungen vorgenommen werden. Bei dem Versuch, beide Interessen gleichzeitig zu berücksichtigen, gibt es allerdings viele mögliche Alternativen: Das eine oder andere Interesse kann jeweils mehr oder weniger verwirklicht werden.

Immer aber geht die Erreichung des einen Interesses so zu Lasten des anderen, daß je mehr vom einen verwirklicht wird, desto weniger vom anderen und je mehr vom anderen, desto weniger vom einen. Es besteht also ein Verhältnis der Gegenläufigkeit der Interessen zueinander.

Die Frage nach dem optimalen Kompromiß, nach dem günstigen Verhältnis mehrerer Interessen oder Ziele zueinander, kann hier zurückgestellt werden. Sie wird nämlich erst dann bedeutsam, wenn es um die Bewertung von Kompromissen geht.

Der Kompromiß läßt sich danach also definieren als ein *Ausgleich zur gleichzeitigen Teilverwirklichung mehrerer gegenläufiger Interessen.*

Wird durch diese Definition aber nicht der von H. Thielicke häufig genannte und abgelehnte Vergleich des Kompromisses mit der Resultante im Kräfteparallelogramm nahegelegt? Eine solche Resultante stellt doch auch eine Art Ausgleich zwischen mehreren konkurrierenden oder gegenläufigen Kräften dar. Als graphische Darstellung macht das Kräfteparallelogramm deutlich, in welcher Weise sich ein Körper x bewegt, auf den zwei Kräfte a und b von unterschiedlicher Größe und Richtung einwirken. Würde jeweils nur eine Kraft a oder b auf den Körper x wirken, so bewegte sich dieser in Richtung der Kraft a oder b. Da aber beide Kräfte gleichzeitig auf ihn wirken, bewegt er sich in eine Richtung, die zwischen jenen von a und b liegt. Graphisch werden Kraft und Richtung des Körpers durch die Resultante im Kräfteparallelogramm dargestellt.

Überträgt man das Bild des Kräfteparallelogramms auf das Beispiel der Fahrt durch die Landschaft, so entspräche dem schnellen Fahren von 100 km/h die Kraft a, dem Genuß der Landschaftsbetrachtung, also der Fahrt von 50 km/h, die Kraft b. Die gewählte Fahrweise von 70 km/h – der Kompromiß – wäre in diesem Fall der Resultante im Kräfteparallelogramm vergleichbar. So betrachtet, scheint das Kräfteparallelogramm geeignet zu sein, den Kompromiß graphisch darzustellen.

Es muß aber beachtet werden, daß in diesem Fall die Betrachtungsweise retrospektiv ist. Prospektiv gesehen, wäre anders zu urteilen. Der Kompromiß ließe sich dann sinnvollerweise nicht mehr mit der Resultante im Kräfteparallelogramm vergleichen, weil bei ihm nämlich – bildlich gesprochen – die Ausgangskräfte a und b weder in ihrer Größe noch in ihrer Richtung von vornherein feststehen; er besteht wesentlich darin, daß in einem Akt des Abwägens den konkurrierenden Interessen jeweils ein bestimmtes Gewicht zugemessen wird.

Bei der Berechnung der Resultate im Kräfteparallelogramm stehen also die beiden Kräfte a und b in ihrer Größe und Richtung bereits fest, während es für den Kompromiß wesentlich ist, daß die gegeneinanderstehenden Interessen in ihrem Gewicht erst noch bestimmt werden müssen.

Das eigentliche Problem des Kompromisses besteht demnach nicht in der Bestimmung der Verhaltensweise, insofern sie sich schlußfolgernd aus den bewerteten konkurrierenden Interessen ergibt – dieser Prozeß wäre mit der Berechnung der Resultierenden im Kräfteparallelogramm vergleichbar –, sondern in der richtigen Bewertung der gegeneinanderstehenden Ziele. Hat man sie erst einmal in ihrem Wert bestimmt und sie so gegeneinander abgewogen, dann hat man dadurch auch bereits seine Verhaltensweise festgelegt. Diese ergibt sich genauso folgerichtig aus der Wertung, wie sich die Resultante notwendig aus den verschieden wirkenden Kräften ergibt. Denn beim Kräfteparallelogramm handelt es sich nur um die graphische Darstellung einer mathematischen Gleichung mit Hilfe von Vektoren. Die Resultante ist keine eigene neue Größe, sondern sie ist letztlich mit a und b gleich.[1]
Es ist also irreführend, wenn man den Kompromiß mit einer Resultante vergleicht, weil das Bild des Kräfteparallelogramms nur geeignet ist, einen bereits vollzogenen Kompromiß, in dem – bildlich gesprochen – a und b in Größe und Richtung festgelegt wurden, zu veranschaulichen. Durch das Beispiel des Kräfteparallelogramms, in dem die Resultante errechnet werden kann, falls a und b gegeben sind, entsteht leicht der Eindruck, daß der Kompromiß etwas zu Errechnendes sei, nicht aber wesentlich auf Wertung beruht. So kann zusammenfassend festgestellt werden, daß der Vergleich des Kompromisses mit einer Resultante für die ethische Behandlung des Kompromißproblems eher irreführend als erhellend ist. Zwar handelt es sich bei der Resultierenden um eine Art von Ausgleich zwischen mehreren konkurrierenden oder gegenläufigen Kräften, doch eben nur von feststehenden ‚Kräften' und nicht von Interessen, die erst noch einer Wertung unterliegen.

2. *Vergleich der gewonnenen Kompromißdefinition mit H. Thielickes und W. Trillhaas' Wortgebrauch*

Wie aus der Darstellung des Kompromißverständnisses von H. Thielicke und W. Trillhaas hervorging, zeigen diese anhand von Beispielen, wie sie das Wort ‚Kompromiß' gebrauchen wollen. Die Analyse ihrer Beispiele

1 Vgl. *G. Frege,* Funktion und Begriff, Göttingen ³1969, 19: Er wendet sich gegen die Meinung, „daß z. B. 2 + 5 und 3 + 4 zwar gleich, aber nicht dasselbe seien. Es liegt dieser Meinung wieder jene Verwechslung von Form und Inhalt, von Zeichen und Bezeichnetem zugrunde. Es ist ebenso, als ob man das wohlriechende Veilchen als verschieden von Viola odorata ansehen wollte, weil die Namen verschieden klingen. Die Verschiedenheit der Bezeichnung kann allein nicht hinreichen, eine Verschiedenheit des Bezeichneten zu begründen."

ergab einen engeren und einen weiteren Wortgebrauch. Einmal schienen sie unter ‚Kompromiß' nur einen Ausgleich zwischen mehreren in irgendeiner Weise miteinander konkurrierenden Zielen oder Interessen zu verstehen, ein andermal dagegen auch eine Angleichung eines idealen Zieles an die gegebenen Möglichkeiten. W. Trillhaas unterscheidet sich von H. Thielicke allerdings darin, daß er nicht bei jeglichem Ausgleich und jeglicher Angleichung von ‚Kompromiß' sprechen will, sondern nur dann, wenn in einer Ausnahmesituation ein ‚echter Verzicht' zu leisten ist. Da er damit seine Überlegungen wohl allein auf den ethisch relevanten Kompromiß beschränken will, die hier erarbeitete Definition aber sowohl für den ethisch relevanten als auch für den ethisch irrelevanten Kompromiß gelten soll, braucht dieses einschränkende Merkmal in diesem Zusammenhang nicht weiter beachtet zu werden. Anders verhält es sich dagegen mit der Frage, ob man auch jene Pflichtenkollisionen, die sich nur durch Entweder-oder-Entscheidungen lösen lassen, unter ‚Kompromiß' fassen kann; W. Trillhaas meint, H. Thielicke wolle die Bedeutung dieses Wortes fälschlicherweise auch darauf ausdehnen.

Daß jene Sachverhalte, die bei H. Thielicke und W. Trillhaas als Ausgleich zwischen mehreren konkurrierenden Zielen oder Interessen verstanden werden konnten, unter die hier gebotene Definition von ‚Kompromiß' fallen, ist unschwer einzusehen. Von H. Thielicke wurden etwa als Beispiele genannt: der Ausgleich beim Kraftwagen zwischen Leistung und Verbrauch, im Betrieb zwischen Rentabilität und sozialen Maßnahmen und der des Pfarrers zwischen seinen diakonischen Aufgaben und der Vorbereitung der Predigt. Jeweils stehen mehrere Interessen auf dem Spiel, die sich in graduell unterschiedlichem Ausmaß verwirklichen lassen, und zwar so, daß die gleichzeitige größere Verwirklichung des einen zu Lasten des anderen Interesses geht. Ähnlich verhält es sich mit den Beispielen, die W. Trillhaas für seine Definition des Kompromisses als einer „freien Vereinbarung unter gegenseitigem Verzicht auf bestimmte Interessen" anführt;[2] denn auch beim Ausgleich zwischen der Staatsgewalt

[2] Es ist unwesentlich, daß im Unterschied zu W. Trillhaas bei der erarbeiteten Definition von mehreren Interessen gesprochen wird, die beim Kompromiß nur teilweise verwirklicht werden können. W. Trillhaas dagegen hat zwei Parteien vor Augen, die beide eine Fülle von Interessen verwirklichen wollen und beim Kompromiß auf einzelne Interessen davon verzichten und nicht einen Teilverzicht auf nur ein Interesse leisten. Es ist durchaus möglich, die vielen kollidierenden Einzelinteressen in zwei kollidierende Interessengruppen zusammenzufassen. Diese ließen sich dann ebenfalls wieder als kollidierende Gesamtinteressen x und y gegenüberstellen. Ferner ist es belanglos, daß W. Trillhaas vom „interpersonalen Kompromiß" ausgeht, der zwischen verschiedenen Menschen geschlossen wird. Da dieser durch eine einfache logi-

und der Freiheit des einzelnen, zwischen Zentralismus und Föderalismus usw. handelt es sich um einen Ausgleich zur gleichzeitigen Teilverwirklichung mehrerer gegenläufiger Interessen.

Das Beispiel des Kunstwerks als eines ‚Ausgleichs' zwischen einer Vision und den vorhandenen künstlerischen Gestaltungsmöglichkeiten sowie das, was W. Trillhaas den ‚Kompromiß in der Vertikalen' nennt, scheint mit der erarbeiteten Definition kaum in Einklang gebracht werden zu können. Denn in diesen Fällen konnte man, genau besehen, nicht von einem ‚Ausgleich' zwischen wenigstens zwei Interessen x und y, sondern mußte man von einer ‚Angleichung' eines einzigen Interesses x an die gegebenen Möglichkeiten sprechen. Da es sich hierbei also nicht um eine Teilverwirklichung *mehrerer* gegenläufiger Interessen handelt, ist der ‚vertikale Kompromiß' mit der hier vorgeschlagenen Definition nicht vereinbar.[3]

Man könnte natürlich die Bedeutung von ‚Kompromiß' in dieser Weise ausweiten; es ist aber deshalb nicht ratsam, weil dieses Wort auch in der Umgangssprache in der Regel nicht für die Angleichung „der reinen Grundsätze an die Realität"[4] verwendet wird.

Dennoch ist es aber durchaus verständlich, wenn H. Thielicke und W. Trillhaas das Wort ‚Kompromiß' auch auf den Sachverhalt der Angleichung anwenden wollen. Einmal findet sich nämlich dieser Sprachgebrauch zuweilen, wenn auch nur selten, in der Umgangssprache; so könnte man etwa von einem Abiturienten, der gerne Medizin studiert hätte, sich aber notgedrungen mit dem Studium der Biologie zufriedengeben muß, sagen, er habe einen Kompromiß zwischen Wunsch und Wirklichkeit geschlossen. An diesem Beispiel wird zum andern aber auch deutlich, daß es in gewisser Weise sachlich begründet ist, wenn man auch bei der Angleichung von ‚Kompromiß' reden; denn beide Sachverhalte sind sich insofern sehr ähnlich, als es jeweils aufgrund eines begrenzten Könnens zu einem Teil-

sche Operation in einen „intrapersonalen Kompromiß" umgewandelt werden kann, indem man sich vorstellt, ein einzelner stehe *allein* vor jenem Interessenkonflikt, unterscheidet er sich folglich nicht von dem Beispiel der Autofahrt. Auch dort kann der intrapersonale Konflikt dadurch leicht in einen interpersonalen umgewandelt werden, daß man sich vorstellt, es befänden sich z. B. zwei Personen im Kraftwagen, zwischen denen der Kompromiß geschlossen würde. (Vgl. zur Unterscheidung zwischen inter- und intrapersonalem Kompromiß: *W. A. Jöhr,* Der Kompromiß als Problem der Gesellschafts-, Wirtschafts- und Staatsethik, Tübingen 1958).

3 Ähnliches gilt auch von dem analogen Gebrauch des Wortes ‚Kompromiß' in bezug auf das Handeln Gottes mit der Welt in Gesetz und Evangelium. Da selbst H. Thielicke nur mit größter Zurückhaltung hierbei von ‚Kompromiß' spricht, erübrigt es sich, genauer zu prüfen, inwieweit eine solche Verwendung dieses Wortes seinem umgangssprachlichen Gebrauch entspricht.

4 E 3. A, 469.

verzicht kommt. Der Abiturient handelt nicht nach der Maxime ‚Alles oder Nichts', sondern er realisiert soviel von seinem Wunsch, wie ihm nur möglich ist; indem er Biologie studiert, leistet er, von seinem ursprünglichen Interesse her gesehen, einen Teilverzicht, der demjenigen beim eigentlichen Kompromiß verwandt ist. Ganz ähnlich verhält es sich auch mit dem von W. Trillhaas erwähnten Beispiel einer freiheitlichen Verfassung, in der sich die Idee der Demokratie in ihrer Reinheit nicht verwirklichen lasse. Gibt man das zu, so könnte man daraus zumindest in abstracto zwei unterschiedliche praktische Folgerungen ziehen: 1. Wenn sich eine Demokratie in reiner Form nicht realisieren läßt, dann soll überhaupt nichts von einer Demokratie verwirklicht werden. 2. Wenn sich eine Demokratie in reiner Form nicht verwirklichen läßt, dann soll man versuchen, sie in einer Weise zu realisieren, die der reinen Idee möglichst nahekommt. Die erste Folgerung könnte man irgendwie ‚kompromißlos', die zweite hingegen ‚kompromißbereit' nennen, und zwar deshalb, weil wie beim eigentlichen Kompromiß ein Teilverzicht aufgrund eines begrenzten Könnens geleistet wird. Angleichung und eigentlicher Kompromiß unterscheiden sich also nur darin, daß im ersten Fall nur an einem einzigen Interesse Abstriche vorgenommen werden, im zweiten dagegen an mehreren. In beiden Fällen ist aber der Grund, der solche Abstriche notwenig macht, derselbe, nämlich das begrenzte Können: Da es in der gegebenen Situation jeweils unmöglich ist, ‚alles' zu verwirklichen, man sich aber auch nicht mit ‚nichts' zufriedengeben will, trachtet man danach, soviel wie möglich zu realisieren.

Das ethische Problem der Angleichung besteht nun darin, ob ein Teilverzicht aufgrund eines begrenzten Könnens sittlich legitim ist. Dasselbe Problem stellt sich aber auch beim eigentlichen Kompromiß; nur ist darüber hinaus bei ihm auch noch zu fragen, in welchem Ausmaß an den verschiedenen gegenläufigen Interessen Abstriche vorgenommen werden dürfen. Die ethische Problematik der Angleichung ist also in der des eigentlichen Kompromisses enthalten und braucht daher nicht eigens behandelt zu werden. Ob man also dem weiteren Wortgebrauch von ‚Kompromiß' den Vorzug gibt oder nicht, ist für die ethische Diskussion bedeutungslos.

Wie steht es nun mit jenen Pflichtenkollisionen, die sich nur durch Entweder-oder-Entscheidungen lösen lassen? Muß man W. Trillhaas' Kritik zustimmen, daß es sich beim Kompromiß und bei der Pflichtenkollision dieser Art um zwei grundsätzlich verschiedene Probleme handelt, oder läßt es sich auch in diesem Fall verständlich machen, wenn H. Thielicke sie im Unterschied zu W. Trillhaas nicht grundsätzlich voneinander trennt?

Bei der Darstellung des Kompromißverständnisses von H. Thielicke wurde bereits gezeigt, daß seiner Meinung nach jedem ethisch relevanten Kompromiß eine ‚Pflichtenkollision' zugrunde liegt. Dies deutet darauf hin, daß er anders als W. Trillhaas nicht nur dann von ‚Pflichtenkollision' sprechen will, wenn sich der vorliegende Konflikt nur durch eine Entweder-oder-Entscheidung lösen läßt, sondern auch dann, wenn er durch eine Sowohl-als-auch-Entscheidung beendet werden kann. H. Thielicke scheint allerdings das Wort ‚Kompromiß' nur für diese letztere Lösungsmöglichkeit von Konflikten bzw. ‚Pflichtenkollisionen' gebrauchen zu wollen. Für diese Interpretation spricht, daß er zwei Arten von Konfliktsituationen voneinander unterscheidet, nämlich jene, die sich nur durch einen Kompromiß lösen lassen, und die Grenzsituationen, die nur durch eine Entweder-oder-Entscheidung beendet werden können. Ausdrücklich schreibt er auch im Kapitel über die „verantwortliche Mitbestimmung", daß „die klassische Zone des Kompromisses" der „Mittelbereich" sei.[5] Damit kann H. Thielicke doch nur meinen, daß er eine Konfliktlösung nur zugunsten des einen und ganz zu Lasten des anderen Interesses nicht ‚Kompromiß' nennen will.

Wie bereits angedeutet wurde, widersprechen dem auch nicht grundsätzlich die von H. Thielicke angeführten Beispiele des Widerstandskämpfers und des Arztes am Krankenbett. In beiden Fällen handelt es sich um einen Konflikt zwischen Wahrheits- und Liebespflicht, für den auf den ersten Blick nur eine Entweder-oder-Lösung möglich scheint. Für diese Interpretation spricht etwa, daß H. Thielicke in diesem Zusammenhang bemerkt: „Überall aber, wo ein echter Konflikt auftaucht, entsteht auch die Frage des Kompromisses, welchem der beiden kollidierenden Postulate ich zugunsten des anderen den Vorrang gewähren muß."[6] Sollte H. Thielicke damit wirklich meinen, daß er auch bestimmte reine Entweder-oder-Lösungen als ‚Kompromisse' ansehen will, dann wäre dieser Sprachgebrauch mit der hier vorgeschlagenen Definition zweifellos nicht in Einklang zu bringen.

Eine genauere Analyse der geschilderten Fälle ergibt aber ein anderes Bild. Der Arzt z. B. kann der totkranken Frau, die sich nach ihrem sterbenden Kind erkundigt, sowohl einen genauen Bericht über den hoffnungslosen Zustand des Kindes geben, was die Zerstörung ihres Lebenswillens bedeuten würde; er kann sie aber auch in den Glauben versetzen, ihr Kind sei völlig genesen, wodurch ihr Lebenswille optimal gefördert würde. Beides wäre nach der aufgestellten Definition kein Kompromiß. Wenn dagegen die Krankheit des Kindes nicht völlig geleugnet und der Lebenswille der

[5] ThE III A 896.
[6] ThE II, 1 A 341.

Mutter wenigstens etwas gestärkt wird, handelt es sich bereits um einen Kompromiß im definierten Sinne. Diesen Sachverhalt hat wahrscheinlich auch H. Thielicke vor Augen, wenn er hier von ‚Kompromiß' spricht. Interpretiert man die beiden Beispiele also in dieser Weise, dann ist sein Wortgebrauch mit der vorgeschlagenen Definition durchaus vereinbar.

Doch auch wenn man diese Deutung nicht teilt und wie W. Trillhaas meint, H. Thielicke würde unter ‚Kompromiß' auch die Entweder-oder-Lösung eines Konfliktes verstehen, dann würde sich dieser unterschiedliche deskriptive Wortgebrauch dennoch nicht auf die Erörterung der ethischen Problematik des Kompromisses auswirken. Denn einmal unterscheiden sich jene Entweder-oder-Lösungen eines Konfliktes, statt deren auch Sowohl-als-auch-Lösungen möglich gewesen wären, nicht grundsätzlich von jenen, in denen wenigstens zwei Interessen teilweise verwirklicht werden; es handelt sich bei ihnen nämlich um die extremen Lösungsmöglichkeiten, und alle anderen lägen als Sowohl-als-auch-Lösungen zwischen ihnen. Realisiert man z. B. nur das Interesse x, so geht dies vollständig zu Lasten von y; realisiert man dagegen nur das von y, so geht dies vollständig zu Lasten von x. Bei allen anderen Lösungsmöglichkeiten werden jeweils ein bestimmter Teil von x und ein bestimmter Teil von y verwirklicht, das heißt aber, der jeweilige Kompromiß geht sowohl zu Lasten von x als auch von y und liegt zwischen den beiden extremen Möglichkeiten.

Die ethische Problematik solcher Konfliktlösungen besteht nun darin, daß geprüft wird, in welchem Ausmaß die verschiedenen konkurrierenden Interessen x und y verwirklicht werden sollen. Eine solche Prüfung kann eine bestimmte Sowohl-als-auch-Lösung, aber auch eine der beiden Entweder-oder-Lösungen als sittlich gefordert ergeben.

Außer diesen Entweder-oder-Lösungen gibt es aber auch noch solche, an deren Stelle keine Sowohl-als-auch-Lösungen treten können. Doch auch bei ihnen handelt es sich im wesentlichen um dieselbe ethische Problematik. Die Wahl der einen Alternative bedingt aufgrund des begrenzten Könnens des Handelnden den Ausschluß der anderen, und es ist jeweils zu fragen, welche von den beiden Alternativen der anderen vorgezogen zu werden verdient.

Alle Konfliktsituationen ergeben sich demnach aufgrund eines bestimmten Unvermögens des Handelnden, der infolgedessen immer vor demselben ethischen Problem steht, welche der in seiner Situation möglichen Handlungsweisen er wählen und welche er ausschließen soll. Da also die ethische Problematik in allen Fällen dieselbe ist, nämlich die der Konfliktlösung, ist es für die ethische Diskussion irrelevant, ob H. Thielicke unter ‚Kompromiß' auch die Entweder-oder-Lösung verstanden wissen will oder nicht. Recht hat W. Trillhaas allerdings wohl insofern, als man in der Umgangssprache eine solche Lösung kaum als ‚Kompromiß' bezeichnen würde.

Der Vergleich von H. Thielickes und W. Trillhaas' Wortgebrauch von ‚Kompromiß' mit der hier erarbeiteten Definition ergibt also, daß beide über sie hinaus auch die ‚Angleichung' als Kompromiß verstehen wollen. Weiterhin ist es nicht völlig ausgeschlossen, daß H. Thielicke auch noch die Entweder-oder-Lösung als ‚Kompromiß' bezeichnet. Somit ist festzuhalten, daß beide das Wort ‚Kompromiß' in einem weiteren Sinn gebrauchen, als es in der Umgangssprache üblich ist. Diese Unterschiede im Wortgebrauch sind aber, wie gezeigt wurde, für die Frage der ethischen Beurteilung des Kompromisses irrelevant.

4. Kapitel
Die Bedeutung der theologischen Rechtfertigungslehre für die ethische Beurteilung des Kompromisses

Aus dem vorhergehenden Kapitel geht eindeutig hervor, daß der Grund für die konträre Bewertung des Kompromisses bei H. Thielicke und W. Trillhaas nicht in einem unterschiedlichen Wortgebrauch von ‚Kompromiß' liegen kann. Zwar ließ sich zeigen, daß zwischen ihrem Wortgebrauch untereinander und in bezug auf die hier vorgeschlagene Definition von ‚Kompromiß' gewisse Unterschiede bestehen, doch wurde auch klar, daß diese Unterschiede für die Frage der ethischen Beurteilung irrelevant sind.

Im Gegensatz dazu ist es, wie bereits angedeutet wurde, für die Bewertung des Kompromisses nicht irrelevant, daß H. Thielicke im Gegensatz zu W. Trillhaas die ethische Beurteilung im Zusammenhang mit der theologischen Rechtfertigungslehre sieht. Er geht von der Voraussetzung aus, daß der Mensch, so wie er sich nach dem Sündenfall in dieser Welt vorfindet, das sittlich Geforderte aufgrund seiner und ihrer totalen Verderbtheit in keinem Fall erfüllen kann; denn alles menschliche Handeln sei ein Eingehen auf diese sündige Welt und damit ein nicht zu rechtfertigender Kompromiß. Dennoch brauche der Christ nicht zu verzweifeln, da er im Hinblick auf die Vergebung Gottes getrosten Gewissens solche im Grunde verwerflichen Kompromisse schließen dürfe. Von diesem Ansatz her sieht H. Thielicke in jedem Versuch einer sittlichen Rechtfertigung des Kompromisses in sich, das heißt unabhängig von der theologischen Rechtfertigungslehre, einen Ausdruck menschlicher Selbstherrlichkeit. Mit seinem Vorwurf wendet er sich dabei ausdrücklich gegen I. Kant und jede philosophische Ethik sowie gegen die katholische Moraltheologie. Wie aber gezeigt wurde, scheint auch W. Trillhaas, ebenfalls protestantischer Theologe, die Frage der ethischen Beurteilung des Kompromisses unabhängig von der theologischen Rechtfertigungslehre behandeln zu wollen. Steht etwa auch dessen Kompromißverständnis in dem Verdacht, Ausdruck sittlich verwerflicher Selbstherrlichkeit zu sein?

1. Die Rechtfertigung des Sünders und die sittliche Rechtfertigung von Handlungen

Bevor der Versuch gemacht werden soll, auf die Frage eine Antwort zu geben, ob die sittliche Bewertung des Kompromisses notwendig mit der theologischen Rechtfertigungslehre verknüpft werden muß, scheint es sinnvoll zu sein, einige begriffliche Klärungen vorzunehmen. In erster Linie ist zu prüfen, was man unter den Ausdrücken ‚Rechtfertigung des Sünders' und ‚sittliche Rechtfertigung von Handlungen' zu verstehen hat.
Durch die theologische Rechtfertigungslehre versucht die Theologie, eine Antwort auf die Fragen zu geben: Wie wird der Sünder zum Gerechten? Oder auch: Wie wird der sittlich böse Mensch zu einem sittlich guten? Diese Fragen können in einem ethischen Kontext" als synonym verstanden werden; denn nach der christlichen Theologie ist der Gerechte identisch mit dem Glaubenden, der Glaubende aber ist ein Mensch, der aus der Liebe lebt und somit als sittlich gut zu qualifizieren ist.
Die theologische Antwort auf diese Fragen lautet folgendermaßen: Gerechtigkeit vor Gott erlangt der sündige Mensch aus Gottes Gnade, durch Gottes freisprechendes Urteil. Da aber ein Mensch, dem Gott die Gerechtigkeit schenkt, definitionsgemäß aus der Liebe lebt, gibt die Rechtfertigungslehre auch Auskunft darüber, wie der Sünder zum sittlichen Gutsein gelangt. Sie betont, er empfange seine sittliche Güte von Gott, und sie negiert die Ansicht, der Mensch könne auf irgendeine Weise dieses sittliche Gutsein aus eigener Machtvollkommenheit und ohne die Gnade Gottes erlangen. Ob und wie dieses Handeln Gottes am Sünder mit der menschlichen Freiheit und damit mit der Selbstbestimmung des Menschen vereinbar ist, braucht an dieser Stelle noch nicht geklärt zu werden. In diesem Zusammenhang kommt es nämlich ausschließlich darauf an, herauszufinden, auf welche Frage die Rechtfertigungslehre antwortet.
Worum geht es dagegen bei der Frage einer möglichen Rechtfertigung von menschlichen Handlungen? Angesichts der Fülle von Handlungsalternativen steht der Mensch vor dem Problem, welche der möglichen Handlungen er in einer bestimmten Situation ausführen soll. Mit dieser Frage nach dem Inhalt der sittlichen Forderung steht jene nach einer möglichen Begründung des gesollten Tuns in engem Zusammenhang. Warum soll z. B. der Widerstandskämpfer die Unwahrheit sagen und dadurch seine Freunde retten, nicht aber die Wahrheit sagen und sie dadurch gefährden? Gibt es Kriterien, nach denen sich beurteilen läßt, welche Handlung richtig und welche falsch ist? Fragt man also nach einer möglichen Rechtfertigung von Handlungen, so will man wissen, welche Handlungen geboten oder pflichtgemäß sind, und warum sie es sind.

Der Unterschied zwischen der ‚Rechtfertigung des Sünders' und der ‚Rechtfertigung einer Handlung' besteht demnach darin, daß man bei der ersten Art von Rechtfertigung an die Umwandlung des sittlich bösen in einen sittlich guten Menschen denkt, während man im zweiten Fall die Beurteilung der Pflichtgemäßheit einer Handlung aus Einsicht in objektiv vorliegende Gründe vor Augen hat. Es ist damit wohl offensichtlich, daß das Wort ‚Rechtfertigung' in zwei verschiedenen Bedeutungen verwendet wird: einmal ist von einem Umwandlungsprozeß die Rede, im andern Fall dagegen von einem Beurteilungsvorgang.

Trotz der Verwendung ein und desselben Wortes ‚Rechtfertigung' sind die damit gemeinten Sachverhalte streng voneinander zu unterscheiden – womit natürlich nicht gesagt sein soll, daß zwischen ihnen keinerlei Beziehungen bestünden. Daß es sich um zwei unterschiedliche Sachverhalte handelt, wird unter anderem daran deutlich, daß sich das Problem der Rechtfertigung von Handlungen auch noch für den Gerechtfertigten stellt. Die Frage, was in den einzelnen Situationen getan werden soll, ist für ihn nicht schon damit beantwortet, daß er um die Rechtfertigung durch Gott weiß. Zwar muß ihm von dem her, was ‚Rechtfertigung aus Gnade' bedeutet, klar sein, daß er das von ihm sittlich Geforderte auch tun soll, doch über den Inhalt der jeweiligen sittlichen Forderungen kann ihm die Rechtfertigungslehre allein keine Auskunft geben. Angenommen, der von H. Thielicke erwähnte Pfarrer sei ein sittlich guter Mensch und hätte die theologische Rechtfertigungslehre voll und ganz verstanden, dann würde dieses Wissen ihn doch noch nicht in die Lage versetzen zu beurteilen, wieviel Zeit er für diakonische Aufgaben und wieviel er für die Vorbereitung der Predigt aufwenden sollte; denn die Rechtfertigungslehre selbst enthält keine Kriterien zur Lösung dieser oder ähnlicher Fragen.

Ein weiterer Hinweis dafür, daß das Wort ‚Rechtfertigung' zwei unterschiedliche Sachverhalte bezeichnet, ist darin zu sehen, daß nicht nur der ‚gerechtfertigte' Mensch, sondern auch der Sünder ‚gerechtfertigte' Handlungen auszuführen vermag. Wenn nämlich auch der Sünder in dieser Weise handeln kann, dann muß, logisch gesehen, zwischen der Rechtfertigung des Sünders und der sittlichen Rechtfertigung von Handlungen ein Unterschied bestehen, der es unmöglich macht, ohne weiteres von der einen auf die andere zu schließen. Dieser Annahme scheint aber das von H. Thielicke sehr betonte[1] Schriftwort vom guten Baum, der nur gute Früchte hervorzubringen vermag, entgegenzustehen.[2]

1 Vgl. z. B. ThE I A 254ff.

2 Mt 7,17f.: „So bringt jeder gute Baum gute Früchte, der schlechte Baum bringt aber schlechte Früchte. Ein guter Baum kann keine schlechten Früchte bringen, und ein schlechter Baum kann keine guten Früchte bringen." Lk 6,43: „Denn

Mit diesem Bildwort ist offensichtlich gemeint, daß nur der sittlich gute Mensch gute Taten oder Werke zu tun vermag und umgekehrt der sittlich böse Mensch nur schlechte Taten. In welchem Sinn wird hier aber von ‚guten' bzw. ‚schlechten' Taten oder Werken gesprochen?

‚Gut' und ‚gerechtfertigt' nennt man zuweilen in der Umgangssprache eine Handlung dann, wenn man ausdrücken will, sie verdiene es, den Alternativmöglichkeiten vorgezogen zu werden. Damit will man sagen, daß ihre Ausführung sittlich geboten oder gesollt ist. ‚Gut' qualifiziert in diesem Fall also die Handlung selbst. Es gibt an, daß sie Inhalt der sittlichen Forderung oder, wie man im Anschluß an den biblischen Sprachgebrauch auch sagen kann, Inhalt des Gesetzes ist. In diesem Sinne spricht H. Schlier von dem ‚guten' Werk als von der „gerechten Tat".[3] Das Wort ‚gut' wird in solchen Fällen also synonym gebraucht mit ‚geboten', ‚gefordert', ‚pflichtgemäß' oder ‚gesollt'. Mit all diesen Wörtern wird immer dasselbe ausgedrückt, nämlich, der Inhalt der sittlichen Forderung sei durch eine so bezeichnete Handlung richtig bestimmt. Aus diesem Grunde ist es zweckmäßig, um mögliche Mißverständnisse auszuschließen, immer dann, wenn dieser Sachverhalt der Pflichtgemäßheit einer Handlung gemeint ist, von einer ‚sittlich richtigen' Handlung zu sprechen. Die Frage nach dem Inhalt der sittlichen Forderung und damit danach, welche Handlung sittlich richtig oder, wie bisher gesagt wurde, welche sittlich gerechtfertigt ist, bezieht sich somit ausschließlich, wie H. Thielicke sagt, auf die „Tatschicht des Menschen".[4]

Wenn nun die hier aufgestellte Behauptung stimmen sollte, daß auch der Sünder ‚gerechtfertigte', das heißt sittlich richtige Handlungen auszuführen vermag, dann können in dem Schriftwort unter den ‚guten Früchten' nicht einfachhin die ‚richtigen Handlungen' verstanden werden. Gibt es aber nicht noch eine weitere Deutungsmöglichkeit für diesen Ausdruck ‚gute Früchte'?

Das Adjektiv ‚gut' in Verbindung mit ‚Frucht' kann sich in der Wendung ‚Der gute Baum trägt nur gute Früchte' auch auf das handelnde Subjekt zurückbeziehen und muß nicht notwendigerweise die Handlung als dem Inhalt der sittlichen Forderung gemäß bezeichnen. ‚Gute Frucht' als ‚gute Handlung' bedeutet dann soviel wie ‚Frucht eines guten Baumes' oder

es gibt keinen guten Baum, der schlechte Frucht bringt, noch umgekehrt einen schlechten Baum, der gute Frucht bringt." Mt 12,33: „Entweder nehmt an: der Baum ist gut – dann ist auch seine Frucht gut, oder nehmt an: der Baum ist schlecht – dann ist auch seine Frucht schlecht; denn an der Frucht erkennt man den Baum."

[3] *H. Schlier*, a. a. O. 184.

[4] Vgl. ThE I A 42ff.

‚Handlung eines sittlich guten Menschen'. Damit wird zum Ausdruck gebracht, daß die Gutheit eines Menschen sich auch notwendig in seinen Taten niederschlägt, ohne daß damit mitgesagt wäre, diese Handlungen seien immer auch schon den sittlichen Forderungen gemäß und somit sittlich richtig. Da alle Handlungen eines guten Menschen aus einer guten Gesinnung hervorgehen, sind sie immer Ausdruck seines Gutseins und daher mit Recht auch als ‚gut' zu bezeichnen. Treffender wäre es allerdings, in diesen Fällen statt von der ‚guten' Handlung von dem ‚guten' Handeln des Menschen zu sprechen. So könnte man sprachlich sehr leicht zwischen der richtigen bzw. falschen Handlung einerseits und dem guten bzw. bösen Handeln anderseits unterscheiden. Diese Unterscheidung nimmt auch W. Trillhaas, wie bereits gezeigt wurde, zumindest ansatzweise vor.

Wenn in dem Bildwort mit den ‚guten Früchten' die von einer guten Gesinnung motivierten Handlungen des sittlich guten Menschen gemeint sind, dann kann dieses Schriftwort nicht als Gegenargument zu der Behauptung angeführt werden, auch der Sünder könne ‚gerechtfertigte' Handlungen ausführen; denn das Adjektiv ‚gut' würde dann nicht die ‚Frucht' als solche bzw. die Handlung in sich qualifizieren, sondern sich zurückbeziehen auf den ‚guten' Baum bzw. auf die sittliche Gutheit des Handelnden.

Das Schriftwort vom guten Baum, der nur gute Früchte bringt, kann demnach nicht von vornherein als beweiskräftiges Argument gegen die behauptete These dienen, daß auch der Sünder ‚gerechtfertigte' Handlungen auszuführen vermag. Dennoch aber bleibt noch positiv zu zeigen, daß diese Behauptung stimmt. Wenigstens für den Theologen müßte sie eigentlich selbstverständlich sein; denn ihm ist aus den paulinischen Schriften das Phänomen der Werkgerechtigkeit als die sublimste Form der Sünde bekannt.

Paulus unterscheidet zwei Arten des Sünders, den Gesetzlosen, der aus Selbstsucht die sittlichen Forderungen mißachtet, und den Werkgerechten, der aus demselben Motiv die Gesetze Gottes gerade erfüllt. In Röm 9,30ff. wirft Paulus den Juden diese zweite Form der Sünde vor. Er bescheinigt ihnen, daß sie durchaus bestrebt seien, die Gesetze Gottes zu erfüllen, das heißt jeweils das sittlich Richtige zu tun, daß ihnen dies auch weitestgehend gelänge und ihnen daher eine bestimmte Art der Gerechtigkeit nicht abgesprochen werden könne. Da sie aber meinten, sich ihrer ‚gerechten' Werke vor Gott als eigener Leistungen „rühmen" zu können, entspringe diese ihre ‚Gerechtigkeit', das heißt das Tun der sittlich richtigen Handlungen, letztlich der Selbstsucht. Paulus spricht in diesem Fall von der „Gerechtigkeit aus Werken" im Unterschied zu der „aus Glauben".[5]

[5] Vgl. zu dieser Interpretation: *H. Schlier* a. a. O. 184; *R. Bultmann*, Theologie des Neuen Testaments, Tübingen ⁴1961, 268.

Der Werkgerechte ist also auf der Ebene der Handlungen nicht von einem sittlich Guten zu unterscheiden, da beide bestrebt sind, das jeweils sittlich Richtige zu tun. Aber im Gegensatz zum sittlich Guten handelt dieser gesetzerfüllende Sünder aus sittlich schlechten Motiven. Er erfüllt die sittlichen Forderungen nicht aus Selbstlosigkeit, da er sich von der Gesetzeserfüllung für sich selbst den größten Vorteil verspricht. Bestimmungsgrund seines Handelns ist also die Selbstsucht.

Dieses von Paulus gesehene Phänomen der Werkgerechtigkeit scheint in gewisser Hinsicht mit dem zusammenzufallen, was I. Kant das ‚nur legale Handeln' nennt oder was zuweilen als ‚Klugheitsegoismus' bezeichnet wird. Der bloß legal Handelnde erfüllt zwar die sittlichen Forderungen ihrem Inhalt nach, doch tut er dies allein um des eigenen Vorteils willen. In ganz ähnlicher Weise erfüllt auch der Werkgerechte seine sittliche Pflicht ihrem Inhalt nach, doch auch er handelt letztlich aus Selbstsucht. Die spezifische Art seiner Selbstsucht besteht aber nicht wie beim nur legal Handelnden in der ausschließlichen Sorge um sein eigenes Wohl und Wehe, sondern in seiner Selbstherrlichkeit: Er leugnet seine Geschöpflichkeit und Erlösungsbedürftigkeit und damit sein Angewiesensein auf die Gnade Gottes; nur weil er annimmt, er könne durch die Erfüllung der Gebote, also aus eigener Leistung, einen Anspruch auf Gottes Gerechtsprechung erwerben, bemüht er sich, alle sittlichen Einzelforderungen korrekt zu beobachten. Er versucht also, sich das sittliche Gutsein ohne Gottes Gnade selbst zu geben. Der Unterschied zwischen Legalität und Moralität fällt also nicht mit dem zwischen Werk- und Glaubensgerechtigkeit zusammen; denn auch der Werkgerechte ist wohl der Meinung, man könne einen Anspruch auf Gerechtsprechung nur dann erlangen, wenn man nicht nur legal, sondern auch aus ‚guter' Gesinnung heraus handelt; allerdings entscheidet er sich zur ‚Selbstlosigkeit' aus selbstherrlichen Motiven.

Diese Form der Sünde, in der sich jemand bemüht, aus einer werkgerechten Grundeinstellung die Gebote Gottes zu erfüllen, bezeichnen protestantische Theologen zuweilen auch als die „römische Werkerei",[6] weil sie glauben, sie der scholastischen Theologie vorwerfen zu müssen. So sagt etwa R. Bring: „Nach scholastischer Theologie bedeutet der Begriff ‚gute Werke' den Weg der Werke zu Gott, um Gottes Gunst für sich zu gewinnen. Da stehen ‚gute Werke' im Dienst eines Gottesverhältnisses, das Luther als ein falsches und unrichtiges erklärte."[7] Diese protestantischen Theologen meinen also, der Ausdruck ‚gute Werke' sei in der katholi-

6 ThE I A 267 und 301.

7 *R. Bring,* Das Verhältnis von Glauben und Werken in der lutherischen Theologie, München 1955, 141.

schen Theologie identisch mit ‚werkgerechten Werken'. Das Adjektiv ‚gut' würde in diesem Sinn zwar die Handlung als der sittlichen Forderung gemäß, das heißt als sittlich richtig, qualifizieren, doch zugleich auch als sittlich schlecht, weil durch Selbstherrlichkeit motiviert. Es wird sich allerdings kaum ein katholischer Theologe finden lassen, der in diesem Sinn von ‚guten Werken' spricht; wenn er es dennoch täte, wäre er tatsächlich der Werkgerechtigkeit erlegen. Leider aber wirkt sich dieser sicherlich unbegründete Vorwurf so aus, daß in den Augen einiger protestantischer Theologen das Bemühen um die Bestimmung der ‚gerechten', das heißt sittlich richtigen Handlung bzw. um die sittliche ‚Rechtfertigung' von Handlungen, als Versuch angesehen wird, Handlungen zu benennen, durch die der Mensch Ansprüche vor Gott erlangen könne. Ein solches Bemühen steht daher für sie von vornherein in dem Verdacht der Selbstherrlichkeit.

Im Gegensatz zu diesem sogenannten ‚katholischen' Verständnis der ‚guten Werke' beruft sich dann z. B. R. Bring auf die lutherische Interpretation: „Wenn Luther von ‚guten Werken' als den Früchten des Glaubens sprach, dann enthält der Ausdruck ‚gute Werke' etwas grundsätzlich anderes. Hier handelt es sich nicht um den Weg der Werke zu Gott, – nicht darum, mit ihm etwas für sich zu gewinnen. Sondern hier sind die Werke der Ausdruck des Glaubens in das Äußere, sie können keineswegs vom Glauben geschieden werden, sondern sind eine Seite desselben."[8] Offensichtlich gebrauchen Luther und die ihm darin folgenden Theologen den Ausdruck ‚gute Werke' im Sinne von ‚Werke eines guten Menschen', ‚Handlungen aus sittlich guter Gewinnung' oder ‚gutem Handeln'. Seine Interpretation deckt sich also völlig mit der soeben vorgelegten Deutung des Bildwortes vom guten Baum, der nur gute Früchte bringen kann.

An dem Phänomen der Werkgerechtigkeit wird also deutlich, daß auch der Sünder, obwohl sein Handeln immer böse ist, dennoch ‚gerechte', das heißt sittlich richtige Taten vollbringen kann. Damit ist wohl erwiesen, daß es sich bei der theologischen Rechtfertigung des Sünders und der sittlichen Rechtfertigung von Handlungen tatsächlich um zwei grundsätzlich verschiedene Sachverhalte handelt. Zu demselben Ergebnis kommt man, wenn man das verwandte Phänomen des irrigen Gewissens untersucht. Vom irrigen Gewissen ist nämlich dann die Rede, wenn jemand zwar aus bester Gesinnung und auch im Glauben, das Richtige zu tun, handelt, sich dennoch aber bei der Bestimmung des sittlich Richtigen geirrt hat und seine Handlungsweise infolgedessen falsch ist. Auch an diesem Phänomen wird

[8] Ebd. 15.

also deutlich, daß die Frage nach der Rechtfertigung bzw. dem sittlichen Gutsein eine andere ist als die nach der richtigen Handlungsweise.[9]
Zusammenfassend läßt sich demnach sagen: Wenn sowohl der sittlich gute als auch der sittlich böse Mensch das sittlich Richtig zu tun vermögen – was voraussetzt, daß beide grundsätzlich das sittlich Geforderte auch erkennen können –, dann ist die Frage, ob die inhaltliche Bestimmung des Geforderten unabhängig von der theologischen Rechtfertigungslehre behandelt werden kann, positiv zu beantworten. Das Problem der Bestimmung des sittlich Richtigen bezieht sich ausschließlich auf die Tatschicht, nicht aber auf die Motivschicht. Da die Frage nach der Bestimmung des sittlich richtigen Kompromisses ebenfalls nur die Tatschicht betrifft, kann zu ihrer Beantwortung völlig unberücksichtigt bleiben, ob jemand aus selbstlosen oder aus selbstsüchtigen Motiven heraus entschlossen ist, das sittlich Geforderte zu tun. Sowohl der sittlich gute als auch der werkgerechte Mensch stehen nämlich vor derselben normativen Frage, herauszufinden, welche der möglichen Handlungen die sittlich gebotene ist. Die Frage, ob ein Kompromiß Inhalt einer sittlichen Forderung sein kann und welche Kriterien es für diese Bestimmung gibt, ist also völlig eigenständig zu beantworten, das heißt unter anderem auch, daß sie in keinem logischen Zusammenhang mit der theologischen Rechtfertigungslehre steht. Genau das scheint auch W. Trillhaas zu meinen, wenn er die Frage des Kompromisses aus dem Zusammenhang mit der theologischen Rechtfertigungslehre gelöst wissen will.
H. Thielickes Grundprämisse lautete: Der Mensch, wie er faktisch vorkommt, ist Sünder und lebt in einer von der Sünde durchherrschten Welt. Darum könne er in keinem Fall das sittlich Geforderte tun. Nun wurde aber gezeigt, daß die Frage nach der Rechtfertigung des Sunders von der nach der Bestimmung der sittlich richtigen Handlung streng unterschieden werden muß. Unter der ‚sittlich richtigen Handlung' ist dabei jene Handlungsweise zu verstehen, die für einen in dieser Welt und unter ganz bestimmten Umständen lebenden Menschen in dieser seiner Situation zu tun unbedingt gefordert ist. Wenn H. Thielicke nun sagt, der Mensch könne aufgrund seiner eigenen Sündigkeit und der der Welt niemals das sittlich Geforderte tun, dann kann er – nach dem bisher Gesagten – damit nicht sinnvoll behaupten, man könne niemals aufgrund der totalen Verderbtheit des Menschen und der Schöpfung eine im gerade definierten Sinn ‚richtige' Handlung ausführen. Ganz sicher liegt eine solche These H. Thie-

[9] Vgl. zu dieser in der angelsächsischen ethischen Literatur weitestgehend selbstverständlichen Unterscheidung zwischen ‚sittlich gut' und ‚sittlich richtig' und deren Begründung *B. Schüller*, Die Begründung sittlicher Urteile, Düsseldorf 1973, 102–111.

licke auch fern. Denn, wie gezeigt, kennt er sehr wohl das Abwägen zwischen „verwerflichen und weniger verwerflichen, zwischen guten und weniger guten Möglichkeiten"[10] beim Handeln. Auch scheint er dieses, wie er es nennt, „Quantitätenproblem" in der Ethik für einen weitgehend eigenständigen Fragenbereich zu halten, der sich wenigstens bis zu einem bestimmten Ausmaß unabhängig von der grundsätzlichen Bewertung des Kompromisses behandeln läßt.[11]
Welchen Sinn kann die Behauptung H. Thielickes dann aber noch haben? Erstens kann er meinen: Insofern der Mensch, so wie er sich in dieser Welt vorfindet, Sünder ist und auch noch als Gerechtfertigter Sünder bleibt, ist all sein Handeln und damit auch jenes im Kompromiß sittlich schlecht. Zweitens kann er aber auch sagen wollen: Insofern die Gegebenheiten und Strukturen dieser Welt von der Sünde total verderbt sind, sind alle Handlungen des Menschen in einem fundamentalen Sinn sittlich falsch, da man in allen Handlungen die Möglichkeiten dieser sündigen Welt berücksichtigen muß. Aus den Ausführungen H. Thielickes zum Kompromiß geht eindeutig hervor, daß er beides behaupten will. Für die folgenden Auseinandersetzungen ist es daher von größter Wichtigkeit, darauf zu achten, daß die These H. Thielickes von der grundsätzlichen Verwerflichkeit des Kompromisses diesen doppelten Sinn hat. Vielleicht hat dieser die beiden Bedeutungen seiner These deshalb nicht deutlicher voneinander geschieden, weil er meint, beide Behauptungen würden sich gleich notwendig aus dem Glauben des Christen an die Rechtfertigung des Sünders durch Gott ergeben.

2. H. Thielickes Deutung der Rechtfertigung als Grund für seine negative Beurteilung allen Handelns im Kompromiß

In seiner Auseinandersetzung mit dem Kompromißverständnis innerhalb der katholischen Moraltheologie geht H. Thielicke mit Recht davon aus, daß der Kompromiß dort nicht grundsätzlich negativ bewertet wird. Da das Rechtfertigungsgeschehen auch nach Ansicht der katholischen Theologie von zentraler Bedeutung ist, liegt der Grund für H. Thielickes negative Beurteilung des Kompromisses in dem erwähnten doppelten Sinn

10 ThE II, 1 A 243.

11 Trotz der grundsätzlichen Unterscheidung dieser beiden Fragen verquickt H. Thielicke sie bei der Behandlung der einzelnen ethischen Probleme aber oft in einer solchen Weise miteinander, daß man den Eindruck hat, die Behandlung der normativen Probleme diene ihm allein dazu, den Leser auf die Bedeutsamkeit der theologischen Rechtfertigungslehre zu verweisen.

vermutlich in seiner besonderen Interpretation der Rechtfertigung, die er für typisch reformatorisch hält. Es empfiehlt sich daher, auf das unterschiedliche Verständnis der Rechtfertigung bei Katholiken und Protestanten kurz einzugehen. Da es nur darum geht, die genaue Beziehung zwischen der grundsätzlichen Verwerfung des Kompromisses und einem bestimmten Verständnis der Rechtfertigung aufzuzeigen, ist es im Rahmen dieser Arbeit nicht erforderlich, die jahrhundertelange Kontroverse zwischen den Konfessionen im einzelnen darzustellen. Hier genügt es, wenn an die wesentlichen Unterschiede erinnert wird – so weit jedenfalls, wie sie für das Verständnis der Position H. Thielickes von Bedeutung sind. Es ist z. B. zu fragen, was nach traditionell protestantischer bzw. katholischer Auffassung unter ‚Sünde', ‚Sündenvergebung', ‚sündiger Welt' usw. zu verstehen ist.

Entscheidend für die Bewertung allen sittlichen Handelns – und damit auch des Schließens von Kompromissen – durch die katholische Theologie ist ihr Sündenverständnis. Im Unterschied zur protestantischen Auffassung sieht sie in der persönlichen Sünde als der *freien* Entscheidung des Menschen gegen die Selbstlosigkeit und für die Selbstsucht die Sünde im eigentlichen Sinn. Diese setzt immer Freiheit in der Weise voraus, daß der Mensch sich zwischen sittlichem Gut- und Bösesein als den letzten Bestimmungsgründen seines Handelns zu entscheiden vermag. Nur für eine solche aus wahlfreier Entscheidung hervorgehende Entschiedenheit zum Bösen ist der Handelnde im strengen Sinn sittlich verantwortlich.

Aufgrund dieses Sündenverständnisses unterscheidet die katholische Theologie in bezug auf den Sündenfall bekanntlich zwischen der persönlichen Sünde der Stammeltern, der ‚Ursünde', und dem, was als Folge dieser Ursünde auf alle ihre Nachkommen übergeht, der ‚Erbsünde'. Die Ursünde der Stammeltern besteht in deren freier Entscheidung zum sittlich Bösen, für die Selbstsucht und damit gegen Gott. Für diese ihre Sünde sind nur sie persönlich verantwortlich. Solange sie in ihrer selbstsüchtigen Grundeinstellung verharren, ist auch all ihr weiteres Handeln, insofern es Handeln aus Selbstsucht ist, mit Recht als sittlich böse zu bezeichnen; all ihre Werke sind als Früchte eines schlechten Baumes auch schlechte Früchte.[12]

[12] Diese Ansicht vertreten nicht nur protestantische, sondern auch katholische Theologen. Vgl. *B. Schüller*, Gesetz und Freiheit, Düsseldorf 1966, 127: „Vom Sünder aus persönlicher Entscheidung" ist „zu sagen: Seine fundamentale überaktuelle Entschiedenheit gegen Gott und die sittliche Ordnung im ganzen bildet den Generalnenner, das existentielle Apriori für sein weiteres sittliches Verhalten. Sie ist darauf aus, sich der jeweiligen Situation gemäß in Werken und Taten, in Worten und Gedanken Ausdruck und Bestätigung zu verschaffen. Diese Akte der Selbstdarstellung und Selbstbestätigung sind keineswegs je neue

Das bedeutet natürlich nicht, wie gezeigt wurde, daß all ihre Handlungen sittlich falsch sein müssen.
Nach traditioneller katholischer Theologie kann sich die persönliche Schuld der Stammeltern definitionsgemäß nicht auf ihre Nachkommen übertragen. Was sich überträgt, ist nur in analogem Sinn ‚Sünde' zu nennen. Das mit ‚Erbsünde' Gemeinte bestehe darin, daß alle Nachkommen der Stammeltern ins Dasein treten, ohne der Bundesordnung anzugehören; sie fänden sich auf die Stufe der Schöpfungsordnung zurückgeworfen.[13] Demnach ist der Mensch nach dem Sündenfall nach katholischer Auffassung in seinem Menschsein oder seiner ‚Natur' nicht total verdorben wie der zum Bösen Entschiedene, sondern seine Natur ist insofern intakt, als ihm die Entscheidungsfreiheit zwischen der Selbstlosigkeit und der Selbstsucht noch geblieben ist. Wenn die katholischen Theologen neben dem Verlust der heiligmachenden Gnade, das heißt dem Herausfallen aus der Bundesordnung, noch weitere Folgen der Ursünde aufzählen, wie etwa Sterblichkeit, Leidensfähigkeit, Unwissenheit, Willensschwäche usw., so handelt es sich dabei ausschließlich um solche Übel, die nicht das sittliche Gutsein, sondern nur das Wohl des Menschen betreffen. Deshalb spricht man in der katholischen Theologie lieber von der ‚durch die Ursünde verwundeten Natur' als von der ‚sündigen Natur'.
Im Unterschied zur traditionellen katholischen Auffassung verstehen die Protestanten die ‚Erbsünde' nicht als Sünde im analogen, sondern im eigentlichen Sinn. So sagt z. B. E. Kinder: „Gegen scholastische Auffassungen" wird von den Protestanten „betont, daß das peccatum originale (Wurzel-, Person-, Natur-, ‚Erb'-Sünde) wirklich Schuld sei, um derentwillen der Mensch unter dem verdammenden Zorngericht Gottes steht, das ihn an sein Sündersein bannt".[14]

Entscheidungen, entspringen nicht je neu einer wahlfreien Selbstbestimmung, sondern haben gleichsam konsekutiven Charakter: Weil der Mensch Sünder *ist*, kann er nicht anders denn als Sünder handeln und wirken." Zum möglichen Einwand, diese Ansicht stehe im Gegensatz zu der vom Trienter Konzil definierten Glaubenswahrheit: „Non omnia opera peccatorum sunt peccata", vgl. ebd. 155–162.

13 Im Lehrbuch von *L. Ott*, Grundriß der katholischen Dogmatik, Freiburg [5]1961, 134, heißt es etwa: „Die Erbsünde besteht in dem Zustand des Gnadenberaubtseins, der durch die freie Sündentat des Stammhauptes verschuldet ist." Anschließend erläutert er den Verlust der „heiligmachenden Gnade" als „Nichtvorhandensein des übernatürlichen Lebens", d. h. als Ausschluß aus dem Bund. Entsprechend wird dann von der Taufe gesagt, durch die Eingießung der heiligmachenden Gnade, d. h. der Bundesgnade, werde die ‚Erbsünde' getilgt.

14 *E. Kinder*, Sünde und Schuld V, in: RGG VI, Tübingen [3]1962, 491; vgl. auch *W. Trillhaas*, Dogmatik, Berlin 1962, 194–197.

Das also, was die katholische Dogmatik von der Ursünde, das heißt der persönlichen sündigen Entscheidung der Stammeltern behauptet, lehrt die reformatorische Theologie auch von dem, was als Folge der Sünde Adams auf alle seine Nachkommen übergeht: Der Mensch nach dem Sündenfall ist wie die Stammeltern grundsätzlich auf das sittlich Böse und damit gegen Gott ausgerichtet.[15] In diesen „sündigen Zustand" gelangt der Mensch nach reformatorischer Auffassung also nicht durch eine freie Entscheidung, sondern er werde in ihn hineingeboren, ohne daß man daraus folgern dürfe, seine Schuld sei dadurch „abgemildert".[16]

Nach reformatorischem Verständnis besteht somit der erbsündige Zustand nicht darin, daß der Mensch sich auf die Schöpfungsordnung zurückgeworfen sieht, sondern darin, daß er immer schon gegen Gott ausgerichtet und folglich auch all sein Handeln Ausdruck seiner Selbstsucht ist. Der Mensch ist also in seiner ‚Natur', in seinem Menschsein total verdorben, weswegen für die Reformatoren die ‚Natur' des ‚erbsündlichen' Menschen eine ‚sündige Natur' ist.[17]

15 Vgl. *E. Brunner*, Dogmatik Bd. II, Zürich–Stuttgart ²1960, 112: „Es gehört zur Sünde so wie wir sie in Christus erkennen, daß sie die trotzige Abwendung des Menschen vom Schöpfer ist, daß sie Totalakt der menschlichen Person, also radikales Böses ist, daß sie universell ist, in einer Universalität, die alle, auch die Vergangenen mit uns zur Einheit zusammenschließt. Wir erkennen die Sünde als unsere Verfassung, etwas mit unserem jetzigen Sein unlösbar Verbundenes." Ferner schreibt er ebd. 134f.: „Der Mensch hat durch die Sünde die ursprüngliche Freiheit verloren. Er ist nicht mehr frei, seine göttliche Bestimmung zu ergreifen und gut zu sein, wie Gott ihn haben möchte. Das Böse hat von uns Beschlag genommen, es ist ein radikales Böses, von dem wir uns nicht durch eine bloße ‚Revolution der Gesinnung' (Kant) zu trennen vermögen. Könnten wir es, so bedürften wir keiner Erlösung. Die Notwendigkeit einer Erlösung erkennen und diese Unfähigkeit zugeben ist eins ... Das ist das richtig verstandene servum arbitrium."

16 *E. Kinder*, a. a. O. 491: „Die Reformation reflektiert vor allem auf die Wurzel- und Wesens-Sünde, nicht in erster Linie auf die einzelnen Aktualsünden. Diese werden als die ‚Früchte' jener angesehen. Über das Verhältnis des Sündenfalles Adams zu dem in voller Schwere geltenden Sündersein des einzelnen Menschen wird weniger spekuliert; es wird lediglich festgestellt, daß der Mensch in den sündigen Zustand hineingeboren wird, ohne daß seine Schuld dadurch abgemildert wird."

17 Vgl. z. B. *W. Trillhaas*, Dogmatik, a. a. O. 196: „Diese Verderbnis ist ursprünglich als eine Verderbnis unserer Geschöpflichkeit im Blick auf unser Verhältnis zu Gott gedacht. Wir haben das Böse in unseren Willen aufgenommen, haben die ursprüngliche Reinheit und Heiligkeit verloren und stehen unter Gottes Zorn. Insoweit ist die Folge der Ursünde – wenn man so will – eine rein religiöse. Aber ganz offenkundig haben die Alten die Verderbnis infolge der Erbsünde als eine intima corruptio naturae humanae verstanden, wie denn die natura die Trägerin des Erbganges selbst ist."

Der sündige Zustand des Menschen werde aber auch nicht von der durch die Rechtfertigung gewirkten Heiligung aufgehoben. Insofern nämlich die Rechtfertigung nach M. Luther bekanntlich eine ‚iustitia aliena' ist, eine Gerechtigkeit in Christus und nicht im Menschen selbst, erneuert die durch die Rechtfertigung gewirkte Heiligung den Menschen nicht seinshaft. Daher ist der Christ für M. Luther „simul iustus et peccator".[18] Der Unterschied zwischen dem Gerechtfertigten und dem Sünder besteht nach dieser Lehre dann darin, daß der Gerechtfertigte im Gegensatz zum sündigen Menschen um sein Sündersein weiß und dieses auch anerkennt. Er setzt sein Vertrauen auf die in Christus offenbare Vergebung seiner Schuld. All sein Handeln bleibt für ihn sittlich anfechtbar.
Vergegenwärtigt man sich die Ausführungen H. Thielickes zum Kompromiß, dann ist es offensichtlich, daß das Verständnis von ‚Sünde', ‚Erbsünde' und ‚Rechtfertigung', wie es vielfach von Lutheranern vertreten wird, seiner negativen Beurteilung des Kompromisses zugrunde liegt.[19] Geht man wie er von der Voraussetzung aus, der Mensch, so wie er sich in dieser Welt vorfinde, sei Sünder im eigentlichen Sinn und bleibe es auch in dem beschriebenen Sinn, dann folgt daraus, daß der Mensch auch notwendig als Sünder handeln muß und deshalb all sein Handeln sündig ist. Da auch das Schließen von Kompromissen eine bestimmte Weise des Handelns darstellt, ergibt sich für ihn logisch notwendig die grundsätzliche Verwerflichkeit des Handelns im Kompromiß. Hier trifft das Bildwort zu, daß der schlechte Baum nur schlechte Früchte hervorzubringen vermag.
Insofern also die reformatorische Rechtfertigungslehre bestimmte Aussagen über die Beschaffenheit des ‚erbsündlichen' und ‚gerechtfertigten' Menschen macht, läßt sich aus ihr nur etwas ableiten für die ethische Qualifizierung des Tuns des sündigen bzw. gerechtfertigten Menschen, nicht aber etwas für die inhaltliche Bestimmung der richtigen Handlung. Aus der Kennzeichnung eines Menschen als Sünder folgt nur, daß all sein Handeln sündig ist, nicht aber, daß seine Handlungen notwendig auch in irgendeinem Sinn als sittlich falsch zu qualifizieren sind.
Wenn H. Thielicke also über die Aussage, jeder Mensch könne immer nur

18 Vgl. z. B. *P. Althaus*, Die Theologie Martin Luthers, Gütersloh 1962, 211: „Bei dieser Doppelheit bleibt es durch das ganze Leben hindurch. Es gilt immer beides zugleich von mir. Das ist das hohe Paradoxon des Christenstandes ...: daß von dem einen und selben Menschen gleichzeitig beides gilt: gerecht, Sünder, und zwar beides total: er ist nicht teils gerecht, teils Sünder, sondern ganz Sünder und ganz gerecht."

19 *A. van Bentum*, Helmut Thielickes Theologie der Grenzsituationen, Paderborn 1965, weist ausführlich nach, daß dieses Verständnis die Grundlage der gesamten theologischen Ethik H. Thielickes darstellt, und setzt sich eingehend damit auseinander.

sündig handeln, hinaus auch noch behauptet, in all seinen Handlungen würde er die ‚sündigen' Gegebenheiten dieser Welt berücksichtigen und dadurch niemals das im vollen Sinn sittlich Richtige tun, dann ergibt sich diese Behauptung keineswegs als notwendige Schlußfolgerung aus der protestantischen Rechtfertigungslehre, wie sie bisher dargestellt wurde. Denn um mit ihr übereinzustimmen, genügt es, wenn man sagt, alles menschliche Handeln sei sittlich schlecht; es ist nicht notwendig, darüber hinaus auch noch zu sagen, alle Handlungen seien auch in einem fundamentalen Sinn sittlich falsch. In dieser Weise interpretiert etwa E. Schott die Lehre Luthers: Daß einzelne Handlungen „auch beim Sünder sittliche Hochleistungen darstellen können, bestreitet Luther nicht, aber er weist darauf hin, daß dadurch die Gottesferne nicht überwunden wird".[20] Auch E. Brunner betont nachdrücklich: „Der Sünder ist grundsätzlich fähig, jede Einzelsünde zu vermeiden. Was er aber nicht kann, ist: kein Sünder sein. Das Sündersein zieht nicht mit Notwendigkeit die einzelnen Sünden hinter sich her; jede einzelne Sünde ist an sich vermeidbar."[21] Die einzelnen Gesetze und Gebote Gottes könne der Sünder durchaus erfüllen. Er brauche kein Lügner, Mörder, Ehebrecher zu sein. „Es gibt Tugenden der Heiden, die durchaus nicht glänzende Laster sind, auch wenn sie die Tugenden von Sündern sind."[22]

Auf dieses Problem, ob der Mensch nach dem Sündenfall mit Recht ‚Sünder' im eigentlichen Sinn genannt werden kann, und in welchem Sinn auch der Gerechtfertigte noch ‚Sünder' ist, brauchte in dieser Arbeit nicht unbedingt eingegangen zu werden. Denn nicht die Frage, wann ein Handeln im Kompromiß als gut oder schlecht zu bezeichnen ist, gilt es zu beantworten, sondern, wann ein Kompromiß dem Inhalt der sittlichen Forderung gemaß ist und wann nicht. Dennoch aber erscheint es empfehlenswert, sich mit diesem Problem etwas eingehender zu beschäftigen. In der ‚Theologischen Ethik' ist es nämlich zweifellos H. Thielickes Hauptanliegen, immer wieder neu auf die Sündigkeit und damit auf die Vergebungsbedürftigkeit allen menschlichen Handelns hinzuweisen. Außerdem führt der Versuch einer Klärung dieser Frage an das Problem der Beziehung zwischen Können und Verantwortlichkeit heran, auf das noch ausführlich einzugehen sein wird.

20 *E. Schott*, Willensfreiheit, in: RGG VI, a. a. O. 1724.
21 *E. Brunner*, Dogmatik, Bd. II, a. a. O. 124.
22 Ebd.

3. *Die Allwirksamkeit Gottes und die Entscheidungsfreiheit des Menschen*

Die Annahme, alles menschliche Handeln sei grundsätzlich sittlich schlecht, also die These H. Thielickes in ihrem ersten Sinn, ergibt sich für viele protestantische Theologen aus der reformatorischen Interpretation der Rechtfertigung. Sie behaupten, die Erbsünde sei Sünde im eigentlichen Sinn, und auch der Gerechtfertigte bleibe in all seinem Handeln auf die Vergebung Gottes angewiesen. Diese These vom sittlichen Bösesein des erbsündlichen Menschen, das nicht Folge seiner eigenen freien Entscheidung für die Selbstsucht und damit gegen Gott ist, ist für viele Lutheraner vermutlich deshalb leicht zu akzeptieren, weil sie dem Menschen als Geschöpf die Entscheidungsfreiheit absprechen. Würde man ihm nämlich Entscheidungsfreiheit zubilligen, dann scheint man annehmen zu müssen, er könne in irgendeiner Weise selber an der Verwirklichung seines Heils ‚mitwirken'.

Spräche man dem Menschen aber diese Fähigkeit zu, dann scheint die theologische Wahrheit von der Allwirksamkeit Gottes aufgegeben werden zu müssen. Die Behauptung, auch der Mensch könne etwas zu seinem Heil ‚beitragen', wird als „Schmähung der Ehre Christi"[23] empfunden, scheint sie doch die Annahme einzuschließen, daß der Heilswille Gottes in Jesus Christus allein unzulänglich sei und daher einer Art Ergänzung durch den menschlichen Willen bedürfe.[24]

Diese Theologen sprechen also um der Glaubenswahrheit von der Allwirksamkeit Gottes willen dem Menschen die Entscheidungsfreiheit (liberum arbitrium) ab. Der Mensch ist nach ihnen nicht in dem Sinne frei, daß er zwischen den konträren Alternativen von sittlichem Gut- und Bösesein bzw. von Glaube und Unglaube wählen könnte. Wenn es um sein Heil geht, ist er nicht eigentlich handelndes Subjekt, das sich selber ausrichtet, sondern vielmehr passives Objekt, das von außen her ausgerichtet wird.

Die Behauptung menschlicher Entscheidungsfreiheit erscheint ihnen als Werkgerechtigkeit oder Selbstherrlichkeit; denn vom Menschen selbst scheint es dann entscheidend abzuhängen, ob er zur Rechtfertigung und damit zur Moralität gelangt, nicht allein von Gott. In diesem Sinn schreibt z. B. E. Brunner: „Ob es der Stoiker sei, der das Gute darum tut, weil er sich nur so achten kann, weil er gerade darin und darin allein seine göttliche Würde realisiert, oder der Pharisäer, der das Gesetz Gottes erfüllt, weil er damit sich den Himmel verdient: Auf ihm, dem Menschen ruht der ganze Akzent, auf dem, was *er* ist und tut, und auf dem, was er begeht

23 *E. Kinder*, a. a. O. 492.
24 Vgl. etwa *W. Trillhaas*, E 3. A, 62f.

und was *ihm* wert ist. Auch die pflichternste Ethik ist Ethik der Selbstgerechtigkeit."[25]

Genauso deutlich formuliert auch H. Thielicke seinen Vorwurf, jede philosophische Ethik sei, weil sie die Entscheidungsfreiheit voraussetze, nach dem Kanon der Werkgerechtigkeit entworfen, innerhalb seiner ethischen Prinzipienlehre, wo er die ‚christliche Motivation' der ‚Gesinnungsethik' der Philosophen entgegenstellt. Die christliche Motivation darf seiner Meinung nach nicht mit dem verwechselt werden, was die Philosophen ‚Gesinnung' nennen. Er weist entschieden zurück, daß die christliche Ethik etwa unter den „Oberbegriff ‚Gesinnungsethik'" zu subsumieren sei, weil man dadurch die christliche Motivation zu einem „innerweltlichen Phänomen verfälschen und ihren transzendenten Ursprung leugnen würde".[26] Im Gegensatz zur christlichen Motivation sei „die Gesinnung ... etwas, das mir ja zunächst einmal als Aufgabe zugeteilt wird, dessen ich also mächtig bin".[27]

Entscheidend ist für ihn, daß das sittliche Gutsein bzw. die gute Gesinnung nach Ansicht der Philosophen dem Menschen nicht vorgegeben ist, sondern von ihm erst in freier Entscheidung ergriffen werden muß. Innerhalb der philosophischen Ethik wird man „also nicht sagen können, daß die Gesinnung die vorgegebene Voraussetzung allen sittlichen Handelns sei, sondern man wird die Gesinnung selbst als etwas zu verstehen haben, was erst erworben und was als solche Voraussetzung erst einmal konstituiert werden muß. Das sittliche Ich muß sich erst als solches setzen. Dann aber wird der Mensch als etwas vorgestellt, was seiner selbst mächtig ist ... Diese Selbstmächtigkeit weist sich geradezu bis zu einer Art Selbstschöpfung des Ich aus."[28]

Die christliche Motivation versteht H. Thielicke also als Voraussetzung allen sittlichen Handelns, die Gesinnung, wie die Philosophen sie verstehen, dagegen als einen Akt der Selbstschöpfung des Menschen. Den Menschen halten sie für fähig, aus sich selbst heraus diese Gesinnung, das heißt das sittliche Gutsein, zu erlangen. Demnach wirft H. Thielicke der philosophischen Ethik vor, sie versuche, sich selbstherrlich letztlich Gottes zu bemächtigen. Nach ihr ergreife der Mensch von sich aus das sittliche Gutsein, obwohl er sich dieses nur von Gott schenken lassen könne.[29]

[25] *E. Brunner,* Das Gebot und die Ordnungen, Zürich [4]1939, 55.
[26] ThE I A 67.
[27] Ebd. A 68.
[28] Ebd. A 71.
[29] Vgl. ebd. A 75: „Denn die Gesinnung des ‚Gott-fürchtens-und-liebens' ist ja nichts, was ich von mir aus ergreifen könnte. Würde doch dieses Ergreifen-Können nichts anderes bedeuten, als daß ich mich Gottes zu bemächtigen vermöchte. So wenig ich ihn von mir aus erkennen kann, so wenig kann ich ihn auch lieben."

Genau in diesem Sinn interpretiert auch G. Ebeling die Aussagen M. Luthers: „Wer nicht weiß, was der Mensch Gott gegenüber vermag – nämlich nichts! –, weiß auch nicht um Gottes Macht als wirklich ausgeübte Allmacht (nicht bloß in potentia). Mit der Bejahung Gottes ist das liberum arbitrium verneint und umgekehrt. Nicht erst eine ausdrückliche Leugnung Gottes, sondern schon die Behauptung einer gewissen Unabhängigkeit des menschlichen Willens Gott gegenüber ist Gottlosigkeit."[30]
Die Ablehnung der Entscheidungsfreiheit bedeutet für die in diesem Punkt M. Luther folgenden Theologen aber nicht, daß sie dem Menschen auch die Verantwortlichkeit absprechen. Die Voraussetzung für Verantwortlichkeit ist für sie nicht die Entscheidungsfreiheit (liberum arbitrium) als das Vermögen, zwischen der konträren Alternative von Selbstlosigkeit und Selbstsucht wählen zu können, sondern nur die Willentlichkeit (voluntarium) als die Fähigkeit des Menschen, spontan aus sich heraus handeln zu können. Unvereinbar mit der Willentlichkeit ist nur der von außen auferlegte Zwang, nicht aber die innere Notwendigkeit. Auch wenn der Mensch niemals vor der Alternative zwischen sittlichem Gut- und Bösesein bzw. zwischen Selbstlosigkeit und Selbstsucht gestanden hat, so ist er dennoch nach diesen Theologen für seine spontane Selbstsucht, die nicht Folge einer freien Entscheidung ist, sondern in der er sich einfachhin vorfindet, verantwortlich zu machen. „Voller Schuld- und unentrinnbarer Zwangscharakter des Sünderseins werden zugleich behauptet."[31]
Insofern sie demnach an der Verantwortlichkeit des Menschen für seine Grundbefindlichkeit als Sünder festhalten, hat der Mensch nach ihnen die *sittliche Pflicht*, selbstlos, und nicht selbstsüchtig zu sein. Insofern er sich aber ihrer Meinung nach als Selbstsüchtiger einfachhin vorfindet, liegt es gar nicht in seiner Macht und hat es auch nie in seinem *Können* gelegen, selbstlos zu sein. In bezug auf die ethische Grundforderung lehnen diese Theologen also das Axiom, jedes sittliche Sollen setze ein entsprechendes Können voraus, ab.
Ist es aber tatsächlich notwendig, um an der Glaubenswahrheit von der Allwirksamkeit Gottes festhalten zu können, die Gültigkeit des Axioms ‚Sollen setzt Können voraus' in bezug auf die ethische Grundforderung zu bestreiten? Wenn man, wie diese Theologen es tun, zwischen dem Tun Gottes und dem des Menschen ein Konkurrenzverhältnis annimmt, dann scheint, logisch gesehen, keine andere Möglichkeit zu bleiben, als dem Menschen die Entscheidungsfreiheit abzusprechen. Bei einem solchen Den-

30 *G. Ebeling*, Luther II. Theologie, in RGG IV, Tübingen ³1960, 515f.
31 *E. Kinder*, a. a. O. 491.

ken deutet man die *All*wirksamkeit Gottes als *Allein*wirksamkeit: Was Gott tut, tut nicht der Mensch; was der Mensch tut, tut nicht Gott.[32] Vorwiegend katholische, aber auch einige evangelische Theologen wie z. B. R. Bultmann bestimmen demgegenüber das Verhältnis zwischen dem Tun Gottes und dem des Menschen in einer solchen Weise, daß das Festhalten an der menschlichen Entscheidungsfreiheit nicht zugleich die Leugnung der göttlichen Allwirksamkeit bedeutet. Nach ihnen ist das sittliche Gutsein *ganz* Tat des Menschen, *weil* es *ganz* Tat Gottes ist.[33] Auch für sie kann innerhalb des Rechtfertigungsgeschehens niemals von einer ‚Mittäterschaft' des Menschen und auch nicht von einem ‚Mitwirken' im eigentlichen Sinn die Rede sein. Es ist nämlich nicht so, daß ihrer Meinung nach Gottes Taten nicht ausreichend seien und der Mensch deshalb von sich aus das Fehlende noch hinzutun müßte, sondern sie schließen grundsätzlich jegliches Konkurrenzdenken im Verhältnis zwischen dem Tun Gottes und dem des Menschen aus.

So schreibt z. B. J. B. Metz: „Gott in seiner souveränen Freiheit selbst ist der Ort der konkreten ‚Möglichkeit' der menschlichen Freiheit. Er er-

32 In diesem Sinne sagt etwa *E. Brunner,* Das Gebot und die Ordnungen, a. a. O. 64: „Das Gute ist das, was Gott tut, nicht das, was der Mensch tut ... Nicht mehr sich selbst traut er das Gute zu, sondern Gott allein." Vgl. auch *H. Thielicke,* Der Glaube der Christenheit, Göttingen [5]1965, 443: „Wir müssen hier ja den Augenblick recht bedenken, in dem die ‚Vorherbestimmung', in dem das souveräne ‚Übergewicht' des göttlichen Subjekts über alles menschliche Wollen und Vollbringen in Erscheinung tritt: Es ist nämlich der Augenblick, wo ich mit dem Teufel und meinem eigenen Fleisch gerungen, wo ich den tödlichen Ernstfall durchschritten habe und wo ich bis aufs Blut in den göttlich-satanischen Zweikampf um meine Seele verwickelt war, bis ich mich plötzlich auf der Seite des triumphierenden Christus vorfinde, ohne freilich zu wissen und erst recht begründen zu können, ‚wie' ich dahin gekommen bin."

33 Vgl. etwa: *G. Siewerth,* Freiheit I. Philosophisch, in: HthG I, München 1962, 397: „Was Gott im Menschen erwirkt, ist daher immer ganz Gottes und zugleich ganz des Menschen freies Werk." Ausführlicher behandelt *G. Siewerth* dieses Problem in: *ders.,* Thomas von Aquin: Die menschliche Willensfreiheit, Düsseldorf 1954, 131ff. Dieser Gedanke klingt auch bei *R. Bultmann,* Das Problem der Ethik bei Paulus, in: Zeitschrift für neutestamentliche Wissenschaft 23 (1924), 140, an: „Wie also die im Imperativ sich aussprechende sittliche Forderung für ihn Gottes Gebot ist, so ist die der Forderung entsprechende Haltung des Gehorsams zugleich Gabe Gottes, gewirkt durch das πνεῦμα, ohne daß die Forderung ihren imperativen Charakter verliert." Vgl. auch: *ders.,* Theologie des Neuen Testaments, a. a. O. 330f.: „Denn ein Glaube, der von Gott außerhalb der Entscheidung des Menschen gewirkt ist, wäre offenbar kein echter Gehorsam. Gott gewirkt ist der Glaube insofern, als die zuvorkommende Gnade die menschliche Freiheit erst ermöglicht hat, so daß sich diese selbst nur als Geschenk Gottes verstehen kann, ohne um deswillen ihren Entscheidungscharakter zu verlieren."

scheint dabei nicht als ein konkurrierender Ursprung neben der menschlichen Freiheit, sondern als die konkret ermöglichende, sein-lassende, befreiende Freiheit der menschlichen Freiheit."[34] Das Verhältnis zwischen Gott und Mensch wird also nicht als Konkurrenz-, sondern vielmehr als lineares Proportionalitätsverhältnis[35] gedeutet. Statt zu sagen, insofern etwas Tat Gottes ist, ist es nicht Tat des Menschen, sagt man nun, je mehr etwas Tat des Menschen ist, desto mehr ist es auch Tat Gottes.

Wieso handelt es sich bei dieser Bestimmung des Verhältnisses zwischen göttlicher Allwirksamkeit und menschlicher Freiheit aber nicht um einen Widerspruch in sich selbst? Wenn es um die Bestimmung des Verhältnisses der Freiheit des einen Menschen zu der des anderen geht, dann muß tatsächlich, weil nebengeordnete Freiheiten gegeneinanderstehen, von einem Konkurrenzverhältnis gesprochen werden: Insofern nämlich etwas freie Tat des einen Menschen ist, kann es unmöglich zugleich auch freie Tat des anderen Menschen sein. Beim Verhältnis zwischen Gott und Mensch stehen sich aber aufeinander bezogene Freiheiten gegenüber, nämlich die begründende Freiheit des Schöpfers und die von ihr begründete Freiheit des Geschöpfes: Als sich selbst bestimmendes Wesen „verdankt ... der Mensch alles Gott und alles sich selbst, hat er seinen Grund in Gott und in sich selbst, lebt er ganz von Gottes Gnaden und ganz aus eigener Kraft". Diese gegensätzlichen Aussagen heben einander deshalb nicht auf, weil „zwischen ihnen das Verhältnis von Grund und Begründetem" besteht. „Daß es sich so mit dem Menschen verhalten *müsse*, sehen wir ein ... *Wieso* es sich so mit dem Menschen verhalten *könne*, vermögen wir nicht zu begreifen."[36]

Es scheint, daß die Deutung der Beziehung zwischen der Allwirksamkeit Gottes und der Freiheit des Menschen als Konkurrenzverhältnis auf eine anthropomorphe Vorstellung des Verhältnisses von Schöpfer und Geschöpf zurückgeht. Demgegenüber ist wohl das Verständnis menschlicher Ent-

[34] *J. B. Metz*, Freiheit III. Theologisch, in: HthG I a. a. O. 405. Vgl. auch: *ders.*, Christliche Anthropozentrik, München 1962, 76: „Sie (die Transzendenz) ist nicht der Konkurrent, sondern der Garant selbstwirksamen Menschseins."

[35] Vgl. *K. Rahner*, Probleme der Christologie von heute, in: Schriften zur Theologie, Bd. I, Einsiedeln–Zürich–Köln [6]1962, 182f.: „Das ist gerade ein Prädikat seiner (Gottes) Göttlichkeit als solcher und seines eigentlichen Schöpfertums: die Möglichkeit, durch sich selbst und durch den eigenen Akt als solchen etwas zu konstituieren, das in einem damit, daß es radikal abhängig (weil total konstituiert) ist, auch eine wirkliche Selbständigkeit ... gewinnt, und zwar auch eben dem es konstituierenden Gott gegenüber ... Die radikale Abhängigkeit von ihm wächst nicht in umgekehrter, sondern in gleicher Proportion mit einem wahrhaftigen Selbstand vor ihm."

[36] *B. Schüller*, Gesetz und Freiheit, a. a. O. 42f.

scheidungsfreiheit als Vermögen zur vollen Selbstbestimmung aufgrund totaler Abhängigkeit nur ein besonderer Anwendungsfall dessen, was von der Schöpfung überhaupt gilt: Sie ist ganz eigenständig, weil ganz abhängig. Macht man sich diese zweite Deutung des Verhältnisses zwischen Schöpfer und Geschöpf zu eigen, so dürfte der vielleicht wichtigste Grund wegfallen, der reformatorische Theologen veranlaßt, in bezug auf die sittliche Grundforderung das Axiom, Sollen setze ein entsprechendes Können voraus, zu bestreiten. Wird die Geltung dieses Axioms an dieser Stelle anerkannt, so wird dadurch allerdings auch die traditionelle reformatorische Erklärung der Universalität der Sünde durch die Deutung der Erbsünde als Sünde im eigentlichen Sinn problematisch.

Im Zusammenhang dieser Arbeit ist es aber, wie schon gesagt, nicht erforderlich, der Frage nach dem Verhältnis zwischen göttlicher Allwirksamkeit und menschlicher Freiheit ausführlicher nachzugehen. Denn für die zweite Behauptung H. Thielickes, alle Handlungen des Menschen seien auch in einem fundamentalen Sinn sittlich falsch, ist es irrelevant, wie man sich das Verhältnis zwischen dem Tun Gottes und dem des Menschen denkt.

Auf eine mögliche Verständnisschwierigkeit sei im folgenden noch hingewiesen. Aus den Aussagen H. Thielickes geht einerseits eindeutig hervor, daß er meint, um der Glaubenswahrheit von der Allwirksamkeit Gottes willen müsse man dem Menschen die Entscheidungsfreiheit absprechen; anderseits aber betont er auch mit Nachdruck, daß jede menschliche Handlung im eigentlichen Sinn (actus humanus im Unterschied zum actus hominis), also jede sittlich relevante Handlung, aus einer Entscheidung hervorgehe. Was versteht er in diesem Zusammenhang unter ‚Entscheidung'? Bei den ethischen Problemen des Pfarrers, des Arztes oder des Widerstandskämpfers, in bezug auf die H. Thielicke von ‚Entscheidung' oder ‚Entscheidungssituation' spricht, denkt er sicherlich nicht an die Wahlsituation angesichts der konträren Alternative von Glaube oder Unglaube, an die Wahl zwischen Selbstlosigkeit und Selbstsucht als den letzten Bestimmungsgründen allen Handelns, sondern vielmehr an jene zwischen verschiedenen komparativisch als gut und besser, schlecht und weniger schlecht zu beurteilenden Handlungsalternativen. Aus dem im Zusammenhang mit der Erläuterung des Schriftwortes, ein guter Baum könne nur gute Früchte bringen, Gesagten geht eindeutig hervor, daß die Wahl zwischen solchen komparativisch als gut und besser beurteilten Handlungsalternativen nur in einem analogen Sinn ‚Entscheidung' genannt werden kann. Denn mit diesem Schriftwort ist doch gemeint: Der zur Selbstlosigkeit entschiedene Mensch ist aufgrund seiner Entschiedenheit von vornherein entschlossen, immer das zu tun, was er als die bessere Handlungsalternative erkennt, so wie der zur Selbstsucht Entschiedene nur noch danach trachtet, herauszufinden, welche Handlungsweisen seinem eigenen Wohl am meisten förderlich sind. Die Wahl einer bestimmten Handlungsweise besteht für den zum Guten oder Bösen Entschiedenen also nicht in einem eigenen Akt des Wollens, sondern in einem bestimmten Urteilsakt. Beide, sowohl der zum Guten als auch der zum Bösen Entschiedene, sind von vornherein entschlossen, das ihrer Entschiedenheit nach Vorzugswürdige zu tun, sie wissen nur noch nicht, welche der jeweiligen Handlungsmöglichkeiten die für sie vorzugswürdige darstellt. Ein Arzt z. B. ist entschlossen, seinen Patienten nach besten Kräften zu helfen. Dennoch muß er sich bei jedem Patienten neu die Frage stellen, welche Therapie er anwenden soll. Hat er einmal herausgefunden, welche Therapie seinem Urteil nach die beste ist, dann kann er, wenn er nichts anderes als die Heilung des Patienten im Blick hat, nur diese eine Therapie als die vorzugswürdige wählen. Eine solche Wahl sollte man daher statt ‚Entscheidung' besser ‚Vorzugswahl' nennen.[37]

Unterscheidet man in dieser Weise zwischen Entscheidung und Vorzugswahl, dann ist auch klar, daß sich die Frage nach der richtigen Handlung und damit auch die nach dem richtigen Kompromiß für denjenigen stellt, der eine Vorzugswahl zu treffen hat. Man könnte demnach das Problem, um das es in dieser Arbeit vornehmlich geht, auch als die Frage nach der rechten Vorzugswahl bezeichnen, wann und nach welchen Kriterien ein Kompromiß als die vorzugswürdige Handlungsalternative zu beurteilen ist.

4. *H. Thielickes These von der totalen Verderbtheit der Welt als ein Grund für seine Behauptung der fundamentalen sittlichen Falschheit jeden Kompromisses*

Aus der reformatorischen Lehre, daß aufgrund der Ursünde alle Menschen im strengen Sinne des Wortes Sünder sind, folgt genau genommen nur: Alles Handeln des Menschen, auch sein Handeln in Kompromissen,

37 *Aristoteles* beschreibt in seiner Nikomachischen Ethik III, 5 die Vorzugswahl in folgender Weise: „Das Hin und Her unserer Überlegung richtet sich nicht auf das Ziel, sondern auf die Wege zum Ziel. Ein Arzt überlegt sich nicht, ob er heilen, ein Redner nicht, ob er überzeugen, ein Staatsmann nicht, ob er einen wohlgeordneten Staat schaffen soll, und auch sonst gibt es kein Schwanken über das Ziel. Sondern: das Ziel wird aufgestellt, und dann setzt das Überlegen ein, wie und auf welchen Wegen es erreicht werden kann. Und wenn sich mehrere Wege bieten, dann sucht man den leichtesten und besten zu erkennen" (*Aristoteles*, Nikomachische Ethik, übersetzt von *F. Dirlmeier*, Stuttgart 1969).

ist sittlich schlecht. Es folgt *nicht* daraus, daß alle Handlungen des Menschen notwendig auch in irgendeinem Sinn sittlich falsch sind. So urteilen, wie sich schon gezeigt hat, auch manche protestantische Theologen, z. B. E. Brunner und E. Schott. Anders H. Thielicke. Er meint, er müsse aus der reformatorischen Sündenlehre auch die fundamentale sittliche Falschheit aller menschlichen Handlungen und somit auch aller Kompromisse ableiten.

Wie sich ebenfalls schon ergeben hat, hält H. Thielicke nicht nur den Menschen, insofern dieser ein personales Wesen ist, für von der Sünde beherrscht; sondern er betrachtet auch das als sündig, was man traditionell die weiteren Folgen und Auswirkungen der Ursünde nennt, solche mit der Leibhaftigkeit des Menschen faktisch gegebenen Unvollkommenheiten oder Begrenzungen wie Sterblichkeit, Leidensfähigkeit, unzureichendes Wissen und Schwäche des Willens sowie schließlich alle Strukturen und Institutionen dieser Welt,[38] insofern sie eben ‚gefallene' Welt ist. Nun besteht jeder Kompromiß gerade in einem Eingehen auf die Strukturen der faktischen Welt, auf ihre Möglichkeiten und Gegebenheiten, nach H. Thielicke demnach in einem Eingehen auf die Sünde. Der Versuch eines Ausgleichs mit der Sünde läßt sich aber grundsätzlich nicht sittlich rechtfertigen. Geht man mit H. Thielicke davon aus, daß die faktische Welt als sündig zu charakterisieren ist, dann kann man kaum der Folgerung ausweichen, daß jeder Kompromiß in einem fundamentalen Sinn als sittlich falsch zu gelten hat.

Offensichtlich macht H. Thielicke vom Wort ‚Sünde' einen sehr weiten Gebrauch, fast so, als wäre es gleichbedeutend mit dem Wort ‚Übel'. Jedenfalls legt er der klassischen Unterscheidung zwischen sittlichem Übel (Sünde, sittliche Bosheit) und nicht-sittlichen Übeln kaum ein erkennbares Gewicht bei. Gewiß, insofern er mit M. Luther dem Menschen das liberum arbitrium abspricht, kann er nicht in der freien Selbstbestimmung des sittlichen Subjekts die Grenzlinie zwischen sittlichem und nicht-sittlichem Übel erblicken. Aber auch er wird einen fundamentalen Unterschied anerkennen müssen zwischen der Bestimmtheit des menschlichen Willens oder „Herzens" durch die Selbstsucht einerseits und dem Ausgeliefert-

38 Vgl. ferner *H. Thielicke*, Geschichte und Existenz, Gütersloh ²1964, 50. Vgl. auch 59f.: „Die Notwendigkeit, mich mit den ‚transsubjektiven' Eigengesetzlichkeiten zu identifizieren, d. h. also, sie ihrer transsubjektiven Rolle zu entledigen und mich als ihr Subjekt zu bekennen, ergibt sich daraus, daß es die Struktur ‚meiner' geschichtlichen Existenz ist, die jene Eigengesetzlichkeiten zu ihrem konstitutiven Element hat. ‚Ich bin' es also, der in seinem Handeln diese Grundstruktur seines Daseins zum Ausdruck bringt. Der Actus ist allemal eine Manifestation des Status; ich will und tue, was ich bin."

sein des Menschen an Tod, Krankheit, Hunger usw. anderseits. In beiden Fällen handelt es sich um Übel, um etwas, was nicht sein sollte. Aber das Nicht-Sein-Sollen eines selbstsüchtigen Willens und Herzens ist ein unbedingtes Nicht-sein-Sollen. Es ist kein Umstand denkbar, der Selbstsucht rechtfertigen könnte. Anders verhält es sich mit solchen Übeln wie Krankheit oder Tod. Es kann beispielsweise sittlich gerechtfertigt sein, im Dienst am Nächsten nötigenfalls Krankheit und Tod auf sich zu nehmen. Das Nicht-sein-Sollen dieser Übel ist offensichtlich nur ein bedingtes. Dieser Unterschied zwischen unbedingtem und bedingtem Übel ist mit der Unterscheidung zwischen sittlichem und nichtsittlichem Übel gemeint.[39]

Das Neue Testament setzt diesen Unterschied wie selbstverständlich voraus, so etwa im Logion vom ‚Schätzesammeln' (Mt 6,19ff.) oder in der Weisung Mt 10,28: „Fürchtet euch nicht vor denen, die den Leib töten, die Seele aber nicht töten können, sondern fürchtet euch vor dem, der Seele und Leib ins Verderben stürzen kann." Und nachdem Paulus sich durch die Liebe Christi von der Sünde befreit weiß, kann er sagen, daß die Übel „Bedrängnis oder Not oder Verfolgung, Hunger oder Kälte, Gefahr oder Schwert" (Röm 8,35) daran nichts zu ändern vermögen.

Hat man sich einmal die ganze Tragweite des Unterschieds zwischen dem sittlichen Übel der Sünde und den vierlerlei nicht-sittlichen Übeln ausdrücklich bewußt gemacht, dann findet man die Rede von der ‚sündigen' Welt zumindest äußerst mißverständlich. H. Thielicke ist also vorzuwerfen, daß er die beiden grundsätzlich verschiedenen Arten von Übeln nicht ausdrücklich voneinander unterscheidet. Vermutlich übersieht er, daß es sich um zwei völlig verschiedene Sachverhalte handelt, wenn man einerseits einen Ausgleich mit der Sünde im eigentlichen Sinn, also der Selbstsucht, anstrebt und wenn man anderseits bei der Bestimmung der pflichtgemäßen Handlung die gegebenen Möglichkeiten und üblen Folgen mitberücksichtigt.

Daß ein Ausgleich mit der Selbstsucht immer selbstsüchtiges Handeln ist und daher niemals sittlich gerechtfertigt werden kann, ist analytisch wahr. Wenn H. Thielicke aber auch den Ausgleich mit den gegebenen Möglichkeiten und damit jede Handlung in einem fundamentalen Sinn für sittlich nicht zu rechtfertigen hält, dann muß in diesem Fall mit dem Ausdruck ‚sittlich nicht zu rechtfertigen' etwas anderes gemeint sein als im ersten. Soviel jedenfalls ist klar: Er meint damit nicht, daß die so bezeichnete Handlung unbedingt zu unterlassen ist; genau das ist aber der Sinn

[39] Vgl. zur Unterscheidung zwischen den ‚sittlichen' und den ‚nicht-sittlichen' Werten bzw. Übeln etwa: *B. Schüller,* Die Begründung sittlicher Urteile, a. a. O. 39–45; *H. Reiner,* Die ethische Weisheit der Stoiker heute, in: Gymnasium 76 (1969), 330–357.

des Ausdrucks ‚sittlich nicht zu rechtfertigen' bzw. ‚sittlich verboten' im Fall des Ausgleichs mit der Selbstsucht.

Was aber könnte es dann noch bedeuten, wenn man wie H. Thielicke jede Handlung in dieser Welt in einem fundamentalen Sinn für sittlich anfechtbar erklärt? Offensichtlich hat er einen eschatologischen Vollendungszustand vor Augen, wie er etwa im 11. Kapitel des Buches Jesaja beschrieben wird.[40] In einer solchen idealen Welt gibt es weder sittliche Bosheit noch nicht-sittliche Übel, weder sind Wertekollisionen möglich, noch bleibt dem Wollen des Handelnden jemals der Erfolg versagt. Auf dem Hintergrund eines solchen Idealbildes kann alles Handeln in unserer gegenwärtigen Welt irgendwie als fragwürdig und unzulänglich erscheinen, so oder so verquickt mit mancherlei Übeln; und da alles, was ‚Übel' heißt, definitionsgemäß nicht sein soll, scheint sich H. Thielicke die Schlußfolgerung aufzudrängen, alle Handlungen in dieser Welt – und damit auch alle Kompromisse – hätten etwas Nicht-Gesolltes an sich und seien deswegen in einem fundamentalen Sinn sittlich nicht zu rechtfertigen.

Wenn H. Thielicke nur sagen wollte, es wäre besser, wenn der Mensch immer so handeln könnte, daß er als Übel zu beurteilende Zustände weder bestehen lassen noch hervorbringen muß, so würde er bloß die Ausdrücke ‚ein Übel bestehen lassen' und ‚ein Übel hervorbringen' analytisch explizieren. Aber anderseits sieht sich der Mensch gerade deswegen vor die Fragen der normativen Ethik gestellt, weil er nur ein begrenztes Können besitzt und immer wieder mit Wertekonkurrenzen konfrontiert wird, und zwar auch mit Wertekonkurrenzen von der Art, daß er dieses oder jenes Gute nur dadurch ins Dasein bringen kann, indem er zugleich nicht-sittliche Unwerte verursacht.

Erklärt H. Thielicke aber den Kompromiß im fundamentalen Sinn für sittlich falsch, so will er sicherlich mehr als das sagen. Wie bereits angedeutet, geht er von den ‚unbedingt' fordernden Geboten Gottes aus, wie sie seiner Meinung nach etwa in der Bergpredigt formuliert sind, und stellt fest, daß diese infolge des begrenzten menschlichen Könnens unerfüllbar seien. Daraus scheint er dann zu schließen, daß dieses begrenzte Können selbst schon so etwas wie ‚Schuld' bedeutet. Jede Berufung auf ein Nicht-Können, wie sie sich etwa in dem Axiom ‚Sollen setzt Können voraus' manifestiert, ist daher für ihn Ausdruck der Selbstherrlichkeit, insofern man etwas für sittlich gerechtfertigt erklärt, was eigentlich sittlich falsch ist. Es bleibt allerdings noch zu fragen, ob die Voraussetzung H. Thielickes richtig ist, daß die Gebote Gottes den Menschen über sein

[40] Vgl. ThE II, 2 A 3134.

Können hinaus fordern. Dieses Problem stellt sich vor allen Dingen im Zusammenhang mit den sogenannten Pflichtenkollisionen, auf die deshalb noch ausführlich eingegangen werden muß.

Nach diesen Überlegungen kann festgehalten werden: Da der Mensch nach der reformatorischen Rechtfertigungslehre Sünder im eigentlichen Sinn ist und es nach der Rechtfertigung in einem gewissen Sinn auch bleibt, folgt, daß all sein Handeln sittlich schlecht ist. Insofern sind auch alle Kompromisse des ‚natürlichen' Menschen sündig. Für die Beantwortung der Frage, wann ein Kompromiß dem Inhalt der sittlichen Forderung gemäß ist und wann nicht, folgt dagegen aus der reformatorischen Rechtfertigungslehre – so wie sie jedenfalls von vielen Theologen vertreten wird – nichts. Wenn H. Thielicke also den Kompromiß als Handlung, losgelöst von der jeweiligen sittlichen Verfaßtheit des Menschen, für in einem fundamentalen Sinn sittlich falsch hält, dann stützt er sich dabei nicht eigentlich auf die reformatorische Rechtfertigungslehre, sondern auf seine These von der Sündigkeit aller Strukturen dieser Welt. Dies kann er aber nur unter der Voraussetzung behaupten, daß er nicht zwischen dem sittlichen Übel der Sünde, das heißt der Selbstsucht, die unbedingt zu meiden ist, und den nicht-sittlichen Übeln, die nur bedingt zu meiden sind, unterscheidet.

Angenommen, H. Thielicke würde seine These von der Sündigkeit der ganzen Schöpfung aufgeben, dann könnte er dennoch seine Behauptung aufrechterhalten, alle Handlungen und damit alle Kompromisse seien in einem fundamentalen Sinn sittlich falsch. Er brauchte sich dazu nur auf seine weitere Annahme zu stützen, jede Handlung entspräche insofern nicht dem eigentlichen Willen Gottes, als alle Gebote von einem paradiesischen Zustand her formuliert seien und daher den Menschen über sein Können hinaus in Anspruch nähmen. Dies hätte zur Folge, daß der Handelnde mit jeder Handlung das eigentlich Gesollte nicht erfüllen und somit aufgrund seines physischen Nicht-Könnens sittlich schuldig würde.

Genau genommen führt H. Thielicke zur Stützung seiner These von der fundamentalen sittlichen Falschheit des Kompromisses also zwei Argumente an, nämlich einmal die totale Verderbtheit dieser Welt, die er als Sündigkeit interpretiert, und zum andern die inhaltliche Bestimmung der unbedingt fordernden göttlichen Gebote von einem Idealzustand der Welt her und damit unabhängig vom Können des Menschen.

Wieso ist es aber möglich, daß H. Thielicke das physische Unvermögen des Menschen als ein Nicht-Können auffaßt, aufgrund dessen man schuldig wird? Vermutlich kommt er zu dieser Annahme, weil er vom Sünder und dessen Nicht-Können ausgeht: Der zur Selbstsucht Entschiedene ist kraft seiner Entschiedenheit unfähig zum sittlich Guten; aus sich heraus kann er nicht anders als durch all sein Handeln seine Bosheit bekunden. Sein Nicht-Können ist zu verantwortendes, schuldhaftes Unvermögen. H. Thielicke scheint nun das physische Nicht-Können in gleicher Weise als zu verantwortendes schuldhaftes Unvermögen aufzufassen. Diese Parallelisierung liegt nahe, wenn man von der reformatorischen Auffassung ausgeht, daß der ‚natürliche' Mensch sich in der Entschiedenheit zum Bösen, ohne daß er sich frei dazu entschieden hätte, einfachhin vorfindet. Seine Unfähigkeit zum Guten scheint, da sie nicht seiner freien Entscheidung entspringt, der Notwendigkeit des physischen Nicht-Könnens sehr ähnlich zu sein.

5. Kapitel
Die Behauptung der fundamentalen sittlichen Falschheit von Kompromissen und die Ablehnung des Axioms ‚Sollen setzt Können voraus'

Wie im vorangehenden Kapitel gezeigt, begründet H. Thielicke seine These von der fundamentalen sittlichen Falschheit des Kompromisses mit dem Hinweis auf die totale Verderbtheit dieser Welt. In seiner Begründung lassen sich zwei Aspekte voneinander unterscheiden: Einmal scheint er alle in dieser Welt anzutreffenden Übel so zu verstehen, daß jedes Eingehen auf sie als sittlich anfechtbar erscheint, zum andern ist er der Ansicht, um der Heiligkeit Gottes willen dürfe man den Inhalt seiner Gebote nicht mit Rücksicht auf die Gegebenheiten der Welt ‚post lapsum' bestimmen. Man könne das, was Gott ‚eigentlich' wolle, nur erkennen, wenn man von einem Idealzustand der Welt ausgehe, in der dem sittlich guten Wollen des Menschen niemals der Erfolg versagt bleibe und in der es auch sonst keinerlei Übel gebe. Ob man aber mit Recht behaupten kann, der Inhalt der sittlichen Pflicht sei unabhängig vom Können des Menschen her zu bestimmen, gilt es im folgenden zu prüfen.

I. Die Bestimmung des Inhalts der sittlichen Forderung von einem Idealzustand der Welt her als Grund für die Behauptung der fundamentalen sittlichen Falschheit aller Kompromisse

Nach vorwiegendem Verständnis besagt das Axiom ‚Sollen setzt Können voraus', wenn es auf die sittliche Grundforderung angewendet wird, nur derjenige könne von ihr betroffen werden, der in der Lage sei, sich für oder gegen sie *frei* zu *entscheiden.* ‚Können' bedeutet dann ‚sich frei entscheiden können' oder ‚Entscheidungsfreiheit (liberum arbitrium) besitzen'. Wie sich gezeigt hat, lehnen viele reformatorische Theologen, unter ihnen H. Thielicke, das genannte Axiom ab, wenn es in diesem Sinn auf die sittliche Grundforderung bezogen wird. Indem sie dem Menschen als einem Geschöpf die Entscheidungsfreiheit absprechen, können sie die sittliche Grundforderung auch nicht als die Pflicht des Menschen auffassen, sich so und nicht anders frei zu entscheiden. Diese Forderung muß nach ihnen etwa so formuliert werden: Du sollst in selbstloser Weise das Wohl des Nächsten *wollen*, darauf aus- und bedachtsein. Inhalt der Forderung muß für sie also einfach das Wollen, nicht aber das freie Wollen (aus freier Entscheidung entspringende Wollen) des Menschen sein.

Das Axiom ‚Sollen setzt Können voraus' wird aber durchweg auch auf die einzelnen Handlungsnormen angewendet. Es besagt dann, eine bestimmte Handlung könne für ein sittliches Subjekt nur dann zum Inhalt einer Pflicht werden, wenn die Ausführung dieser Handlung in der (physischen) Macht des Angesprochenen liege. In diesem Sinn würde man beispielsweise sagen, es könne für jemanden nicht Pflicht sein, einen Toten wieder ins Leben zurückrufen, es sei denn, er habe die Macht, solche Wundertaten zu vollbringen. Im folgenden geht es offensichtlich nur noch um die Gültigkeit des Axioms in diesem zweiten Sinn.

Wenn man wie H. Thielicke die Gültigkeit des Axioms in bezug auf die sittliche Grundforderung bestreitet, liegt es nahe – eine logische Notwendigkeit besteht allerdings nicht –, dem Axiom ebenfalls seine Gültigkeit in bezug auf die inhaltlichen Einzelforderungen abzusprechen. Eine solche Annahme scheint auch durch einige der in den Antithesen der Bergpredigt erhobenen ethischen Forderungen gestützt zu werden. Übersteigt es nicht die Fähigkeiten eines Menschen, wenn von ihm gefordert wird, er solle niemals zürnen oder begehren? Soll unter allen Umständen sein Ja ein Ja und sein Nein ein Nein sein? Zerbricht nicht jede Rechtsordnung, wenn schlechthin darauf verzichtet wird, dem Bösen Widerstand zu leisten? Diese Antithesen scheinen tatsächlich den Eindruck zu erwecken, als sei etwas sittlich gefordert, dessen Erfüllung entweder überhaupt unmöglich oder wegen der zu erwartenden verheerenden Folgen unverantwortlich wäre. Die Bergpredigt wäre dann also der beste Beleg dafür, daß der sittlich fordernde Wille Gottes keine Rücksicht auf die menschlichen Möglichkeiten nimmt, so daß die Berufung auf das Axiom ‚Sollen setzt Können voraus', wenn auch nicht Selbstherrlichkeit, so doch in irgendeiner Weise sittlich anfechtbar ist.[1]

[1] Mit einem solchen Verständnis der Bergpredigt steht H. Thielicke keineswegs allein. So schreibt z. B. W. *Grundmann*, Das Evangelium nach Matthäus, Berlin 1968, 189: „Die Forderungen der Bergpredigt sind Ausdruck des Willens Gottes ohne Rücksicht auf irdische Verhältnisse und Möglichkeiten. Sie rechnen selbst mit ihrer Nichterfüllung, denn der grundsätzlichen Verkündigung des Willens Gottes durch Jesus sind beispielhafte Weisungen beigegeben, die verdeutlichen, was geschehen soll, wenn zerbrochene Gemeinschaft und Schuld zwischen den Menschen steht. Der Bergprediger enthüllt den reinen Willen Gottes, vor dem der Mensch schuldig ist, und er zeigt zugleich den Weg hin zur Erfüllung dieses Willens Gottes; dieser Weg heißt Vergebung und Versöhnung, ist also durch das Handeln Gottes mit dem ihm gegenüber verschuldeten

Wenn tatsächlich die Gebote Gottes, wie H. Thielicke annimmt, unabhängig vom Können des Menschen kategorisch gebieten, dann hat er mit seiner Forderung Recht, man müsse als Christ das Kantsche Axiom ‚Du kannst, denn du sollst!' umwandeln in den Satz ‚Ich soll, aber ich kann nicht!'. Dieses Bekenntnis müsse vom Christen in jeder Situation gesprochen werden; denn da ausnahmslos jedes Gebot Gottes unabhängig vom Können des Menschen gelte, bleibe der Mensch in jeder Situation hinter dem sittlich Geforderten zurück und werde daher sittlich schuldig.
Die Frage, ob der Mensch, obwohl ihm eine bestimmte Handlung unmöglich ist, dennoch kategorisch verpflichtet sein könne, sie auszuführen, und er somit notwendig sittlich schuldig werden könne, wird von den Ethikern gewöhnlich im Zusammenhang mit dem Problem der sogenannten Pflichtenkollision behandelt. Auch wenn kaum ein Ethiker behauptet, wie H. Thielicke es tut, jedes göttliche Gebot fordere über das dem Menschen Mögliche hinaus, so stellt sich ihnen doch dasselbe Problem angesichts der möglichen Kollision jener Pflichten, die sie als Handlungen von bestimmter Art für ausnahmslos gültig halten. Der Widerstandskämpfer z. B. *kann nicht* zugleich die Wahrheit sagen und seine Gesinnungsgenossen schützen. Die Antworten, die auf diese spezifische Frage nach der Kollision bestimmter Pflichten gegeben werden, müssen prinzipiell auch für das von H. Thielicke aufgeworfene Problem der Abhängigkeit oder Unabhängigkeit der sittlichen Forderung vom Können des Menschen und damit für die grundsätzliche Beurteilung des Kompromisses gelten. Daher ist es unerläßlich, ausführlich auf das Problem der Pflichtenkollision einzugehen.

1. *Die Behauptung des Axioms ‚Sollen setzt Können voraus' und die Ablehnung der Möglichkeit von Pflichtenkollisionen im eigentlichen Sinn*

Das Problem einer möglichen Kollision von sittlichen Pflichten ist nicht neu. Philosophen und Theologen haben es seit langem erörtert und zu beantworten versucht. Allerdings scheint eine allgemeine Übereinstimmung

Menschen selbst bestimmt." Ähnlich sagt auch *R. Schnackenburg*, Die sittliche Botschaft des Neuen Testaments, München 21962, 57: „Weil die eschatologische Stunde des Heils geschlagen hat, darum greift Jesus unbekümmert um die Verhältnisse und Schwierigkeiten dieser Welt, ohne Rücksicht auf die menschliche Schwachheit und ‚Herzenshärte' auf den ursprünglichen Willen Gottes zurück und stellt die Gottesforderungen hin, ‚völlig gelöst von jedem Kompromiß des praktischen Lebens – stellt sie hin in ihrer vollen Ungebrochenheit als Gottesforderung' [Kittel]."

unter ihnen noch nicht erreicht zu sein. Sowohl bei den Philosophen als auch bei den Theologen gibt es einige, die eine Pflichtenkollision für möglich und tatsächlich vorkommend halten; andere dagegen – und diese sind wohl in der Überzahl – lehnen sie grundsätzlich ab. Da H. Thielicke sich immer wieder ausdrücklich gegen die Ethik I. Kants und gegen die traditionelle katholische Moraltheologie wendet, liegt es nahe, vornehmlich deren Stellungnahme zur Pflichtenkollision genauer zu untersuchen. Ebenso wichtig erscheint es aber, auch die Überlegungen jener protestantischen Theologen kennenzulernen, die ebenfalls die Möglichkeit von Pflichtenkollisionen ablehnen. Dies ist um so wichtiger, als H. Thielicke seine Ethik für spezifisch christlich bzw. reformatorisch hält.

a. I. Kant und I. H. von Fichte

In der ‚Metaphysik der Sitten' kommt *I. Kant* eher beiläufig auf den „Widerstreit der Pflichten" zu sprechen, nämlich in dem einleitenden Kapitel „Vorbegriffe zur Metaphysik der Sitten", das ihm dazu dient, wichtige Begriffe zu klären. Unter ‚Pflicht' will I. Kant diejenige Handlung verstanden wissen, „zu welcher jemand verbunden ist. Sie ist also die Materie der Verbindlichkeit, und es kann einerlei Pflicht (der Handlung nach) sein, ob wir zwar auf verschiedene Art dazu verbunden werden können".[2] Diese Definition ist eindeutig. ‚Pflicht' heißt eine Handlungsweise, sofern sie kategorisch geboten ist, wobei unberücksichtigt bleiben kann, aus welchem Grund sie geboten ist. Es ist sogar möglich, daß ein und dieselbe Verhaltensweise aus verschiedenen Gründen Pflicht sein kann, wie z. B. aufgrund eines gegebenen Versprechens oder eines eingegangenen Vertrages oder aber auch aufgrund der Liebe, die man anderen schuldet. Das alles sind geläufige Gedanken. Was könnte man danach noch unter einer ‚Pflichtenkollision' verstehen?

I. Kant schreibt: „Ein Widerstreit der Pflichten (collisio officiorum, s. obligationum) würde das Verhältnis derselben sein, durch welches eine derselben die andere (ganz oder zum Teil) aufhöbe."[3] Er versteht unter ‚Pflichtenkollision' demnach ein Aufeinandertreffen von kategorischen Pflichten, durch das bewirkt wird, daß der Pflichtcharakter wenigstens

[2] *I. Kant,* Die Metaphysik der Sitten, in: *I. Kant,* Werke, Bd. IV, hrsg. von W. Weischedel, Wiesbaden 1956, 328; ähnliche Formulierungen finden sich auch an anderer Stelle, vgl. z. B.: *ders.,* Grundlegung zur Metaphysik der Sitten, ebd. 56: „Pflicht soll praktisch-unbedingte Notwendigkeit der Handlung sein", oder ebd. 74: „Die objektive Notwendigkeit einer Handlung aus Verbindlichkeit heißt Pflicht", oder ebd. 26: „Pflicht ist die Notwendigkeit einer Handlung aus Achtung fürs Gesetz."

[3] *I. Kant,* Die Metaphysik der Sitten, a. a. O. 330.

einer der kollidierenden sittlichen Forderungen ganz oder teilweise zum Verschwinden gebracht würde. Angenommen, im Fall des Widerstandskämpfers sei es zugleich kategorisch geboten, die Wahrheit zu sagen und die Freunde zu schützen, dann würde in dieser Pflichtenkollision nach der Definition I. Kants eine der beiden kategorischen Pflichten ihren Pflichtcharakter einbüßen müssen. Mit dieser Definition würde sich H. Thielicke sicherlich nicht einverstanden erklären können; denn für ihn wird in einer Pflichtenkollision das kategorische Sollen der nachgestellten Pflicht keineswegs aufgehoben, sondern behält diesen Charakter; nur weil dieser erhalten bleibt, wird der Mensch in fundamentaler Weise sittlich schuldig. Bereits aus der Definition der ‚Pflichtenkollision' durch I. Kant, nämlich aus seiner Verwendung des Konjunktivs zur Kennzeichnung der Irrealität des definierten Sachverhalts, geht hervor, daß dieser meint, die Gültigkeit des Axioms ‚Ad impossibile nemo tenetur' stillschweigend voraussetzen zu müssen.[4] Denn nur unter Voraussetzung der Gültigkeit dieses Axioms wird es undenkbar, daß kategorisch gebietende Pflichten miteinander kollidieren.

Die Denkmöglichkeit einer Pflichtenkollision muß aber deshalb ausgeschlossen sein, weil man sonst das Widerspruchsprinzip aufgeben würde. „Da aber Pflicht und Verbindlichkeit überhaupt Begriffe sind, welche die objektive praktische Notwendigkeit gewisser Handlungen ausdrücken und zwei einander entgegengesetzte Regeln nicht zugleich notwendig sein können, sondern, wenn nach einer derselben zu handeln es Pflicht ist, so ist nach der entgegengesetzten zu handeln nicht allein keine Pflicht, sondern sogar pflichtwidrig: So ist eine Kollision von Pflichten und Verbindlichkeiten gar nicht denkbar (obligationes non colliduntur)."[5] Das heißt, wenn man unter ‚Pflicht' eine sittlich gebotene Handlungsweise versteht, dann kann man nicht mehr widerspruchsfrei von ‚kollidierenden Pflichten' sprechen, da dieser Ausdruck dann nichts anderes bedeutete als ‚Pflich-

4 Auch ausdrücklich kommt *I. Kant* auf dieses Axiom zu sprechen; doch hat er sicherlich mehr das Können der Entscheidungsfreiheit als das der Vorzugswahl im Blick, obwohl er leider nicht ausdrücklich in dieser Weise unterscheidet. In seiner ‚Kritik der praktischen Vernunft', a. a. O. 140, sagt er von einem Menschen, der unter Androhung der Todesstrafe dazu angehalten wird, einen anderen zu verleumden: „Ob er es tun würde, oder nicht, wird er vielleicht sich nicht getrauen zu versichern; daß es ihm aber möglich sei, muß er ohne Bedenken einräumen. Er urteilet also, daß er etwas kann, darum, weil er sich bewußt ist, daß er es soll, und erkennt in sich die Freiheit, die ihm sonst ohne das moralische Gesetz unbekannt geblieben wäre." Vgl. ebd. 220f.: „Wie kann derjenige, in demselben Zeitpunkte, in Absicht auf dieselbe Handlung, ganz frei heißen, in welchem, und in derselben Absicht, der doch unter einer unvermeidlichen Naturnotwendigkeit steht?"

5 *I. Kant,* Die Metaphysik der Sitten, a. a. O. 330.

ten, die zugleich geboten und verboten sind'; denn die Erfüllung der einen Pflicht wäre jeweils durch die andere verboten. Deshalb ergibt sich analytisch aus der einmal angenommenen Bedeutung des Wortes ‚Pflicht', daß die Rede von einer ‚Pflichtenkollision' in sich widersprüchlich ist.

Mit dieser Begriffsanalyse schließt I. Kant seine Ausführungen zur Pflichtenkollision aber nicht ab. Im folgenden nennt er den Grund dafür, weshalb man versucht sein könnte, den Ausdruck ‚Pflichtenkollision' zu gebrauchen: „Es können aber gar wohl zwei Gründe der Verbindlichkeit (rationes obligandi), deren einer aber, oder der andere, zur Verpflichtung nicht zureichend ist (rationes obligandi non obligantes), in einem Subjekt und der Regel, die es sich vorschreibt, verbunden sein, da dann der eine nicht Pflicht ist."[6] Ein solcher Fall läge z. B. dann vor, wenn jemand, der Schulden hat, einen Armen trifft. Zwar ist die Bedürftigkeit eines anderen ein Grund dafür, daß eine bestimmte finanzielle Hilfe zur Pflicht werden kann, aber dieser Grund der Verbindlichkeit ist dann für die Bestimmung der Pflicht nicht zureichend, wenn man nach dieser Hilfeleistung z. B. nicht mehr in der Lage wäre, seine eigenen Schulden zu bezahlen. Solche Verbindlichkeitsgründe können also sehr wohl miteinander kollidieren. Es wäre dann jeweils zu klären, welcher Verbindlichkeitsgrund der gewichtigere ist. In einem solchen Fall, so erklärt I. Kant, sage „die praktische Philosophie nicht: daß die stärkere Verbindlichkeit die Oberhand behalte (fortior obligatio vincit), sondern der stärkere Verpflichtungsgrund behält den Platz (fortior obligandi ratio vincit)".[7]

Nach diesen Unterscheidungen wäre es ein Leichtes, dem Ausdruck ‚Pflichtenkollision' eine widerspruchsfreie Bedeutung zu geben. Man brauchte sich nur dazu zu entschließen, das Wort ‚Pflicht' im Sinne von ‚Verpflichtungsgrund' oder, wie I. Kant auch sagt, von ‚Verbindlichkeitsgrund' zu verwenden. So spricht man in der Tat häufig von einer Pflicht, zu seinem Wort zu stehen, obwohl man damit oft nicht ausschließen will, es könne Gründe geben, die es einem zur Pflicht machen, ein gegebenes Wort nicht einzulösen. Bei diesem Sprachgebrauch ist es keineswegs analytisch falsch, von einer ‚Pflichtenkollision' zu sprechen. Ob man jedoch den angegebenen zweiten Gebrauch des Wortes ‚Pflicht' gelten läßt oder nicht, so hat das doch keinen Einfluß auf die von I. Kant vertretene Ansicht, es könne bei konkurrierenden Handlungsalternativen immer nur eine einzige diejenige sein, „zu welcher jemand verbunden",[8] das heißt die unbedingt geboten ist.

Um zwischen der Pflichtenkollision im eigentlichen und im uneigentlichen

6 Ebd.

7 Ebd.

8 Ebd. 328.

Sinn klar unterscheiden zu können, empfiehlt es sich, im ersten Fall von widerstreitenden kategorischen, im zweiten Fall dagegen von kollidierenden hypothetischen Pflichten zu sprechen. Unter einer ‚hypothetischen Pflicht' hätte man dann eine Handlungsweise zu verstehen, die nicht unbedingt, sondern nur in der Regel der Fälle sittlich gefordert ist, also in Ausnahmefällen einer vorrangigen anderen Pflicht nachgestellt werden solle. W. D. Ross spricht in diesem Fall von „prima facie" oder „bedingten" Pflichten,[9] wobei auch ihm wünschenswert erscheint, wenn man für den Sachverhalt der ‚bedingten Pflicht' ein eigenes Wort zur Verfügung hätte, so daß dadurch Mißverständnisse weitestgehend ausgeschlossen werden könnten.[10]

Wenn man also in dieser Weise zwei verschiedene Bedeutungen von ‚Pflichtenkollision' unterscheidet, dann würde I. Kant eine Kollision von hypothetischen Pflichten durchaus für möglich halten, während er eine solche von kategorischen Pflichten für undenkbar hält. Sie ist für ihn deshalb undenkbar, weil die Rede vom ‚Widerstreit kategorischer Pflichten' in sich widersprüchlich ist. Man müßte aber das Vorkommen von Pflichtenkollisionen im eigentlichen Sinn für möglich halten und damit für bestimmte Fälle die Gültigkeit des Widerspruchsprinzips leugnen, wenn man nicht von dem Axiom ‚Sollen setzt Können voraus' ausgeht. In diesem Fall wäre nämlich von ein und derselben Handlung zu sagen, sie sei zugleich sittlich geboten und verboten, das heißt sie sei unbedingt zu tun und zugleich unbedingt zu unterlassen. Diesem Urteil I. Kants würde sich auch I. H. von Fichte anschließen. Es empfiehlt sich aber, auf seine Ausführungen näher einzugehen, weil er die Pflichtenkollision im zweiten Sinn noch eigens bedenkt und so den Ansatz I. Kants von der Möglichkeit der Kollision von unterschiedlichen Verpflichtungsgründen weiterführt.

9 Vgl. *W. D. Ross,* The Right and the Good, Oxford [7]1965, 19f.: „I suggest ‚prima facie duty' or ‚conditional duty' as a brief way of referring to the characteristic (quite distinct from that of being a duty proper) which an act has, in virtue of being of a certain kind (e. g. the keeping of a promise) of being an act which would be a duty proper if it were not at the same time of another kind which is morally significant. Whether an act is a duty proper or actual duty depends on all the morally significant kinds it is an instance of."

10 Vgl. ebd. 20: „The phrase ‚prima facie duty' must be apologized for, since (1) it suggests that what we are speaking of is a certain kind of duty, whereas it is in fact not a duty, but something related in a special way to duty. Strictly speaking, we want not a phrase in which duty is qualified by an adjective, but a separate noun. (2) ‚Prima' facie suggests that one is speaking only of an appearance which a moral situation presents at first sight, and which may turn out to be illusory; whereas what I am speaking of is an objective fact involved in the nature of the situation, or more strictly, in an element of its nature, though not, as duty proper does, arising from its whole nature."

Ausführlicher als I. Kant behandelt *I. H. von Fichte* im ‚System der Ethik' die ‚Collision der Pflichten'.[11] Seiner Meinung nach sind I. Kants Ausführungen insofern mißverständlich, als dieser einmal einen „allgemeinen rein formalen Pflichtbegriff"[12] habe, der jegliche Pflichtenkollision unmöglich mache, weil sie in sich widersprüchlich sei; zum andern kenne I. Kant aber auch „eigentliche Pflichtcollisionen",[13] wie aus dessen Tugendlehre bei der Behandlung der einzelnen „casuistischen Fragen" hervorgehe. I. H. von Fichte meint also, daß I. Kant das Wort ‚Pflicht' auch im Sinne von Verpflichtungsgrund verwende, macht aber darauf aufmerksam, daß dieser dem Problem, wie solche Pflichtenkollisionen, in denen „stärkere oder schwächere Entscheidungsgründe einzelner Pflichten einander widerstreiten", gelöst werden können, nur „accidentelle Bedeutung" beimesse.[14]
I. H. von Fichte will die rein formale Bestimmung der Pflicht, wie I. Kant sie vornimmt, durch eine inhaltliche ergänzen; denn der Mensch habe „in jedem Augenblick nach den Rechts-, Berufs- und Liebespflichten zugleich zu entscheiden".[15] Da „Ein und dasselbe Subject den verschiedenen Sphären des Pflichtbegriffs zugleich angehöre, (müsse) ... somit im einzelnen Subject der verschiedene Inhalt des gemeinsam Geforderten nothwendig collidieren."[16] Deshalb meint I. H. von Fichte, man müsse anders als I. Kant betonen, „daß jede pflichtmäßige Handlung zugleich in der gelungenen Lösung einer Pflichtcollision bestehe".[17] Er interpretiert demnach jegliche Handlungsalternative als ‚Pflichtenkollision', die zuerst gelöst werden müsse, damit überhaupt gehandelt werden könne. Deshalb erklärt er: „Jeder einzelnen Pflicht liegt die Möglichkeit einer Collision von Pflichten zu Grunde: dennoch stehen die verschiedenen Pflichtgebiete an sich in keinerlei Collision."[18]
Dieser Widerstreit von ‚bedingten' oder ‚prima facie' Pflichten, wie hier gesagt werden soll, müsse jeweils „nach besonnener Erwägung der Gründe und Gegengründe, nicht nach jenem dunkeln, halb fatalistischen Ge-

11 *I. H. von Fichte,* System der Ethik, Bd. II, Aalen 1969 (Neudruck der Auflage: Leipzig 1851), 289–310.
12 Ebd. 290.
13 I. H. von Fichte versteht unter den ‚eigentlichen Pflichtenkollisionen' also jene im zweiten Sinn, die hier als ‚Pflichtenkollisionen im uneigentlichen Sinn' bezeichnet werden.
14 Ebd.
15 Ebd. 291.
16 Ebd. 290.
17 Ebd. 291.
18 Ebd.

fühle, es wenigstens ‚gut gemeint zu haben'"[19] gelöst werden. Dieses Abwägen der Gründe und Gegengründe ist für ihn eine Kunst, die lange nicht jeder in gleichem Maße beherrsche, so daß aufgrund dieser unterschiedlichen „künstlerischen Fähigkeit und Übung"[20] jeder Mensch in einer vergleichbaren Situation die „wirkliche Pflichtcollision"[21] faktisch anders löst. Der moralisch Handelnde müsse aus der Fülle der Handlungsmöglichkeiten eine „stäte Wahl"[22] treffen. Bei der Lösung einer Pflichtenkollision handelt es sich nach I. H. von Fichte also nicht um eine Entscheidung wie zwischen gut und böse, sondern um eine Vorzugswahl, um die Frage, welche der kollidierenden prima facie Pflichten vorgezogen werden soll.

Worin die richtige Vorzugswahl bestehe, lasse sich in vielen Fällen allerdings nicht mit Sicherheit bestimmen. Er hält es nämlich für „eine falsche Voraussetzung der Schule, daß für jede eigentliche Pflichtcollision nur eine einzige Entscheidung die richtige sei", da jeder „nur der eigenen sittlichen Kraft und Reife gemäß jede Collision lösen" könne. Deshalb fordert er, „jeder solle jede Pflichtcollision anders lösen",[23] allerdings auf der allen gemeinsamen Grundlage einer „nur sittlichen Motivation". Wenn aber die Lösung von Pflichtenkollisionen in den Bereich der „Lebenskunst" falle, dann werde auch deutlich, daß der Handelnde selbst nie „absolute Gewißheit" darüber erlangen könne, ob er die „vollkommenste Lösung" erreicht habe.[24]

Mit diesen Aussagen spielt I. H. von Fichte offensichtlich auf das Phänomen der ‚grauen Zone' an. Darunter versteht man den Sachverhalt, daß der Handelnde in manchen Fällen aufgrund der Komplexität der zu berücksichtigenden Faktoren nicht klar zu erkennen vermag, welcher von mehreren konkurrierenden Ansprüchen den Vorrang verdient.

Wegen dieser mangelnden Klarheit bei der Bestimmung der „vollkommensten Lösung" komme es unvermeidlich immer wieder zu Irrtümern. Auch bleibe der erhoffte Erfolg aufgrund von nicht vorhersehbaren Ereignissen dem Handelnden häufig versagt. Hat er nun nach I. H. von Fichte solche Irrtümer und Mißerfolge im eigentlichen Sinn zu bereuen? „Sittliche Reue" ist seiner Meinung nach nur dann angemessen, wenn die richtige Konfliktlösung aufgrund mangelnder Motivation oder egoistischer Gesinnung verfehlt worden sei. Dagegen bleibe „der bewußt sittli-

[19] Ebd. 293.
[20] Ebd. 295.
[21] Ebd.
[22] Ebd. 294.
[23] Ebd. 295.
[24] Ebd. 296.

che, nur nach pflichtmäßigen Motivationen sich entscheidende Charakter ... auch nach dem Mislingen oder nach unerwarteten Folgen, der sittlichen Reue völlig unzugänglich." Und zur Betonung der Unangemessenheit der sittlichen Reue in einem solchen Fall fährt er fort: „Jedes schwächliche Gefühl innerer Unsicherheit ist überhaupt ihm fern. Was wäre auch für ihn zu bereuen? Er hat, wenn auch ohne äußern Erfolg, dennoch das Bewußtsein, das für ihn Mögliche und einzig Nothwendige gethan, also, soweit der Erfolg von ihm abhing, das Rechte wirklich geleistet zu haben. So kann der Sittliche, mit vollkommener Ruhe und unerschütterlicher Freudigkeit, sich deutlich bewußt sein, warum er nur mit Untergeordnetem, ja mit dem mindest Schlimmen sich begnügen müsse, während dennoch das Vollkommne klar vor seiner Einsicht steht."[25]

Aus dieser Stellungnahme I. H. von Fichtes geht eindeutig hervor, daß er meint, nur dann könne man von sittlicher Verantwortlichkeit und Schuld sprechen, wenn sowohl die Wahl des Richtigen als auch das Eintreten des Handlungserfolgs in der Macht des Handelnden gelegen habe. Auch er setzt also wie I. Kant die Gültigkeit des Axioms ‚Ad impossibile nemo tenetur' voraus. Während dieser das genannte Axiom vertritt, um die Denkmöglichkeit einer in sich widersprüchlichen Pflichtenkollision auszuschließen, schließt jener für die Pflichtenkollision im uneigentlichen Sinn daraus, daß jemand, der aus guter Gesinnung das Richtige anstrebe, es aber aus Gründen, die nicht in seiner Macht lägen, verfehle, nicht sittlich schuldig werde und daher sein Tun auch nicht zu bereuen habe.

b. Die traditionelle katholische Moraltheologie

Die traditionelle katholische Moraltheologie[26] behandelt gewöhnlich das Problem der Pflichtenkollision einmal im Kapitel über ‚Die subjektive Norm der Moralität' unter dem Stichwort ‚Perplexes oder verwirrtes Gewissen (conscientia perplexa)',[27] zum andern im Kapitel über ‚Die subjektiv-objektive Norm der Moralität' unter dem Stichwort ‚Pflichtenkollision'.[28] Äußerst aufschlußreich ist in vielen Fällen bereits die von ka-

[25] Ebd. 297.

[26] Die Darstellung stützt sich im wesentlichen auf folgende Vertreter: *F. A. Göpfert*, Moraltheologie, Bd. I, Paderborn ³1901; *A. Koch*, Lehrbuch der Moraltheologie, Freiburg ²1907; *O. Schilling*, Lehrbuch der Moraltheologie, Bd. I, München 1928.

[27] So außer den genannten etwa: *A. Lehmkuhl*, Theologia Moralis, Bd. I, Friburgi ¹²1914, 79.

[28] Unter diesem Aspekt behandeln das Problem u. a.: *B. Fuchs*, System der christlichen Sittenlehre oder Katholische Moraltheologie, Augsburg 1851, 72ff.; *J. Pruner*, Lehrbuch der katholischen Moraltheologie, Freiburg 1875, 81ff.; *F. X. Linsenmann*, Lehrbuch der Moraltheologie, Freiburg 1878, 105ff.; *J. Mausbach*

tholischen Theologen gebotene Definition des Wortes ‚Pflichtenkollision'. So schreibt z. B. O. Schilling: „Unter Pflichtenkollision versteht man das Zusammentreffen scheinbar gleichzeitig zu erfüllender, aber nicht erfüllbarer Pflichten".[29] Allein aus dieser Definition geht schon hervor, daß es nach Ansicht O. Schillings keine Pflichtenkollision im eigentlichen Sinn geben kann, sondern daß eine solche nur dem Scheine nach existiert, insofern der Handelnde unsicher darüber ist, welche der konkurrierenden Forderungen er zu erfüllen habe. O. Schilling gebraucht also das Wort ‚Pflicht' ähnlich wie I. Kant in einem solchen Sinn, daß die Rede von einer ‚Pflichtenkollision' in sich widersprüchlich wird.

Demgegenüber erinnert die von A. Koch angeführte Definition an I. H. von Fichtes Wortgebrauch: „Unter Kollision von Pflichten versteht man das Zusammentreffen von zwei oder mehreren Pflichten, die gleichzeitig erfüllt werden sollten, aber nicht können."[30] Liest man die Definition nur soweit, so scheint sie genau dem Wortgebrauch H. Thielickes zu entsprechen. Der Handelnde steht vor Pflichten, die er gleichzeitig erfüllen soll, aber nicht kann; er scheint sich also in einer ausweglosen Situation zu befinden. Allerdings stört bei dieser Interpretation der Gebrauch des Konjunktivs ‚sollte', durch den bereits angedeutet wird, daß es sich hier nicht um ein unbedingtes, sondern nur um ein bedingtes Sollen handelt. Deshalb fügt A. Koch noch erläuternd hinzu: „und betreffs derer [der kollidierenden Pflichten] man darüber unsicher ist, welche von beiden der andern vorzugehen habe oder ohne Sünde nachgesetzt werden könne".[31] Dies heißt aber nichts anderes, als daß der Handelnde nicht zu beurteilen weiß, welche der bedingten oder prima facie Pflichten in der gegebenen Situation seine unbedingte oder aktuelle Pflicht ist. A. Koch versteht unter ‚Pflicht' demnach eine Handlung, die in der Regel getan werden soll, die aber in Ausnahmefällen mit anderen Pflichten kollidieren und ihnen nachgesetzt werden kann. Dies hat auf seiten des Handelnden zur Folge, daß er in manchen Situationen nicht herauszufinden vermag, welche der kollidierenden Ansprüche er erfüllen soll.

Ein solches Phänomen bezeichnet die traditionelle katholische Moraltheo-

– *G. Ermecke*, Katholische Moraltheologie, Bd. I, Münster 91959, 142; *H. Noldin*, Summa Theologiae Moralis, Bd. I, Oeniponte 1962, 196ff.

29 O. *Schilling*, a. a. O. 185; *J. Mausbach – G. Ermecke*, a. a. O. 142, schreiben im gleichen Sinn: „Dem Anschein nach können zwei entgegengesetzte Pflichten in einem Augenblick zusammentreffen (Pflichtenkollision)."

30 *A. Koch*, a. a. O. 95; ähnlich formuliert *J. Pruner*, a. a. O. 81: „Es kann der Fall eintreten, daß ein und dieselbe Person zu gleicher Zeit durch verschiedene Obliegenheiten gebunden ist, aber nur einer oder der anderen derselben genügen kann."

31 *A. Koch*, a. a. O. 95.

logie als ‚perplexes Gewissen'. „Beim perplexen oder verworrenen Gewissen stellt das Urteil sowohl die Vollziehung als die Unterlassung der Handlung als Sünde hin."[32] Als Beispiel führt man etwa eine Situation an, in der jemand sich verpflichtet weiß, einen Kranken zu pflegen, und gleichzeitig glaubt, am sonntäglichen Gottesdienst teilnehmen zu sollen;[33] oder eine solche, in der jemand zu „sündigen" glaubt, „wenn er nicht zugunsten eines Notleidenden einen Betrug verübt", zugleich sich aber bewußt ist, „daß er sündigt, wenn er den Betrug vollführt".[34] Der Handelnde sieht sich also in eine Situation verstrickt, von der er annimmt, notwendig schuldig werden zu müssen. Die traditionelle katholische Moraltheorie sieht darin lediglich eine Verwirrung des Gewissens; sie sagt aber nicht, der Handelnde könne nicht anders als sündigen. Deshalb nennt sie in diesem Zusammenhang gewöhnlich drei Regeln, wie man sich in einer solchen Situation verhalten solle: 1. Wenn es möglich sei, solle man die Ausführung der Handlung verschieben und sich zuerst Klarheit darüber verschaffen, was zu wählen richtig sei. 2. Lasse sich die Handlung jedoch nicht aufschieben, so solle man die kollidierenden Pflichten gegeneinander abwägen und gegebenenfalls das ‚geringere Übel' wählen. 3. Könne der Handelnde jedoch nicht herausfinden, welches das geringere Übel sei, so sei es gleichgültig, wie er sich entscheide. Aber damit nicht genug. Die meisten Theologen fügen ausdrücklich hinzu, daß man in diesem Fall nicht sündige, und zwar deshalb nicht, „weil es eine Notwendigkeit zu sündigen nicht geben kann".[35] Es fehle nämlich in einem solchen Fall „die zur Versündigung erforderliche Freiheit".[36] Konsequent erklärt A. Koch: „Wer gewissenhaft nachdenkt, sich am Verhalten rechtschaffener Leute in ähnlichen Fällen orientiert, einen Gewissensfreund zu Rate zieht, durch Gebet um Erleuchtung von oben fleht und auf Gott vertraut, der sündigt nicht, sollte er auch materiell das Richtige nicht treffen."[37]

[32] O. *Schilling*, a. a. O. 163; vgl. *F. A. Göpfert*, a. a. O. 147, *A. Lehmkuhl*, a. a. O. 79.

[33] *F. A. Göpfert*, a. a. O. 147.

[34] O. *Schilling*, a. a. O. 163.

[35] *F. A. Göpfert*, a. a. O. 147.

[36] O. *Schilling*, a. a. O. 164.

[37] *A. Koch*, a. a. O. 87. In diesem Sinne schreibt auch *E. Müller*, Theologia Moralis, Bd. I, Vindobonae ^{3}1878, 178: „Quodsi nesciat discernere, quodnam sit minus malum, eligat quid quid velit; non peccat, quia deest libertas ad peccatum formale requisita; neque enim vero peccatum esse potest in eo, quod nullo modo careri potest, ut Augustinus (Lib III, de libero arbitrio cap 18 n 50) dicit." Vgl. auch *A. Lehmkuhl* a. a. O. 79: „Si perplexitas solvi nequit, id eligatur oportet, quod minus peccatum videtur: quod si fit, nullo modo peccatur; nam impossibile est, ullam esse necessitatem peccandi ... Si discerni nequit, utrum minus, utrum majus videatur peccatum, eligi potest utrumlibet, neque re

Nach traditioneller katholischer Auffassung kann es folglich keinerlei äußere Notwendigkeit zur Sünde geben und zwar deshalb nicht, weil man, wie aus diesen Zitaten ersichtlich ist, an dem Axiom ‚Sollen setzt Können voraus'[38] festhält. Man spricht nur dort von Verantwortlichkeit und sittlicher Schuld, wo der Mensch aus freier Wahl das Gesollte nicht tut, obwohl er dazu in der Lage wäre.

Mithin verwundert es nicht, daß die traditionelle katholische Moraltheologie die Möglichkeit von Pflichtenkollisionen im eigentlichen Sinn ablehnt. Allerdings leugnet sie nicht, daß der Situation des perplexen Gewissens eine Pflichtenkollision im uneigentlichen Sinn zugrunde liegt. Diese Art der Pflichtenkollision hat ihren Grund „in der Befangenheit und Unwissenheit des menschlichen Geistes, welcher nicht unterscheiden kann, welche von zwei anscheinend zu gleicher Zeit drängenden Verpflichtungen im konkreten Fall zu erfüllen ist".[39]

Dieser doppelte Sprachgebrauch ist wohl auch der Grund dafür, daß die Handbücher in der Frage, ob es „objektiv-wirkliche" oder nur „subjektiv-scheinbare Pflichtenkollisionen"[40] geben könne, unterschiedlicher Auffassung sind. F. X. Linsenmann[41] und B. Fuchs[42] verteten die Möglichkeit objektiv-wirklicher Pflichtenkollisionen. Diese seien darin begründet, daß die bestehende Welt in ihrer sittlichen Ordnung gestört sei, so daß der Handelnde sich gleichsam aufgrund der Strukturen dieser Welt bei der Wahl der kollidierenden Verpflichtungen irre. In diesem Sinn sagt A. Koch: „Zwar entsteht der Irrtum oder das perplexe Gewissen zunächst und unmittelbar durch die mangelhafte Erkenntnis des einzelnen, aber dieser Irrtum ist doch nicht bloß ein subjektiver oder individueller, sondern zugleich ein objektiver als Folge des allgemeinen Weltzustandes, der Verworrenheit der irdischen Verhältnisse und der Abhängigkeit des einzelnen von den sittlichen oder intellektuellen Zuständen seiner Mitmenschen. Irrt also der einzelne nicht lediglich durch den Mangel an sittlicher oder intellektueller Bildung, sondern in einer fast notwendigen Folge des Irrtums anderer, so ist auch die Pflichtenkollision nicht bloßer Schein oder

ipsa peccatur, eo quod libertas deest." Vgl. ferner *F. X. Linsenmann,* a. a. O. 109.

38 Auf dieses Axiom nimmt J. Pruner ausdrücklich Bezug. Von einer Person, die sich in einer Pflichtenkollision befindet, schreibt er a. a. O. 81: „Unter dieser Voraussetzung kann sie auch unmöglich zur Erfüllung aller" [gemeint sind die kollidierenden Obliegenheiten] „verpflichtet werden (ad impossibile nemo tenetur)."

39 *F. A. Göpfert,* a. a. O. 63; vgl. *A. Koch,* a. a. O. 95.

40 *A. Koch,* a. a. O. 95.

41 *F. X. Linsenmann,* a. a. O. 106ff.

42 *B. Fuchs,* a. a. O. 74f.

subjektive Täuschung, sondern objektive Wirklichkeit."[43] Noch aus einem weiteren Grund hält A. Koch an der objektiven Wirklichkeit von Pflichtenkollisionen fest: Der Mensch als „Gattungswesen" stehe nämlich einmal vor Pflichten, die seine eigene Existenz beträfen, zum andern aber auch vor solchen, die seine „Stellung zur Sozietät" regelten. Diese „Pflichten des privaten und öffentlichen Lebens streiten sich in tausend einzelnen Augenblicken um den Vorrang, so daß die schwersten Verwicklungen der menschlichen Pflichtverhältnisse daraus entspringen".[44] Obwohl A. Koch also für „objektiv-wirkliche Pflichtenkollisionen" eintritt, bedeutet dies nicht, wie bereits gezeigt wurde, daß der Handelnde darin notwendig schuldig würde, woraus zu ersehen ist, daß es sich bei dieser Art der Pflichtenkollisionen um einen Widerstreit von prima facie Pflichten handelt.

O. Schilling dagegen verneint die These, es gebe objektiv-wirkliche Pflichtenkollisionen. Auch er gesteht zu, daß „die Störung der Weltharmonie und ihre Folgen" eine „objektive Wirklichkeit" darstellten, aber er erklärt, der darin „zutage tretende Widerstreit der Pflichten kann gleichwohl nicht als objektiv bestehend angesehen werden". Als Begründung führt er an, „dies hieße einen Widerspruch in die lex aeterna hineintragen, worin alle Pflichten ihren letzten Grund haben: Gott kann nicht Widersprechendes und Unmögliches fordern".[45] Ähnlich erklärt F. A. Göpfert: „Da jedes Gesetz zuletzt im Willen Gottes gründet, hat auch jede Pflicht als höchsten Pflichttitel den Willen Gottes".[46] Das heißt, jede Pflicht ist die Erfüllung des Willen Gottes, und deshalb folgert er: „Da aber dieser sich niemals widersprechen kann, kann es im eigentlichen Sinne einen Widerstreit, eine Kollision der Pflichten nicht geben."[47]

Die Argumentation der traditionellen katholischen Moraltheologie ist also mit der von I. Kant und I. H. von Fichte identisch. Diese lehnen als Philosophen eine Pflichtenkollision im eigentlichen Sinn deshalb ab, weil ihre Annahme zu einem Widerspruch im Pflichtbegriff führen würde. Jene sprechen als Theologen stattdessen von einem Widerspruch im Willen Gottes, ohne daß dies das von den Philosophen angeführte Argument sachlich verändern würde, denn sie verstehen die sittliche Pflicht als Forderung des sittlich gebietenden Willens Gottes.

43 *A. Koch*, a. a. O. 96.

44 Ebd.

45 *O. Schilling*, a. a. O. 185.

46 *F. A. Göpfert*, a. a. O. 63.

47 Ebd.; vgl. ferner *B. Fuchs*, a. a. O. 73, *F. X. Linsenmann*, a. a. O. 106, *A. Koch*, a. a. O. 95, *J. Mausbach – G. Ermecke*, a. a. O. 142.

c. Einige protestantische Theologen: F. V. Reinhard, R. Rothe, E. Brunner und N. H. Søe

Außer der traditionellen katholischen Moraltheologie lehnen aber auch viele protestantische Ethiker die Möglichkeit von Pflichtenkollisionen im eigentlichen Sinne ab. Da sie sich in ihrer Argumentation kaum voneinander unterscheiden, genügt es, im folgenden beispielhaft nur auf einige von ihnen einzugehen.

F. V. Reinhard beruft sich in seiner Ablehnung der Möglichkeit von Pflichtenkollisionen ausdrücklich auf I. Kant. Er sieht somit in dessen Position keinerlei Widerspruch zu einer christlichen Konzeption einer Ethik. Für ihn findet „ein wahrer Streit bey unsern Pflichten und Rechten an sich, und überhaupt betrachtet nie statt".[48] Diese Unmöglichkeit begründet er damit, daß „eine Wahrheit" – gemeint ist ein Urteil über die sittliche Qualität einer Handlung – „der anderen nie widersprechen" könne, da „nur eine einzige Art zu handeln für unsre eigne und für die allgemeine Vollkommenheit die beste, und mithin die pflichtmäßige seyn kann".[49] Würde man ein und dieselbe Handlung zugleich als pflichtmäßig und als verboten beurteilen, dann verletzte man damit die Forderung nach einer widerspruchsfreien Bestimmung des Inhalts der sittlichen Pflicht.

Nun geht aber F. V. Reinhard nicht so weit zu behaupten, das Vorkommen jeder Art von „Collisionsfällen" sei unmöglich. Wenn sie allerdings auftreten, beruhen sie seiner Meinung nach immer nur auf „subjectivischen Gründen"; nämlich entweder auf der Unvollkommenheit des Verstandes, „der nicht allezeit einsieht, welche Art zu handeln dem jedesmaligen Zusamenhang der Umstände die angemessenste sey," oder auf den Begierden des „Herzens . . ., das gewissen Pflichten abgeneigt ist, und ihnen ausweichen zu können wünscht". Es ist offensichtlich, daß die letztere Art von ‚Kollisionsfällen' ethisch niemals zu rechtfertigen ist, da der Handelnde in solchen Fällen zwar genau um das sittlich Geforderte weiß, aber aus egoistischen Motiven „Bedenklichkeiten auf Bedenklichkeiten häuft, um sich einer verhaßten Obliegenheit unter einem guten Vorwand entziehen zu können".[50] Hier handelt es sich also nicht um eine Kollision von verschiedenen ethischen Forderungen, sondern vielmehr um den Konflikt zwischen sittlicher Pflicht und selbstsüchtiger Neigung.

Anders verhält es sich dagegen mit den zuerst genannten „Collisionsfällen", die man als Pflichtenkollisionen im uneigentlichen Sinn bezeichnen müßte. Solche kollidierenden hypothetischen Pflichten solle man auf ihre

48 *F. V. Reinhard,* System der christlichen Moral, Bd. II, Reutlingen 41813, 173.
49 Ebd.
50 Ebd.

Verpflichtungsgründe hin untersuchen, diese dann gegeneinander abwägen, um so die vorrangige Forderung herauszufinden. Dabei habe man nach der folgenden Vorzugsregel zu verfahren: „Wenn gewisse Pflichten und Rechte in einem Streite zu seyn scheinen: so ziehe mit aller dir möglichen Unpartheylichkeit allezeit diejenige vor, durch deren Erfüllung und Ausübung nach allem, was Menschen einsehen und vermuthen können, die allgemeine Vollkommenheit das Meiste gewinnt."[51]

Außer diesem allgemeinen Prinzip nennt er ähnlich wie die traditionelle katholische Moraltheologie bei ihren Ausführungen zur Frage des perplexen Gewissens einige speziellere Vorzugsregeln, nach denen man bei der Lösung von Kollisionsfällen vorgehen könne. So solle man u. a. prüfen, ob eine Pflicht nicht aufschiebbar sei. Sei es aber unmöglich der Kollision auszuweichen, so habe man z. B. dem Bedürftigeren eher zu helfen als dem weniger Bedürftigen und bei gleicher Bedürftigkeit demjenigen, zu dem man „am geschwindesten kommen könnte".[52] Führten solche Überlegungen aber nicht zur Klarheit, dann solle man „bey sonst gleichen Umständen allezeit dasjenige" wählen, „wovon man selbst den wenigsten Vortheil" habe, und zwar deshalb, weil man so am besten „für seine Ruhe" sorgen könne und sich so am sichersten „gegen alles Blendwerk der Lüste" verwahre.[53]

Aus diesen Ausführungen geht klar hervor, daß F. V. Reinhard wie I. Kant und die traditionelle katholische Moraltheologie die Annahme einer Pflichtenkollision im eigentlichen Sinn für in sich widersprüchlich hält und nur eine solche im uneigentlichen Sinn kennt. Diese ist seiner Ansicht nach mit Hilfe von Vorzugsregeln zu lösen.

Nach *R. Rothe* versteht man gemeinhin unter einer „sogenannten Kollision der Pflichten" den Fall, „wenn in Einer und derselben Zeit von dem Menschen zwei oder mehrere Pflichten vollzogen werden sollen, oder in verschiedener Zeit, aber mit Einer und derselben Kraft, durch das eine und selbe Mittel, und wenn dieß sie vollziehen unmöglich ist".[54] Die Annahme von Pflichtenkollisionen in diesem Sinn deutet aber für R. Rothe auf „eine Unklarheit über den Begriff der Pflicht" hin. Seiner Meinung nach kann nämlich von einer Kollision der Pflichten niemals die Rede sein, da „die Möglichkeit einer Kollision der Pflichten ... durch den Begriff der Pflicht selbst geradezu ausgeschlossen" sei.[55] In einer Anmer-

51 Ebd. 174f.

52 Ebd. 177.

53 Ebd. 178.

54 *R. Rothe,* Theologische Ethik, Bd. III, Wittenberg ^{2}1870, 411. Diese Definition übernimmt R. Rothe von K. Daub.

55 Ebd. Dabei stützt er sich nicht auf I. Kant, sondern auf F. D. Schleiermacher,

kung[56] weist er darauf hin, daß Schleiermacher, Baumgarten-Crusius, Daub und Marheineke aus demselben Grund die Rede von einer Pflichtenkollision als in sich widersprüchlich zurückweisen. Mit seiner Stellungnahme beruft er sich also auf eine gewisse Tradition innerhalb der protestantischen Theologie.

Für R. Rothe ist eine Pflichtenkollision deswegen unmöglich, weil in jedem Augenblick nur eine einzige Handlung für den Handelnden Pflicht sein könne und nur eine solche Handlung ‚Pflicht' genannt werden dürfe, die auch erfüllbar sei.[57] Da allen inhaltlich verschiedenen Einzelpflichten die eine Pflicht zum Gehorsam gegenüber dem Willen Gottes zugrunde liege, bildeten diese ein einheitliches System. „In einem System kann schlechterdings kein einziges Element mit irgendeinem anderen sich im Widerstreit befinden." Daher folgert er: „Was man Pflichtkollisionen zu nennen pflegt, sind in Wahrheit nicht Kollisionen der Pflichten, sondern der sittlichen Interessen, d. h. theils der sittlichen Zweckbeziehungen, theils der sittlichen Aufgaben."[58]

Demnach führt R. Rothe die Widerspruchsfreiheit und die Erfüllbarkeit als notwendige Merkmale der sittlich richtigen Handlungsweise an. Damit erkennt er ausdrücklich die Gültigkeit des Axioms ‚Sollen setzt Können voraus' an. Obwohl er also die Möglichkeit einer Pflichtenkollision im eigentlichen Sinn ablehnt, hält er ‚Zweck-' und ‚Aufgabenkollisionen', das heißt Pflichtenkollisionen im uneigentlichen Sinn für unvermeidbar. Der Auflösung solcher Kollisionen dient seiner Ansicht nach die Pflichtformel, die angibt, nach welchen Vorzugsregeln der Handelnde zwischen den kollidierenden Werten und hypothetischen Pflichten zu wählen hat. In der Terminologie W. D. Ross' könnte man die Aussage R. Rothes dahingehend zusammenfassen: Mit der Hilfe der Pflichtformel bestimmt der Handelnde aus den kollidierenden prima facie Pflichten die für ihn gül-

der in seiner ‚Grundlegung der Kritik der bisherigen Sittenlehre', in: Werke, hrsg. von O. Braun und J. Bauer, Bd. I, Leipzig ^{2}1927, 141, schreibt: „Ein Widerstreit der Pflichten aber wäre widersinnig, und nur zu denken, wenn die Pflichtformeln auf jene Art unbestimmt, ihrem Begriffe nicht Genüge leisteten. Denn es können zwar die rohen Stoffe des Sittlichen, die Zwecke nämlich und Verhältnisse, in Streit gerathen, welche auch deshalb als ethisch veränderlich und bildsam gesetzt werden; die Pflicht aber als die Formel der Anwendung einer und derselben Regel des Veränderns und Bildens kann auch nur Eine sein und dieselbige."

56 Vgl. *R. Rothe,* a. a. O. 411.

57 Vgl. ebd. 412: „Die Pflicht" kann „nie wirklich Unmögliches fordern, da ihr Begriff ja eben der derjenigen Handlungsweise ist, welche das unter den jedesmal gegebenen Bedingungen mögliche Maximum der sittlichen Normalität darstellt."

58 Ebd.

tige aktuelle oder absolute Pflicht. Abschließend sagt R. Rothe: „Ist es bis zur Aufstellung der Pflicht gekommen, so ist die Kollision bereits geschlichtet, ist diese noch unaufgelöst, so ist auch die Pflicht selbst noch nicht ermittelt. Sie ist ja eben wesentlich immer die Auflösung einer Kollision der sittlichen Aufgaben (aber nicht etwa der Pflichten)."[59]

Mit denselben Argumenten wie F. V. Reinhard und R. Rothe lehnen auch die protestantischen Theologen R. Kübel,[60] Ch. E. Luthardt,[61] L. Lemme,[62] Th. Hearing[63] und viele andere Pflichtenkollisionen im eigentli-

59 Ebd. 413.

60 *R. Kübel*, Christliche Ethik, hrsg. von G. Weißer, München 1896, 118–129; R. Kübel gibt einen geschichtlichen Abriß über das Problem; er stellt die Auffassungen der Stoa, Ciceros, der traditionellen katholischen Moraltheologie, der philosophischen Ethik und der evangelischen Theologen R. Rothe, J. Chr. K. von Hofmann, A. Wuttke, Fr. H. R. Frank und J. T. Beck dar, dann geht er auf die Frage ein, wie im AT und NT Kollisionsfälle gelöst worden sind, und gibt im Anschluß daran eine eigene systematische Darstellung. Er versteht unter „Pflichtenkollision die Nötigung, zwischen zwei Handlungen wählen zu müssen, die ich gleich sehr für notwendig wie möglich erkenne" (ebd. 123). In solchen Fällen bliebe zwar dem Handelnden, unabhängig davon, „wie er auch handeln möge, eine gewisse sittliche Wunde, vielleicht für immer ein Brandmal im Gewissen" (ebd. 125), aber von einer sittlichen Schuld spricht R. Kübel nicht.

61 *Ch. E. Luthardt*, Kompendium der theologischen Ethik, Leipzig [2]1898, 187f. Er lehnt eine Pflichtenkollision im „objektiven Sinn" ab, da „Pflichtverletzung nie Pflicht sein kann, ... da in jedem gegebenen Fall immer nur *eine* Aufgabe erfüllt werden, also nicht ein doppeltes zugleich und gleichberechtigt Pflicht sein kann" (ebd. 187). Er argumentiert also von dem Widerspruchsprinzip her und erklärt, daß es bei den sogenannten Pflichtenkollisionen nur darum gehen könne, zu erkennen, worin die „wirkliche Pflicht" bestehe. Aus demselben Grunde lehnen auch *J. Köstlin*, Christliche Ethik, Berlin 1899, 302ff., *R. Seeberg*, System der Ethik, Leipzig–Erlangen [2]1920, 82f., und *F. W. Mayer*, Ethik, Christliche Sittenlehre, Gießen 1922, 312f., die Möglichkeit von Pflichtenkollisionen im eigentlichen Sinn ab.

62 *L. Lemme*, Christliche Ethik, Berlin 1905, 845–862. Zwar tritt L. Lemme für Pflichtenkollisionen ein und wendet sich gegen Ethiker, die diese leugnen, doch versteht er unter ‚Pflichtenkollision' nur das, was R. Rothe als ‚Interessen'- oder ‚Aufgabenkollision' bezeichnet. Dies geht deutlich aus folgendem Zitat hervor: „Aber die Verletzung der objektiven Anforderungen der Pflichtverhältnisse ist eben durchaus nicht mit Schuldgefühl identisch: man kann es schmerzlich empfinden, jenen nicht völlig genügen zu können, und dabei doch ein reines Gewissen haben" (ebd. 860). Seine Ausführungen sind vielleicht mit denen von I. H. von Fichte zu vergleichen. L. Lemme betont das Vorhandensein von Pflichtenkollisionen im uneigentlichen Sinn, weil er annimmt, „je mehr Pflichtenkollisionen das Gewissen bewegten, desto lebendiger würde der Trieb nach Besserung der sittlichen Verhältnisse werden. Weit entfernt, die Pflichtenkollisionen den Menschen auszureden, sollten die Ethiker auf Gewissensschärfung bedacht sein, damit aus den innerlich beunruhigenden Pflichtenkollisionen Erneuerung der öffentlichen Sittlichkeit erwüchse" (ebd. 862).

63 *Th. Haering*, Das christliche Leben: Ethik, Stuttgart 1913, 260–268. Interes-

chen Sinn ab, weil für sie alle nur das Pflicht sein kann, was der Handelnde auch zu erfüllen vermag. Von sittlicher Schuld könne man nur dann reden, wenn der Handelnde wissentlich und willentlich seiner erfüllbaren aktuellen sittlichen Pflicht nicht nachgekommen sei.

Es scheint, daß H. Thielicke all diesen evangelischen Ethikern gegenüber den Vorwurf erheben müßte, den er explizit gegenüber R. Rothe und W. Hermann formuliert, sie würden die christliche Ethik auffassen „als die transzendente Verlängerung des kategorischen Imperativs von Kant oder als ein religiöses Kräftereservoir, das uns instand setzt, das auch vorher gewußte ethisch ‚Gute' zu tun, in der man also die Sphäre der Gebote Gottes auf der einen und die Sphäre unserer menschlich-geschichtlichen Wirklichkeit auf der anderen Seite in einer fraglosen Harmonie aufeinander abgestimmt sah".[64] Er meint aber, die Zeit, in der man so denken konnte, sei vorüber. Die „Erfahrung der Säkularisation" habe dem heutigen Ethiker „ganz andere Tiefen der Erkenntnis aufgeschlossen und auch ganz andere Impulse des Handelns vermittelt".[65] In bezug auf das Verständnis der Pflichtenkollision würde H. Thielicke wohl sagen, daß jemand, der die Möglichkeit von Pflichtenkollisionen im eigentlichen Sinn vertrete, eine „tiefere Erkenntnis" besitze als jemand, der meint, man müsse sie aus logischen Erwägungen heraus ablehnen.

Doch auch unter den neueren protestantischen Theologen, die die Erfahrung der Säkularisation gemacht haben, bestreiten viele die Möglichkeit von Pflichtenkollisionen im eigentlichen Sinn. Als Beispiele dafür mögen die Ausführungen E. Brunners und N. H. Søes dienen.

E. Brunner sieht in der Annahme von Pflichtenkollisionen eine „chronische Krankheit jeder gesetzlichen Sittlichkeit".[66] Ein solches legalistisches Mißverständnis liegt für ihn dort vor, wo bestimmte Handlungen unabhängig von den Möglichkeiten des Handelnden als sittlich geboten angesehen würden. „Pflichten an sich" gibt es seiner Meinung nach nicht, sondern jede „sachliche Forderung", die sich aus einer „bestimmten Lebensaufgabe" ergebe, sei „nur eine vorläufige Anweisung".[67] Eine sol-

sant ist auch der Lösungsversuch Th. Haerings, der Pflichtenkollisionen deshalb ablehnt, weil seiner Meinung nach „Pflicht immer individuell angewandtes Gesetz ist" (ebd. 261). Was Pflicht sei, sei nie objektiv und unabhängig von der Situation des Handelnden zu bestimmen, sondern Pflicht sei immer situations- und persongebunden. Welcher der kollidierenden Ansprüche für den einzelnen Pflicht sei, könne man „nur ... für sich selbst vor seinem Gewissen feststellen" (ebd. 262).

64 ThE I A 8.

65 Ebd.

66 *E. Brunner*, Das Gebot und die Ordnungen, a. a. O. 188.

67 Ebd.

che „vorläufige Anweisung“ oder prima facie Pflicht, wie W. D. Ross sagt, helfe dem Handelnden herausfinden, welche Handlung in der jeweiligen Situation absolute sittliche Pflicht sei. Dementsprechend sage „das Gesetz“ dem Christen nie, was Gott wolle, sondern es bestehe allein in der Aufforderung, „das Gebot Gottes für diesen Augenblick zu suchen“.[68] Die Summe der verschiedenen „vorläufigen Anweisungen“ nennt E. Brunner ein „Pflichtenheft“. „An Hand meines ‚Pflichtenheftes‘, aufgrund der verschiedenen je sich überschneidenden, sachlich berechtigten und notwendigen Forderungen muß ich, im Glauben, und das heißt, auch im Blick auf die konkrete Situation, Gottes Gebot hören, um das wirklich Gebotene, die wirkliche Pflicht zu tun. Dann aber ist eins und nur eins wirklich geboten, wirklich Pflicht, und die Kollision der Pflichten ist ein Schein.“[69]
Ähnlich wie E. Brunner argumentiert *N. H. Søe*. Auch er weist darauf hin, daß man von Pflichtenkollisionen im eigentlichen Sinn gewöhnlich dort spricht, wo die ethische Forderung als „objektiver Faktor verselbständigt“ und dadurch die Pflicht „nomistisch“ verstanden wird.[70] „Je mehr man dagegen verstanden hat, daß es entscheidend auf die Verwirklichung des Willens Gottes ankommt, ... desto mehr wird man erkennen, daß objektiv von einer Kollision der Pflichten nicht die Rede sein kann. Dann versteht man nämlich, daß es nicht darauf ankommt, sich durch eine lange Reihe von Gesetzesparagraphen richtig hindurch zu manövrieren, die jeder für sich unumstößlich sind, sondern in jeder Lage zu finden, was Gott will. Und da Gott selbstverständlich nichts gegen sich selber wollen kann, ist es klar, daß es in jeder Situation eine unbedingt richtige Wahl geben muß, die der Christ deswegen mit gutem Gewissen treffen kann.“[71]
E. Brunner und N. H. Søe lehnen Pflichtenkollisionen also aus demselben Grund ab, wie es der überwiegende Teil der katholischen Moraltheologen tut. Für sie alle würde die Rede von einer Pflichtenkollision bedeuten, es könne Wille Gottes sein, gegen den Willen Gottes zu verstoßen. Eine solche in sich widersprüchliche Vorstellung von dem, was Gott will, sei aber unannehmbar. Damit wollen sie aber nicht bestreiten, daß es dem Menschen oft ungeheuer schwer fallen kann, auch zu erkennen, welche

68 Ebd.
69 Ebd.
70 *N. H. Søe*, Christliche Ethik, München ³1965, 92: „Je mehr man die Forderung der Pflicht als objektiven Faktor verselbständigt, d. h. je nomistischer man die ethische Verpflichtung versteht, desto eher scheint es unvermeidlich, daß es zu Kollisionen der Pflichten kommt.“
71 Ebd.

der möglichen Handlungen tatsächlich diejenige ist, die dem Willen Gottes entspricht, die zu tun somit für ihn absolute Pflicht ist.
Gerade dieser Not und Schwierigkeit sind sich sowohl E. Brunner als auch N. H. Søe bewußt. So schreibt E. Brunner: „Auch wenn er" (der Christ) „selbst nur mühsam, zitternd und mit Schmerzen zu seiner Entscheidung kommt, auch wenn sich ihm das Herz fast umkehrt bei seinem Tun, tut er es doch mit gutem Gewissen."[72] Und N. H. Søe sagt: „Die unglücklichen Folgen, die diese wichtige Entscheidung vielleicht unvermeidbar mit sich bringt, darf der Christ auf Gott legen. Die Möglichkeit ihres Eintreffens ist ein Zeugnis dafür, daß wir in einer gefallenen Welt leben."[73] Aus diesen Zitaten wird deutlich, daß man durchaus die Not von Konfliktsituationen ernst nehmen und es dennoch strikt ablehnen kann, zu behaupten, es könne Pflichtenkollisionen geben, in denen der Mensch notwendig sittlich schuldig werde.
Wie unterschiedlich der Wortgebrauch von ‚Pflicht' bei den einzelnen Autoren auch war, so waren sich doch alle darin einig, daß es eine Notwendigkeit zum Schuldigwerden nicht geben könne. Zwar waren die Begründungen der Formulierung nach keineswegs einheitlich, dennoch konnte gezeigt werden, daß letztlich immer, ob ausgesprochen oder unausgesprochen, bewußt oder unbewußt, von der Gültigkeit des Axioms ‚Sollen setzt Können voraus' ausgegangen wurde.

2. *Die Ablehnung des Axioms ‚Sollen setzt Können voraus' und die Behauptung der Möglichkeit von Pflichtenkollisionen im eigentlichen Sinn*

Die bisherige Darstellung hat gezeigt, daß nicht nur die philosophische Ethik im Gefolge von I. Kant und die traditionelle katholische Moraltheologie die Möglichkeit von Pflichtenkollisionen im eigentlichen Sinn ablehnen, sondern daß auch viele protestantische Theologen aufgrund derselben Argumente zu diesem Ergebnis gelangen. H. Thielicke steht mit seiner Behauptung der Möglichkeit von Pflichtenkollisionen im eigentlichen Sinn und der damit verbundenen Unvermeidbarkeit des Schuldigwerdens innerhalb der protestantischen Theologie aber auch nicht allein, wie die Ausführungen von H. L. Martensen, R. H. Frank und W. Trillhaas zeigen.[74]

72 *E. Brunner*, Das Gebot und die Ordnungen, a. a. O. 189.
73 *N. H. Søe*, a. a. O. 92f.
74 Auch einige Philosophen halten Pflichtenkollisionen im eigentlichen Sinn für möglich; so etwa N. Hartmann, auf den später noch einzugehen sein wird, und G. Hartenstein. In seinem Werk ‚Die Grundbegriffe der ethischen Wissenschaf-

a. H. L. Martensen

Ähnlich wie die katholischen Moraltheologen F. X. Linsenmann und B. Fuchs, die aufgrund der durch den Sündenfall gestörten sittlichen Weltordnung „objektiv-wirkliche Pflichtenkollisionen“ vertreten – worunter sie aber nicht, wie gezeigt wurde, Pflichtenkollisionen im eigentlichen Sinn verstehen –, weist H. L. Martensen auf die Tatsache hin, daß in dieser Welt, so wie sie ist, Konflikte und Kollisionen nicht zu vermeiden sind. Solche Konflikte deuten für ihn darauf hin, daß „die sittliche Weltentwicklung ... keine normale mehr ist, sondern erst durch die Erlösung normalisiert werden soll“.[75] Daher träten Konflikte in allen Lebensbereichen auf, so daß der Frage nach der Pflichenkollision nicht auszuweichen sei.

Unter ‚Pflichtenkollision‘ versteht er „einen Zusammenstoß verschiedener Pflichten, welche zur selben Zeit ihre Erfüllung verlangen, so daß die Person durch Erfüllung der einen nothwendig dazu komme, die andere zu übertreten oder zu versäumen, wo also die Pflichterfüllung unzertrennlich ist von einer Pflichtverletzung“.[76] Er definiert also die Pflichtenkollision als einen Konflikt, in dem ein und dieselbe Handlung zugleich Pflichterfüllung und Pflichtverletzung ist, und fragt dann, ob es solche Konflikte geben könne. Zunächst setzt er sich mit den Argu-

ten‘, Leipzig 1844, 341, schreibt dieser: „Die Möglichkeit eines Widerstreites der Pflichten ist mit der Mehrheit der Pflichten überall vorhanden, wo für einen und denselben Willen eine Nöthigung zu mehreren sittlichen Handlungen vorliegt, welchen er gleichmäßig nicht genügen kann. Zwar der Vorliebe für eine reinliche Systematik kann man leicht die Freude der Behauptung gönnen, eine richtige Construction der Pflichtenlehre dürfe überall nur collisionsfreie Pflichtformeln aufstellen ... Trotzdem steht die Thatsache fest, daß es sittliche Collisionen gibt.“ Man scheine „nur gar zu leicht zu vergessen, daß, indem die eine Pflicht wirklich auf Kosten der andern erfüllt wird, doch etwas verloren geht an der Erfüllung der sittlichen Aufgabe, und folglich etwas von dem sittlichen Tadel übrig bleibt, welchen zu vermeiden die Entscheidung der Collision ein Mittel an die Hand geben wollte“ (ebd. 342). Vgl. auch: *H. Nohl*, Die sittlichen Grunderfahrungen, Frankfurt ²1947, 131f.: „Selbst wenn es eine objektive Rangordnung (der Werte) gäbe, und ich könnte ‚mit gutem Gewissen‘ den einen Wert dem andern opfern, so würde damit die Schwierigkeit nicht behoben sein, denn der andere Wert, z. B. die Liebe, würde sein verletztes Recht doch immer geltend machen und schmerzvoll als Schuld vor uns aufstehen. Ich habe sie um der Wahrheit willen geopfert, aber damit bleibt die Kränkung der Liebe bestehen und kann mir den Lebensfrieden nehmen ... Auch wo ich mich mit aller sittlichen Verantwortlichkeit entschieden habe, bleibt das Bewußtsein einer Schuld. Über diese sittliche Lage des Menschen hilft kein Optimismus oder Harmonismus hinweg, in ihr ist die eigentliche Tragik des Lebens gegründet.“

[75] *H. L. Martensen,* Die christliche Ethik, Bd. I, Berlin ⁶1892, 554.

[76] Ebd.

menten, die gegen die Möglichkeit von Pflichtenkollisionen angeführt werden, auseinander. Er räumt ein, „daß im eigentlichen Sinne Pflichten, wenn die Sache rein objectiv und ideal betrachtet wird, nicht collidiren können. Denn die Anforderungen, welche das Gute an unsren Willen stellt, und welche im Grunde Forderungen sind, die jetzt eben der Wille Gottes an uns richtet, können unmöglich im Widerspruche stehen, sondern müssen mit einander auf's Vollkommenste übereinstimmen."[77]

Er wirft denen, die die Möglichkeit von Pflichtenkollisionen ablehnen, vor, sie dächten von einem Idealzustand der Welt und des Menschen her, ihre Aussagen stimmten aber nicht mit der Wirklichkeit überein. Deshalb habe das, was sie sagten, nur im Bereich des Idealen Gültigkeit, das heißt in einer Welt, in der alle Menschen gut und auch immer in der Lage seien, in jedem Augenblick das Wünschenswerte zu tun. Nur „bei einer völlig normalen Entwicklung wird daher eine Pflichtenkollision niemals eintreten können".[78] Unter ‚normal' versteht H. L. Martensen nicht den Zustand der Welt und des Menschen, wie er faktisch gegeben ist, sondern jenen, wie es dem eigentlichen Schöpfungswillen Gottes entspricht, wie die Menschen und die Welt eigentlich sein sollten. Nach ihm können also Pflichtenkollisionen in einer ‚heilen Welt', in der weder sittliche Bosheit noch Übel noch Wertekollisionen möglich sind, nicht vorkommen. Diese Aussage folgt allerdings analytisch aus H. L. Martensens Vorstellung von einem idealen Weltzustand. „Da aber die Entwicklung jetzt keine normale und die Zeit in Unordnung gekommen ist, so müssen wir dennoch die Möglichkeit einer Pflichtencollision, zwar nicht an und für sich, wohl aber für das in diese Zeitlichkeit verwickelte Subject behaupten."[79] In dieser Welt gerate man immer wieder in Situationen, in denen „die Pflichterfüllung unzertrennlich ist von einer Pflichtverletzung".[80] Da ‚Pflichterfüllung' aber nichts anderes bedeutet als das Tun der sittlich gebotenen Handlung, ‚Pflichtverletzung' dagegen das Tun des sittlich Verbotenen, so gilt für den „in diese Zeitlichkeit verwickelten" Menschen, daß er in bestimmten Situationen, indem er die sittliche Pflicht erfüllt, sie auch zugleich verletzt und damit sündigt. H. L. Martensen bestimmt also wie H. Thielicke den Inhalt der sittlichen Pflicht von einer idealen Welt her und folgert dann für den hier und jetzt gegebenen Weltzustand, daß Pflichtenkollisionen im eigentlichen Sinn unvermeidbar seien.

Zur Stützung dieser These führt er vier Beispiele an: Zunächst nennt er den aus der griechischen Tragödie bekannten Fall des Orest, der vor der

[77] Ebd. 555.
[78] Ebd.
[79] Ebd.
[80] Ebd.

„heiligen Pflicht“ gestanden habe, „seinen ermordeten Vater zu rächen“; er hätte ihr aber nur durch die Ermordung seiner Mutter, der Mörderin seines Vaters, nachkommen können.

Als zweites Beispiel verweist er auf die mögliche Kollision von Amtspflichten: „Wer sein Leben nicht geordnet, noch die Zeit ethisirt (sittlich geordnet)“ habe, könne in eine Lage geraten, in der „zwei Amtspflichten collidiren, sofern sie beide nothwendig jetzt wollen ausgeführt sein und in einem und demselben Augenblicke“. Hierbei denkt H. L. Martensen an eine Kollision, die nur deshalb eintritt, weil man mit der Erledigung einer terminlich gebundenen Aufgabe bis zum letzten Tag gewartet hat, dann aber unvermutet eine ebenfalls nicht aufschiebbare Aufgabe anfällt; denn er sagt: „Hätte nur nicht in einem früheren Zeitpunkte eine Versäumniß, oder ein ungehöriger Aufschub stattgefunden, so war der Collision schon vorzubeugen.“[81]

Seiner Ansicht nach liegt drittens auch dann eine Pflichtenkollision vor, wenn jemand ein ‚unbesonnenes‘ Versprechen abgelegt habe, wobei er etwa an das aus dem Neuen Testament bekannte Beispiel des feierlichen Versprechens des Herodes denken könnte, der der Tochter seiner Schwägerin Herodias die Erfüllung jedes beliebigen Wunsches zugesagt hatte. Dieser müsse sich sagen: „Erfülle ich das unbedachte und sündhafte Gelübde, so begehe ich eine Sünde; erfülle ich es nicht, so sündige ich gleichfalls.“[82]

Ein viertes typisches Beispiel für eine Pflichtenkollision sieht H. L. Martensen in der Notlüge, die etwa am Krankenbett dann nicht zu umgehen sei, wenn „man weder Weisheit noch Liebe genug besitze, um die Wahrheit in solcher Weise anzubringen, daß der Kranke sie anhören kann“.[83]

Diese vier Beispiele klingen beim ersten Hören durchaus überzeugend; denn jeder wird wohl zugeben, daß die Handlungsweisen in den vier genannten Fällen in irgendeiner Weise sittlich anfechtbar sind. Doch liegt der Grund für ein solches spontanes Urteil wirklich einzig und allein darin, daß es sich hierbei um Fälle einer eigentlichen Pflichtenkollision handelt? Wohl kaum, denn auch ein Ethiker, der an dem Axiom ‚Sollen setzt Können voraus‘ festhält und die Möglichkeit von Pflichtenkollisionen im eigentlichen Sinn ablehnt, würde die beschriebenen Handlungsweisen keinesfalls uneingeschränkt gutheißen.

Im Fall des Orest würde er einwenden, daß dieser infolge der ethischen Vorstellungen seiner Zeit die Blutrache irrtümlich für ethisch gefordert halte. Beim Beispiel der kollidierenden Amtspflichten würde er sogar von

81 Ebd.
82 Ebd. 556.
83 Ebd.

sittlicher Schuld sprechen, insofern der Handelnde durch ein vorausgegangenes Versäumnis sein Unvermögen, beiden Pflichten nachzukommen, schuldhaft selbst herbeigeführt hat. Ähnlich liegt der Fall beim unbesonnenen Versprechen; hier wäre die Schuld in der Fahrlässigkeit des Versprechenden zu suchen, insofern dieser aus dem Inhalt des Versprechens nicht ausdrücklich jede unsittliche Handlungsweise ausgeschlossen hat. Auch im letzten Fall würde der Ethiker, der das Vorkommen von Pflichtenkollisionen im eigentlichen Sinn für unmöglich hält, zugestehen, daß eine Notlüge gegenüber einem Kranken, insofern sie mangelnder Liebe entspringe, tatsächlich sittlich anfechtbar sei.

Die genauere Analyse der von H. L. Martensen angeführten Beispiele zeigt also, daß das spontane Urteil, in all diesen Fällen handle man in irgendeiner Weise sittlich anfechtbar, keineswegs als ein eindeutiger Hinweis für die Richtigkeit der Annahme von Pflichtenkollisionen im eigentlichen Sinn, in denen man notwendig sittlich schuldig werde, gelten kann. In gewisser Weise gibt H. L. Martensen dies auch zu. Beim ersten Fall merkt er an, daß bei den Heiden „die sittlichen Begriffe andere sind".[84] Vom zweiten und dritten Fall meint er, die „Verwickelung des Augenblicks" sei durch eine „einzelne Sünde der Vergangenheit" hervorgerufen,[85] und vom vierten sagt er, die Kollision werde „zu einer Kritik über die Stufe der persönlichen Entwickelung".[86]

Wenn also H. L. Martensen seine Beispiele in dieser Weise formuliert, können sie nicht als Belege für das Vorkommen von Pflichtenkollisionen im eigentlichen Sinn angesehen werden. Daß er sie aber in diesem Sinn verstanden wissen möchte, wird an seiner Bemerkung im Anschluß an die Schilderung des Falles des unbesonnenen Versprechens deutlich, wo er sagt: „Auch hier ist die Collision für das Individuum ein Gericht, und die Sünde wird zur Strafe für die Sünde".[87] Das heißt: Die Schuld liegt nicht nur dem Kollisionsfall voraus, wie auch der Ethiker, der das Axiom ‚Sollen setzt Können voraus' vertritt, sagen würde, sondern auch das Handeln in einer solchen Situation ist notwendig schuldhaft, insofern durch die Erfüllung der einen Pflicht eine andere verletzt wird.

b. F. H. Frank

F. H. Frank geht von der allgemeinen Erfahrung aus, daß unterschiedliche Pflichten, die „mit ihren Ansprüchen an den Menschen herantreten", oft nicht miteinander in Einklang zu bringen sind. Diese Pflichtenkolli-

[84] Ebd. 555.
[85] Ebd. 556.
[86] Ebd.
[87] Ebd.

sionen hätten ihre Ursache in der Sünde, die es mit sich bringe, „daß die von dem Schöpfergott dem Weltganzen eingestiftete Harmonie verloren ist und daß daher Gut gegen Gut, Pflicht gegen Pflicht sich setzt".[88] Deshalb sind für ihn Pflichtenkollisionen nicht nur subjektiv scheinbar, sondern objektiv wirklich. Sie tauchten oft infolge der „vorhandenen Desorganisation"[89] ohne eigenes Zutun auf. Jemand, der in eine Pflichtenkollision gerate, befinde sich in folgender Situation: „Will er handeln, wie sein Gewissen es ihm vorschreibt, so verstößt er gegen Gesetze, denen zu gehorsamen er verpflichtet ist, will er es nicht thun, so erwächst ihm eine innere Anklage."[90] Für F. H. Frank steht also fest: „Handelt man, es sei wie es wolle, so geräth man in Sünde." Allerdings fügt er erläuternd hinzu: „Eigne Schuld ist dabei nur insofern als das Individuum Theil hat an der Gesammtschuld: das Menschengeschlecht und Jeder, der zu ihm gehört an seinem Theile, ist dafür verantwortlich, daß solche Disharmonie besteht".[91] Beide Handlungsweisen sind für F. H. Frank also Sünde; doch handelt es sich dabei nicht um persönliche sittliche Schuld, sondern um eine andere Form der Sünde, die man als eine Art von überpersönlicher Schuld bezeichnen könnte.

Wie H. L. Martensen nimmt auch F. H. Frank an, der Nichtchrist stehe in solchen Fällen vor einem unlösbaren Konflikt, an dem er zugrundegehen müsse, der Christ dagegen vor einer „andersartigen Collision".[92] Zwar sei es Schuld, die der Christ in einer Pflichtenkollision auf sich lade, doch sei es „gesühnte Schuld". Deshalb „darf der Christ sagen: mag ich in dem Zwiespalt, in den ich, ohne es ändern zu können, hineingerathen bin, gar oft fehlen, mögen die Gegensätze, zwischen denen ich stehe, unausgleichbar erscheinen, ich habe die Lösung, insofern ich in Christi Gemeinschaft bleibe".[93]

Die Schuld, die ihm aus einer notwendigen Pflichtverletzung erwachse, mache ihn zwar demütig, weil er an ihr leide, aber diese Leiden vermöchten nicht, ihm „den Frieden der Sündenvergebung zu rauben".[94] Der Christ kann also im Hinblick auf Gottes Sündenvergebung ‚guten Gewissens sündigen'. So sagt F. H. Frank: „Und wenn wir dabei irren und sündigen, so getrösten wir uns Dessen, daß solcher Fehl uns ebensowenig der göttlichen Gnade wird verlustig machen, als andere uns noch anklebende

88 *F. H. Frank*, System der christlichen Sittlichkeit, Bd. I, Erlangen 1884, 409.
89 Ebd. 410.
90 Ebd.
91 Ebd.
92 Ebd. 416.
93 Ebd.
94 Ebd.

Sünden".[95] All diese Sünden hätten aber keinen Einfluß auf das Christsein des Handelnden, dieses bleibe vielmehr unversehrt. Allerdings kennt und unterscheidet F. H. Frank von dieser Form der Sünde noch eine andere, nämlich die „muthwillige Sünde". Nur durch eine wissentlich und willentliche Entscheidung zur Sünde, zu einer falschen Handlung, verliere der Christ seinen „Gnadenstand"[96] und damit seinen Glauben oder – ethisch gesehen – sein sittliches Gutsein.
Demnach unterscheidet F. H. Frank zwei Arten von Sünde: einmal jene, die man als ‚überpersönliche' Sünde, und zum andern jene, die man als ‚persönliche' Sünde, durch die man aus dem „Gnadenstande" fällt, bezeichnen könnte. Für ihn kann es dann Situationen geben, in denen man, um eine ‚persönliche' Sünde zu vermeiden, verpflichtet ist, eine ‚überpersönliche' Sünde auf sich zu nehmen. Wegen dieser Doppeldeutigkeit der Wörter ‚Sünde', ‚Pflicht' und ‚Schuld' kann er zum Abschluß seiner Darlegungen zum Problem der Pflichtenkollision, ohne sich selbst zu widersprechen, schreiben: „Wohl Dem, der bei solcher Entscheidung zuversichtlich zu handeln vermag, in dem Bewußtsein, das an sich Unrechte nicht zu thun mit sündlichem Behagen, sondern mit dem peinlichen Gefühle des Zwiespaltes und der Verkehrung, die uns für diesmal die Pflicht der Pflichtverletzung auferlegen!"[97]

c. W. Trillhaas

Für W. Trillhaas ist die Pflicht „eine kategorische aus dem Absoluten heraus sanktionierte Forderung", an der „sich Gut und Böse in einem ganz aktuellen Sinne" entscheide. Eine Pflicht, von der ein Mensch in einer konkreten Situation betroffen ist, nennt er „aktuelle Pflicht", der er die „denkbaren und möglichen Pflichten" als „virtuelle Pflichten" gegenüberstellt. Ob nun eine virtuelle auch zu einer aktuellen Pflicht werde, hänge einmal von der „Situation" ab, in der sich der Handelnde befinde, zum andern aber auch von der „Individualität" des Menschen, das heißt von seinem Können. W. Trillhaas erklärt: „Es kann nämlich keiner über sein Vermögen hinaus verpflichtet werden. Ultra posse nemo obligatur".[98] Mit der Angabe dieser beiden Kriterien, wann eine virtuelle zu einer aktuellen Pflicht wird, scheint W. Trillhaas in geradezu klassischer Weise das Problem der Pflichtenkollision gelöst zu haben: Von einer ‚kategorischen' Pflicht kann nach ihm anscheinend nur dann die Rede sein, wenn ihre Erfüllung auch in der Macht des Handelnden liegt.

95 Ebd. 418.
96 Ebd.
97 Ebd. 423.
98 E 3. A, 97.

Dies stünde auch durchaus mit dem in Einklang, was W. Trillhaas über den Kompromiß sagt, dessen grundsätzlich negative Bewertung er ablehnt. Er bestreitet H. Thielickes Behauptung, ein Verhalten sei bereits deshalb sittlich anfechtbar, weil der Handelnde wie im Kompromiß notwendigerweise auf die volle Erfüllung von sittlich erstrebenswerten Zielen verzichten muß.

Obwohl W. Trillhaas die Gültigkeit des Prinzips ‚Ad impossibile nemo tenetur' anscheinend anerkennt, hält er dennoch wider Erwarten Pflichtenkollisionen im eigentlichen Sinn für möglich, in denen der Handelnde notwendig sittlich schuldig wird. Von ‚Pflichtenkollisionen' spricht er dann, „wenn uns aus der unabsehbar breiten Fülle virtueller Pflichten gleichzeitig zwei als aktuelle Pflichten gegenübertreten, und zwar in der Form, daß ich eine versäumen muß, wenn ich die andere erfüllen will".[99] Zwar kann die Ethik seiner Meinung nach Vorzugsregeln aufstellen, durch die die Lösung einzelner Kollisionen erleichtert werde, doch lasse sich durch solche Erwägungen das Problem selbst nicht lösen, „weil es theoretisch unlösbar" sei.[100] Es „zeigt sich nämlich an der Frage der Pflichtenkollisionen, daß die Pflicht zwar aus dem Absoluten heraus sanktioniert erscheint . . ., daß aber diese Sanktionierung, wie immer man sie auch metaphysisch deuten mag, die Klarheit und Einfachheit des Pflichtgedankens keineswegs garantiert. Wenn es Gott ist, der uns solche Pflichten zusendet, dann ist er auch hier kein offenbarer, sondern ein verborgener Gott."[101] Wie die Bestreiter der Möglichkeit einer Pflichtenkollision im eigentlichen Sinn sieht also auch W. Trillhaas, daß die Anerkennung der Geltung des Axioms ‚Sollen setzt Können voraus' mit der Behauptung der Möglichkeit von Pflichtenkollisionen unvereinbar zu sein scheint. Doch interpretiert er diese Unvereinbarkeit nun nicht als Widersprüchlichkeit, sondern vielmehr als Zeichen für die Verborgenheit Gottes.

Daß W. Trillhaas nicht an Pflichtenkollisionen im uneigentlichen Sinn denkt, geht daraus hervor, daß er meint, angesichts solcher Pflichtenkollisionen werde man notwendig sittlich schuldig: „Wir können uns nicht unseres guten Gewissens trösten, wenn wir zwei kollidierende Pflichten gewissenhaft geprüft, gegeneinander abgewogen und uns dann für die eine gegen die andere entschieden haben. Auch die gewissenhafteste Prüfung der Pflichten und die gewissenhafteste Erfüllung der Pflicht macht uns nicht gerecht. Denn wir bleiben die Erfüllung der anderen Pflicht schuldig. Es ist ja nicht so, daß durch die gewissenhafte Prüfung der kollidierenden Pflichten gewissermaßen die zurückgesetzte Pflicht aufhörte, eine Pflicht zu sein, mag sie in unseren Augen auch im Augenblick als

[99] Ebd. 98f. [100] Ebd. 99.
[101] Ebd.

‚minder wichtig‘ oder wie immer geringer an Dringlichkeit erscheinen. Der Begriff der Pflicht leidet ja keine Steigerungsgrade, das liegt in seiner Unbedingtheit."[102]

Leider nennt W. Trillhaas keine Beispiele, aus denen ersichtlich würde, an welche Fälle er genauerhin denkt. Vermutlich aber hat er solche Pflichten vor Augen, von denen viele Ethiker annehmen, sie gälten unter jeder möglichen Bedingung, wie etwa die Pflicht, aufrichtig zu versprechen, oder jene, nicht die Unwahrheit zu sagen.

Die Überlegungen H. L. Martensens, F. H. Franks und W. Trillhaas' stimmen weitgehend mit den Ansichten H. Thielickes hinsichtlich der Pflichtenkollision überein. Wie dieser, so bestimmen auch die beiden Erstgenannten den Inhalt der sittlichen Pflicht von einem Idealzustand der Welt und des Menschen her. Dies hat zur Folge, daß sie den Menschen vor Pflichten gestellt sehen, die er gar nicht erfüllen kann. Wie H. Thielicke müßten auch sie die sittliche Anfechtbarkeit jeden Kompromisses behaupten. W. Trillhaas sieht demgegenüber nur in recht wenigen Fällen den Menschen vor unerfüllbare sittliche Pflichten gestellt, und zwar immer dann, wenn es sich um Pflichten handelt, von denen man sagt, sie gälten unter jeder möglichen Bedingung. Sie alle vertreten also nicht uneingeschränkt die Gültigkeit des Grundsatzes, jedes auf eine Handlung bezogene Sollen setze ein entsprechendes Können voraus und bestimmen wenigstens auf den ersten Blick das Pflichtgemäße nicht widerspruchsfrei. W. Trillhaas sieht mit H. Thielicke darin ein Zeichen für die Unbegreiflichkeit und Verborgenheit Gottes. F. H. Frank bietet eine andere Lösung an: Er unterscheidet zwischen der „mutwilligen Sünde", das heißt der persönlichen Schuld und der „Teilhabe an der Gesamtschuld", das heißt der überpersönlichen Schuld. Dadurch gelingt es ihm, dem Vorwurf der Widersprüchlichkeit zu entgehen.[103]

102 Ebd.

103 Neuerdings sprechen auch einige katholische Theologen von dem ‚personalen‘ und dem ‚transpersonalen‘ Bösen. Damit scheinen sie die in der traditionellen katholischen Moral übliche strenge Unterscheidung zwischen sittlicher Bosheit und nicht-sittlichen Übeln aufgeben zu wollen, so daß nach ihnen Sünde und Schuld nicht ausschließlich aus freier Entscheidung hervorgehen, sondern auch als Verhängnis über den Menschen kommen können. So schreibt etwa J. Gründel, Überlegungen zum Wesen und zur Eigenart der Sünde, in: *G. Teichtweier–W. Dreier* (Hrsg.), Herausforderung und Kritik der Moraltheologie, Würzburg 1971, 139: Die „personale Sicht von Sünde und Schuld scheint noch ergänzungsbedürftig. Aus eigener Erfahrung, aber auch im Blick auf die Sünde des anderen zeigt sich ‚böses Verhalten‘ unabhängig vom vorhandenen oder fehlenden bösen Willen oft auch als ein Verhängnis, das ... über die persönliche Verantwortung hinaus noch auf ein unerklärliches, nicht zu umschreibendes ‚Etwas‘, auf eine geheimnisvolle Macht hinweist." Weiter sagt er ebd. 140:

3. *Die Ablehnung des Axioms ‚Sollen setzt Können voraus' für den Bereich eines ‚idealen' Sollens und seine Anerkennung für den des ‚aktuellen' Sollens*

Am Ende des letzten Abschnitts wurde herausgestellt, daß F. H. Frank der Sache nach zwischen persönlicher und überpersönlicher Schuld unterscheidet. Wieso entgeht man aber, wie behauptet wurde, mit dieser Unterscheidung dem Vorwurf der Widersprüchlichkeit? Dieser Frage ist im folgenden zunächst nachzugehen.

Der Satz vom Widerspruch, „genauer der Satz vom ausgeschlossenen Widerspruch, gilt der klassischen Scholastik mit Recht als das erste Prinzip, d. h. als jener allgemeine Grundsatz, dessen Einsicht für unser ganzes Denken die grundlegendste Bedeutung hat".[104] Nach Aristoteles (Metaph. IV 3 1005 b 19f.) versteht man unter dem Widerspruchsprinzip in seiner ontologischen Fassung den Sachverhalt, daß es unmöglich ist, daß dasselbe demselben in derselben Hinsicht zugleich zukommt und nicht zukommt. Die Hautfarbe eines Menschen kann z. B. nicht unter derselben Rücksicht schwarz und nicht schwarz sein. In seiner logischen Fassung, die nach scholastischer Ansicht auf der ontologischen basiert, können, wie J. B. Lotz sagt, „zwei einander widersprechende Sätze, die sich ... wie Sein und Nichtsein zueinander verhalten, nicht beide zugleich wahr sein; deshalb darf nie genau dasselbe zugleich bejaht und verneint werden, wenn nicht das Denken jeden Sinn verlieren und dem Un-sinn verfallen soll".[105] J. B. Lotz weist auch darauf hin, daß das Widerspruchsprinzip an sich mit dem Identitätsprinzip zusammenfalle; „denn nur weil Sein absolut Sein oder absolut mit sich identisch ist, schließt es ebenso absolut das Nichtsein aus".[106] In beiden Prinzipien werde dieselbe Notwendig-

Angesichts der „Strukturen dieser Welt", in denen das Böse als „überpersonales" oder „verfestigtes Böses" begegne, vermöge „der Einwand, es handle sich doch bei derartigem durch Kriege oder ungerechte gesellschaftliche Strukturen heraufbeschworenen Unheil nicht um sittliches, sondern um physisches Übel, ... das Problem nicht hinreichend zu lösen." Vgl. auch *K. Demmer*, Entscheidung und Kompromiß, in: Gregorianum 53 (1972), 332–351.

104 *J. de Vries*, Widerspruch, in: *W. Brugger* (Hrsg.), Philosophisches Wörterbuch, Freiburg [7]1959, 378.

105 *J. B. Lotz*, Widerspruch, in: LThK X, Freiburg [2]1965, 1092. Vgl. *B. von Freytag-Löringhoff*, Logik [4]1966, 18f.: „Der Satz des Widerspruchs ist in Wahrheit der Satz der Widerspruchslosigkeit. Er besagt, daß ein Positivum nicht sein Negativum sein kann. Die Eindeutigkeit des Seienden, des Realen wie des nur Gemeinten, erfordert das. Das sich Widersprechende ist daher zwar als Begriff und als Urteilsmeinung möglich, aber nicht als Sachverhalt, nicht in einem logischen Felde."

106 *J. B. Lotz*, a. a. O.

keit einmal negativ und einmal positiv ausgesagt. Da es sich bei diesem Prinzip um den ersten Grundsatz des Denkens handelt, ist es keines weiteren Beweises mehr fähig noch bedürftig;[107] nach einer intuitionistischen Philosophie ist es unmittelbar evident.

Wenn also die oben genannten Philosophen und Theologen die Möglichkeit von Pflichtenkollisionen im eigentlichen Sinn ablehnen, weil allein schon der Begriff eines solchen Konflikts in sich widersprüchlich sei, so haben sie insofern Recht, als ein und dieselbe Verhaltensweise nicht in demselben Sinn zugleich sittlich geboten und verboten sein kann. Würde man dies behaupten, so verstieße man eindeutig gegen den Satz vom ausgeschlossenen Widerspruch.

Einem solchen Vorwurf können sich die Befürworter einer Pflichtenkollision aber dadurch entziehen, daß sie darauf hinweisen, zwar könne ein und dieselbe Handlung niemals in ein und demselben Sinn, sehr wohl aber in einem unterschiedlichen Sinn zugleich geboten und verboten sein. So sei es durchaus denkbar, daß eine bestimmte Handlungsweise, z. B. die unwahre Aussage eines Widerstandskämpfers zum Schutz seiner Freunde, insofern sittlich geboten sei, als ihre Unterlassung zu persönlicher Schuld führe, dennoch in einem fundamentalen Sinn sittlich verboten, insofern man durch ihre Ausführung überpersönliche Schuld auf sich lade. Durch diese Unterscheidung zwischen persönlicher und überpersönlicher Schuld ist es den Verfechtern der Möglichkeit von Pflichtenkollisionen im eigentlichen Sinn also formal möglich, dem Vorwurf der Widersprüchlichkeit zu entgehen.

Diese Unterscheidung zwischen zwei verschiedenen Arten von Schuld setzt aber, wie bereits angedeutet, voraus, daß man auch entsprechend zwei Arten von Sollen bzw. von Pflichten voneinander unterscheidet. Da die genannten Vertreter einer Pflichtenkollision diejenige Pflicht, deren Verletzung nicht zur persönlichen Schuld führt, von einem Idealzustand der Welt her bestimmen, empfiehlt es sich, diese Art des Sollens als ‚ideales' Sollen[108] oder ‚ideale' Pflicht zu bezeichnen. Demgegenüber könnte

107 Vgl. *B. von Freytag-Löringhoff*, a. a. O. 19: „Positivum und Negativum [Identität und Nicht-Widersprüchlichkeit], die wir nun als letzte Grundbegriffe der Logik hingestellt haben, sind als letzte Grundbegriffe wieder nicht definierbar. Man kann sie nur miteinander und durcheinander in einer notwendig zirkelhaften Erklärung verdeutlichen. Tröstlich ist, daß dieses Verfahren auch in der Mathematik immer wieder die letzte Zuflucht sein muß. Dort nennt man das ‚implizite Definition'. Hier handelt es sich um das Axiomensystem nun nicht einer mathematischen Disziplin, sondern alles vernünftigen Meinens überhaupt."

108 Bei der Unterscheidung *N. Hartmanns* (Ethik, Berlin ⁴1962, 170–189) zwischen dem „idealen" und dem „aktualen Seinsollen" einerseits sowie dem „Tunsol-

man bei der Pflicht, deren Verletzung zur persönlichen Schuld führt und deren Inhalt sie von dem realen Zustand der Welt und des Handelnden her bestimmen, von einem ‚aktuellen‘ Sollen oder einer ‚aktuellen‘ Pflicht im Sinne von W. D. Ross ‚actual duty‘ sprechen. Die ‚ideale‘ Pflicht würde demnach unabhängig von den Gegebenheiten dieser Welt und den Möglichkeiten des Handelnden bestimmt, während bei der Suche nach dem Inhalt des ‚aktuellen‘ Sollens gerade diese Faktoren berücksichtigt würden. Bei der Frage, welche der möglichen Handlungsalternativen der Mensch *ausführen soll*, handelt es sich also um die Bestimmung der ‚aktuellen‘ Pflicht, nämlich dessen, was hier und jetzt von diesem Menschen in dieser Situation getan werden soll.

Wenn demnach F. H. Frank von einer ‚Pflicht zur Pflichtverletzung‘ spricht, so scheint er genau diesen Sachverhalt einer ‚aktuellen Pflicht zur Verletzung einer idealen Pflicht‘ zu meinen. Auch H. L. Martensens Behauptung, der in dieser Welt lebende Mensch gerate immer wieder in Situationen, in denen die Pflichterfüllung unzertrennlich mit einer Pflichtverletzung verbunden sei, wird nichts anderes bedeuten, als daß die Erfüllung einer ‚aktuellen‘ Pflicht häufig zugleich die Verletzung einer ‚idealen‘ Pflicht darstellt. Von der genannten Unterscheidung her würden auch die widersprüchlich klingenden Aussagen H. Thielickes bezüglich des Kompromisses verständlich, der nach ihm „Gegenstand einer ethischen Hemmung und zugleich Inhalt eines ethischen Auftrags“, „Tribut an die gefallene Welt“ und zugleich „aufgetragen“ ist oder der „eigentlich nicht sein soll“ zugleich aber als „notwendig“ angesehen werden muß: Gemessen am ‚idealen‘ Sollen ist der Kompromiß in einem fundamentalen Sinn sittlich falsch, gemessen dagegen am ‚aktuellen‘ Sollen ist er unter Umständen kategorisch geboten.

len“ anderseits ist der Gesichtspunkt, unter dem die Unterscheidung vorgenommen wird, ein wenig anders: Unter dem ‚idealen Seinsollen‘ versteht dieser eine „eigentümliche Modalität“ des Wertes (ebd. 172), insofern dieser schlechthin zu sein verdient, unabhängig davon, ob er bereits realisiert ist oder nicht. Auch von einem gerechten Menschen könne man noch sagen, seine Gerechtigkeit solle sein; er sei dann so, wie er sein solle (ebd. 171). Von einem ‚aktualen Seinsollen‘ spricht N. Hartmann dagegen dann, wenn das ‚ideale Seinsollen‘ „sich im Gegensatz zur Wirklichkeit befindet“ (ebd. 172); es „setzt also das Nichtsein des Seinsollenden in einer gegebenen Wirklichkeit voraus“ (ebd. 173). Der Friede z. B. verdient, wo er noch nicht gegeben ist, im Sinne des ‚aktualen Seinsollens‘ verwirklicht zu werden, obwohl es durchaus möglich ist, daß jemand ihn hier und jetzt nicht verwirklichen kann. Ein ‚Tunsollen‘ ergibt sich nach N. Hartmann nur unter der Bedingung, daß ein Wert nicht realisiert ist, d. h. ein ‚aktuales Seinsollen‘ vorliegt, seine Realisation aber in der Macht des Handelnden steht. Der hier mit ‚idealem Sollen‘ gemeinte Sachverhalt kommt demnach dem ‚aktualen Seinsollen‘ N. Hartmanns am nächsten.

Wie verhält es sich dann aber, genau besehen, mit der Ablehnung des Axioms ‚Sollen setzt Können voraus' durch die Befürworter der Möglichkeit einer Pflichtenkollision im eigentlichen Sinn? Gemäß der Unterscheidung zwischen einem ‚idealen' und einem ‚aktuellen' Sollen kann mit dem Axiom zweierlei gemeint sein, nämlich einmal, daß das ‚ideale', zum anderen, daß das ‚aktuelle' Sollen ein entsprechendes Können voraussetzt. Offensichtlich lesen die Befürworter des Axioms wie I. Kant und die traditionelle katholische Moraltheologie das Axiom in seiner zweiten Fassung. Durch seine Behauptung wollen sie vermeiden, daß von ein und derselben Handlung mit Recht gesagt werden kann, sie sei im Sinne eines ‚aktuellen' Sollens zugleich sittlich geboten und verboten, sie sei unbedingt zu tun und unbedingt zu unterlassen. Ein ‚aktuelles' Sollen setzt also nach ihnen insofern ein Können voraus, als in die Definition des ‚aktuellen' Sollens bereits das Bedeutungselement des Könnens miteingegangen ist; oder anders formuliert: Die Frage nach einem ‚aktuellen' Sollen stellt sich definitionsgemäß nur in einer Welt, in der es für den Handelnden hier und jetzt verschiedene Handlungsalternativen gibt.[109] Wollte man das Axiom ‚Sollen setzt Können voraus' leugnen, so müßte man behaupten, ein ein Können voraussetzendes Sollen setze kein Können voraus. Dies ist aber tatsächlich, wie I. Kant sagt, zu denken unmöglich.

Aus der Darstellung der hier behandelten Vertreter der Möglichkeit einer Pflichtenkollision geht eindeutig hervor, daß keiner von ihnen behaupten würde, der Handelnde habe eine bestimmte Handlungsweise im Sinne eines ‚aktuellen' Sollens zugleich unbedingt zu tun und zu unterlassen. Sie alle bemühen sich ja darum, die, wie H. Thielicke sagt, „weniger verwerfliche" Verhaltensweise herauszufinden, die dann auch für denjenigen, der sie als solche erkennt, unbedingt geboten ist und durch deren Unterlassung er persönlich sittlich schuldig würde. Gerade H. Thielicke weist ausdrücklich darauf hin, daß es keineswegs beliebig sei, welcher der möglichen Handlungsalternativen der Handelnde den Vorzug gebe. Daraus ist zu schließen, daß auch die Befürworter der Möglichkeit von Pflichtenkollisionen an dem Axiom ‚Sollen setze Können voraus', in dem Sinn festhalten, daß unter dem ‚Sollen' die ‚aktuelle' Pflicht verstanden wird.

Hinsichtlich des ‚idealen' Sollens ist allerdings anders zu urteilen. Da sie seinen Inhalt unabhängig von den Gegebenheiten dieser Welt und den Möglichkeiten des Handelnden bestimmen, ist es analytisch wahr, daß eine ‚ideale' Pflicht kein Können voraussetzt. Denn wollte man behaupten, sie setze ein entsprechendes Können voraus, so würde man sagen, ein ein Können nicht voraussetzendes Sollen setze ein Können voraus. Dies

[109] Vgl. *R. M. Hare,* Freiheit und Vernunft, Düsseldorf 1973, 67–83.

ist ebenfalls zu denken unmöglich, da nicht-A nicht zugleich und unter derselben Rücksicht A sein kann. Indem diese Theologen also für das ideale Sollen das diskutierte Axiom ablehnen, berufen sie sich ebenfalls mit Recht auf den Satz vom ausgeschlossenen Widerspruch.

Der Grund für die Mißverständlichkeit der Position der Befürworter der Möglichkeit von Pflichtenkollisionen im eigentlichen Sinn kann demnach nur darin liegen, daß diese die ethischen Begriffe ‚Sollen', ‚Pflicht', ‚Schuld', ‚Sünde' usw. in zwei verschiedenen Bedeutungen verwenden, ohne jeweils ausdrücklich anzumerken, in welcher Bedeutung sie sie gebrauchen.

Allerdings bleibt jetzt noch zu fragen, ob es sinnvoll ist, sowohl auf der Ebene des ‚idealen' als auch auf der des ‚aktuellen' Sollens dieselben Wörter zu verwenden. Dadurch wird nämlich der Eindruck erweckt, es handle sich jeweils bis auf geringfügige Nuancen um dieselben Sachverhalte. Daß dies aber äußerst fraglich ist, zeigt eine genauere Untersuchung dessen, was mit einem ‚idealen Sollen' gemeint sein könnte.

4. Das Sein-Sollen als ‚ideales' Sollen

In den bisherigen Überlegungen hat sich gezeigt, daß die Befürworter der Möglichkeit von Pflichtenkollisionen, um dem Vorwurf der Widersprüchlichkeit zu entgehen, zwischen einem ‚idealen' und einem ‚aktuellen' Sollen unterscheiden müssen. Unter einem ‚idealen' Sollen wäre dann im Unterschied zu einem ‚aktuellen' Sollen eine Forderung zu verstehen, die unabhängig von den Gegebenheiten dieser Welt und den Möglichkeiten der Handelnden gilt. Gibt es aber tatsächlich so etwas wie eine ‚ideale Pflicht', deren Inhalt sich unabhängig vom Können bestimmen läßt?

Neben dem Tun-Sollen, von dem bisher immer stillschweigend die Rede war und das, wie gezeigt, immer ein Tun-Können voraussetzt, gibt es noch eine andere Art sittlicher Pflichten, nämlich die Pflicht, die Werthaftigkeit bestimmter Sachverhalte anzuerkennen; so hat man z. B. die Würde eines jeden Menschen zu achten. Wird vielleicht der Inhalt solcher sittlichen Pflichten unabhängig vom Können des Menschen bestimmt, so daß das Anerkennen-Sollen dasjenige ist, was man mit dem Ausdruck ‚ideales Sollen' meint?

Als Verbindlichkeitsgrund für beide Formen des sittlichen Sollens kann in einer intuitionistischen Ethik letztlich immer nur die Gutheit oder der Wert eines Sachverhalts gelten. Man bezeichnet üblicherweise dann etwas als ‚Wert', wenn man zum Ausdruck bringen will, daß das so Bezeichnete sein soll oder verdient zu sein, daß Grund besteht, es „zu bejahen, anzuerkennen, es zu lieben, wenn man unter ‚Liebe' die allgemeinste positive Stellungnahme versteht".[110] Vom Wert geht aber nicht nur der Anspruch aus, als solcher anerkannt zu werden, sondern auch die Forderung, ihn nach Möglichkeit, falls er bereits ins Dasein gebracht ist, zu erhalten und ihn, falls dies noch nicht der Fall ist, ins Dasein zu bringen. „Das Gute ist das der Liebe Würdige oder Werte, das, was anerkannt und bejaht" und nach Möglichkeit erhalten und verwirklicht „zu werden verdient".[111] Insofern ist die Werthaftigkeit der zureichende Grund dafür, daß von bestimmten Sachverhalten Ansprüche ausgehen, die ein freies Wesen zur Stellungnahme aufrufen. Menschliches Leben z. B. stellt ein hohes Gut dar; daher geht von ihm der Anspruch aus, bejaht und anerkannt, sowie nach Möglichkeit erhalten und ins Dasein gebracht zu werden. Umgekehrt ist die Krankheit ein Unwert oder ein Übel; daher geht von ihr der Anspruch aus, verneint und abgelehnt, sowie nach Möglichkeit vermieden und beseitigt zu werden.

Wie das Tun-Sollen so ist auch der Anspruch des Wertes nach Anerkennung und des Übels nach Ablehnung durchaus als eine sittliche Pflicht zu betrachten. Der Mensch soll alles gemäß seiner Gutheit lieben und alles gemäß seinem Übelsein hassen. Bei vielen Werten bzw. Übeln ist eine andere Stellungnahme als die der Anerkennung bzw. Ablehnung gar nicht möglich; so läßt sich z. B. die sittliche Größe anderer Menschen, etwa die des hl. Franz von Assisi, nur bewundern, nicht aber verwirklichen. Eine solche Bewunderung stellt diesem Wert gegenüber die angemessene Form der Anerkennung dar.

Daß es sich bei dem Anspruch nach Anerkennung bzw. Ablehnung wirklich um ein sittliches Sollen handelt, wird auch daran deutlich, daß man durch die bewußte Verletzung dieser Pflicht sittlich schuldig wird. Wer etwa gegen seine bessere Einsicht, daß jeder Mensch Selbstzweck ist, dennoch nur sich selbst diese Selbstzwecklichkeit zubilligt und alle anderen als Mittel zum eigenen Wohl ansieht, ist aufgrund dieser seiner Selbstsucht Sünder schlechthin.

Ein sittliches Sollen dieser Art ist nun tatsächlich unabhängig vom Tun-Können; denn die sittliche Größe eines Heiligen kann, wie bereits gesagt, von anderen nur als solche anerkannt, nicht aber verwirklicht werden. Bei dem Anspruch auf Anerkennung bzw. Ablehnung handelt es sich demnach um eine Pflicht, deren Inhalt sich unabhängig vom Tun-Können des Menschen bestimmen läßt. Hier könnte also in der Tat so etwas wie ein ‚ideales' Sollen vorliegen.

Dies ist aber nicht der Fall; denn obwohl mit Recht gesagt werden kann,

110 *B. Schüller*, Die Begründung sittlicher Urteile, a. a. O. 31.
111 Ebd.

das Anerkennen-Sollen setze kein Tun-Können voraus, darf man nicht schließen, es setze überhaupt kein Können voraus. Anerkennen-Sollen setzt, wenn auch kein Tun-Können, so doch ein Anerkennen-Können voraus. Demjenigen z. B., der Franz von Assisi nur dem Namen nach kennt, nichts aber von seiner sittlichen Größe weiß, kann man keinen sittlichen Vorwurf machen, wenn er dessen Heiligkeit nicht bewundert. Wie sich also die Frage nach einem Tun-Sollen nur dann stellt, wenn ein Tun-Können vorausgesetzt wird, so stellt sich auch die Frage nach einem Anerkennen-Sollen nur dann, wenn ein Anerkennen-Können vorliegt. So gesehen scheint es sinnlos, etwa die Forderung aufzustellen, man solle die spezifische sittliche Größe eines völlig unbekannten Heiligen bewundern, von dem gerade vorausgesetzt wird, daß niemand von seiner Heiligkeit wissen kann. Das Axiom ‚Sollen setzt Können voraus' gilt demnach sowohl für das Anerkennen-Sollen als auch für das Tun-Sollen. Das Anerkennen-Sollen kann also nicht das mit dem Ausdruck ‚ideales Sollen' Gemeinte sein, sondern es ist wie das Tun-Sollen als eine ‚aktuelle' Pflicht anzusehen.

Welche Form des Sollens ist nun aber tatsächlich völlig unabhängig vom Können des Menschen? Infrage kommt nur noch das objektive Sein-Sollen des Wertes bzw. das Nicht-Sein-Sollen des Übels. N. Hartmann unterscheidet diese Form des Sollens sehr deutlich von der des ‚aktuellen' Sollens: „Das Sollen in diesem Sinn ist nicht das Tunsollen, das sich an ein wollendes Subjekt wendet. Es ist nur ein ideales oder reines Seinsollen. Daraus, daß etwas an sich wertvoll ist, folgt noch nicht, daß jemand es tun soll; es bedeutet aber wohl, daß es ‚sein' soll ... – ohne Unterschied seiner realen Wirklichkeit oder Unwirklichkeit, ja ohne Unterschied seiner realen Möglichkeit und Unmöglichkeit ... Das Tunsollen ist ... immer bedingt durch ein Seinsollen, aber nicht an jedem Seinsollen haftet ein Tunsollen. Ich würde das Seinsollende tun sollen, sofern es nicht schon ‚wäre', und sofern es in meiner Macht stünde. Dieses doppelte ‚Sofern' trennt die beiden Arten des Sollens."[112]

Da zwischen dem Sein-Sollen und dem ‚aktuellen' Sollen das Verhältnis von Grund und Begründetem besteht, muß es sich in der Tat um zwei streng voneinander zu unterscheidende Sachverhalte handeln. Sagt man von einem Sachverhalt, er solle sein, dann will man damit ausdrücken, er verdiene zu sein oder es sei besser, daß er ist, als daß er nicht ist. Auch wenn es nie einen hl. Franz von Assisi gegeben hätte, es ihn auch nie geben würde und darüber hinaus kein Mensch in der Lage wäre, seine Hei-

[112] *N. Hartmann*, a. a. O. 171. Vgl. zu dieser Unterscheidung auch: *H. Reimer*, Die Grundlagen der Sittlichkeit, Meisenheim 1974, 131ff.; *ders.*, Die philosophische Ethik, Heidelberg 1964, 124ff.

ligkeit zu erlangen, dann bliebe es dennoch sinnvoll zu sagen, eine solche Heiligkeit verdiene zu sein oder solle sein. Somit kann man, wie N. Hartmann schreibt, völlig unabhängig von der Wirklichkeit oder Unwirklichkeit, von der Realisierbarkeit oder Nichtrealisierbarkeit von Sachverhalten, sowie vom Können oder Nicht-Können des Handelnden sinnvoll sagen, etwas sei wertvoll und solle sein.

Anders verhält es sich dagegen mit dem ‚aktuellen' Sollen: Hierbei handelt es sich immer um den von einem Wert ausgehenden Anspruch, der an die Freiheit des Menschen appelliert, sich dem Wert entsprechend zu verhalten. Daher ist es nur dann sinnvoll zu sagen, jemand solle – im Sinn eines ‚aktuellen' Sollens – z. B. das Leben eines bestimmten Menschen retten, wenn dieser tatsächlich in Lebensgefahr schwebt und jener in der Lage ist, ihn zu retten. Während also das Sein-Sollen eines Wertes ohne Beziehung auf menschliche Freiheit und damit auf das Können gedacht werden kann, ist das ‚aktuelle' Sollen ein relativer Begriff, der sich nur im Hinblick auf die freie Stellungnahme eines Menschen definieren läßt. Das Sein-Sollen ist der zureichende Grund für einen Appell an die Freiheit, ohne selbst ein solcher Appell zu sein.

Wenn H. Thielicke nun behauptet, in all seinem Handeln bleibe der Mensch hinter dem eigentlich Gesollten zurück und werde daher notwendig sittlich schuldig, dann scheint er tatsächlich von diesem Sein-Sollen her zu argumentieren. Wie gezeigt wurde, bestimmt er den Inhalt der sittlichen Pflicht von einem Idealzustand der Welt her, in der es weder Übel noch Wertekollisionen gibt noch dem sittlichen Wollen des Menschen jemals der Erfolg versagt bleibt. Das hat zur Folge, daß er das ‚Sein-Sollen', von dem man sinnvollerweise beim Wert spricht, nicht als Synonym für die Gutheit eines Sachverhalts, sondern wie das ‚aktuelle Sollen' als einen relativen Begriff versteht, nämlich als einen Appell an die menschliche Freiheit. Der grundlegende Fehler H. Thielickes scheint demnach darin zu bestehen, daß er das ‚ideale' Sein-Sollen als ein ‚aktuelles' Sollen mißversteht.

Ein Grund für dieses Mißverständnis liegt sicher in der bei H. Thielicke und vielen anderen Theologen anzutreffenden Interpretation der Bergpredigt, oder genauer: einiger ihrer Antithesen. Sie alle verstehen die sittlichen Forderungen der Bergpredigt im wesentlichen als „Ausdruck des Willens Gottes ohne Rücksicht auf irdische Verhältnisse und Möglichkeiten".[113] Einer solchen Interpretation scheint ebenfalls die irrtümliche Annahme zugrunde zu liegen, beim ‚idealen' Sein-Sollen von Werten handle es sich um eine bestimmte Form von sittlicher Pflicht.

113 *W. Grundmann*, a. a. O. 189.

Hinsichtlich dieses Sachverhalts aber von ‚sittlicher Pflicht' zu sprechen ist äußerst mißverständlich; denn unter dem Wort ‚Pflicht' versteht man gerade einen Appell oder einen Anspruch an die Freiheit des Menschen, sich in bestimmter Weise zu verhalten. Legt man dem Wort ‚Pflicht' diese Bedeutung zugrunde, dann kann man nicht mehr sinnvoll von einer ‚idealen Pflicht' im Sinne einer von Freiheit und Können unabhängigen Pflicht sprechen, denn dies würde heißen, daß man von einem ‚nicht auf Freiheit bezogenen auf Freiheit bezogenen Sollen' redete. Ähnlich verhält es sich mit den Wörtern ‚Schuld', ‚Sünde', ‚Reue', ‚Vergebung' usw. Auch sie sind immer auf die Freiheit des Menschen bezogen und können daher ebenfalls nicht, ohne zu kaum überwindbaren Mißverständnissen zu führen, in Zusammenhängen verwendet werden, in denen von Freiheit und Können ausdrücklich abgesehen wird.

Die Analyse hat somit ergeben, daß H. Thielicke und all jene Ethiker, die wie er den Inhalt der sittlichen Pflicht von einem Idealzustand her bestimmen wollen, die Wörter ‚Pflicht', ‚Schuld', ‚Reue', ‚Vergebungsbedürftigkeit' auch für solche Sachverhalte verwenden, die kaum etwas mit dem zu tun haben, was man gewöhnlich ‚Schuld' usw. nennt. Daher ist es auch im höchsten Maße mißverständlich, bei dem mit jeder Wahl von Werten notwendig verbundenen Ausschluß aller anderen Werte von der ‚fundamentalen sittlichen Falschheit' einer solchen Handlungsweise zu sprechen. Denn das, was nur in einer idealen Welt als möglich erscheint, ist für einen Handelnden in dieser Welt kein möglicher Gegenstand seiner Wahl. ‚Sittlich richtig' und ‚falsch' sind aber, wie gezeigt, relative, das heißt auf die Freiheit des Handelnden bezogene Begriffe und können daher nicht in Zusammenhängen mit nicht wählbaren Sachverhalten verwendet werden.

Was könnte aber der Anlaß dafür sein, daß einige Ethiker meinen, von ‚Falschheit' und ‚Schuld' auch unabhängig von der Freiheit und dem Können des Menschen sprechen zu müssen? Ein möglicher Grund ist darin zu sehen, daß der Gebrauch des Wortes ‚Schuld' in der Umgangssprache nicht eindeutig ist. So kann man z. B. jemandem eine Erklärung oder geliehenes Geld, sowie die Erfüllung eines Wunsches, eines Versprechens oder irgendeiner eingegangenen Verpflichtung ‚schuldig bleiben'. Eine solche Unterlassung bedeutet aber nicht immer auch schon, daß der Handelnde für diese seine Unterlassung in dem Sinne verantwortlich ist, daß sie ihm sittlich anzulasten wäre. Zahlt man z. B. geliehenes Geld nicht zum festgesetzten Termin zurück, weil es einem etwa gestohlen worden ist, so bleibt man dem Gläubiger zwar das Geld schuldig, ohne daß dies einem auch als persönliche sittliche Schuld vorgeworfen werden könnte. Nicht jedes ‚Schulden' oder ‚Schuldig-bleiben' ist daher immer auch schon ein sittliches ‚Schuldig-sein' oder ‚Schuldig-werden'. Der Gebrauch des gleichen Wortes ‚Schuld' für zwei verschiedene Sachverhalte legt den Fehlschluß nahe, von der Tatsache des ‚Schuldig-bleibens' unvermittelt auf ein sittliches ‚Schuldig-werden' zu schließen.

Entsprechend verhält es sich mit dem Ausdruck ‚Es tut mir leid!' Entweder äußert man durch ihn sein Bedauern darüber, daß man trotz besten Willens und Bemühens ein Übel nicht verhindern konnte, oder aber man drückt seine Reue darüber aus, daß man aus egoistischen Gründen ein Übel nicht verhindert hat, welches man hätte verhindern können. Aufgrund eines solchen undifferenzierten Wortgebrauchs liegt es nahe, das aufrichtige Bedauern angesichts des eigenen Unvermögens, bestimmte Übel zu beseitigen oder zu verhindern, mit der Reue zu verwechseln, die man wegen einer Handlung oder Unterlassung aus selbstsüchtigen Motiven empfindet, und daraus zu schließen, auch im Falle des Unvermögens müsse man in irgendeinem Sinn von einer falschen und daher schuldhaften Verhaltensweise sprechen.

Für die Annahme, daß die Verwechslung von Bedauern und Reue Anlaß für die Verwendung von Wörtern wie ‚Pflicht', ‚Schuld', ‚Vergebungsbedürftigkeit' usw. auch in jenen Zusammenhängen sein könnte, in denen eine freie Wahl von vornherein ausgeschlossen ist, spricht die nähere Charakterisierung einer solchen auf ‚fundamentaler sittlicher Falschheit' beruhenden Schuld, wie sie sich etwa bei N. Hartmann findet. Er sagt, daß man eine solche Schuld „tragen und in seiner Tragfähigkeit mit ihr wachsen" solle, so daß man sie „mit Stolz tragen" könne: „Die unvermeidliche Schuld gerade ist es, was allein den Menschen vor fauler Moral bewahren kann."[114] Wenn man durch diese Art der Schuld vor „fauler Moral" bewahrt wird, wenn sie „notwendig" und „legitim" ist, wie auch H. Thielicke meint, und man sie „mit Stolz tragen" kann, dann muß es sich doch um eine Form von Schuld handeln, die anzustreben ist und die geschätzt zu werden verdient. Ihr kommt demnach ein gerundivischer Charakter zu. Hier wird das Wort ‚Schuld' weitestgehend seiner sittlich negativ wertenden Bedeutung beraubt; sie ist wie das Bedauern in bestimmten Situationen sittlich gefordert.

Die Behauptung H. Thielickes, jeder Kompromiß sei in einem fundamentalen Sinn sittlich falsch, weil man durch ihn notwendig gegen ein zwar unerfüllbares, dennoch aber streng verpflichtendes Gebot Gottes verstoße, ist also nicht aufrechtzuerhalten. Gegen diese These wäre allerdings nichts einzuwenden, wenn man sie in folgender Weise interpretierte: Jeder Kompromiß stellt insofern ein bedauerliches Übel dar, als durch ihn

[114] *N. Hartmann,* a. a. O. 464.

das Wünschenswerte nur zu einem Teil verwirklicht werden kann. Gewöhnlich bestimmen die Vertreter der Möglichkeit von Pflichtenkollisionen im eigentlichen Sinn den Inhalt der sittlichen Forderungen nicht, wie H. Thielicke es tut, grundsätzlich von einem Idealzustand der Welt her und folgern dann daraus, *alle* Kompromisse seien in einer fundamentalen Weise sittlich anfechtbar. Vielmehr kennen sie einige wenige Pflichten, die sie als Handlungen von bestimmter Art für ausnahmslos gültig halten, und kommen dann zu dem Schluß, die *wenigen* Kompromisse, die bei möglichen Kollisionen solcher Pflichten notwendig würden, seien in einem fundamentalen Sinne falsch, und daher werde man durch sie notwendig sittlich schuldig. Hier handelt es sich um eine gegenüber den Ausführungen H. Thielickes etwas anders gewendete Begründung, die aber auch bei dessen Überlegungen eine Rolle gespielt haben könnte. Zweifellos findet sie sich jedoch bei W. Trillhaas. Zwar verwendet dieser in den genannten Fällen nicht das Wort ‚Kompromiß', doch kennt er den Sachverhalt des notwendigen Schuldig-werdens angesichts der möglichen Kollision *bestimmter* Pflichten. Da er, wie gezeigt wurde, ausdrücklich an dem Axiom ‚Sollen setzt Können voraus' festhält – wie etwa auch N. Hartmann –, ist zu fragen, ob die Behauptung solcher Pflichtenkollisionen tatsächlich mit dem genannten Axiom vereinbar ist.

II. Die Annahme deontologischer Normen als Grund für die Behauptung der fundamentalen sittlichen Falschheit einiger Kompromisse, dargestellt am Beispiel des Verbots der Falschaussage

Wie H. Thielicke so veranschaulichen auch viele andere Ethiker, die die Frage der Möglichkeit von Pflichtenkollisionen diskutieren, das Problem am Beispiel der Norm, nicht die Unwahrheit zu sagen. Vielfach sind sie der Meinung, diese Norm sei in dem Sinn ausnahmslos gültig, daß jede absichtliche Falschaussage ohne Rücksicht auf die Folgen sittlich anfechtbar sei.[115] Trotz der Übereinstimmung im Verständnis dieser Pflicht sind sie hinsichtlich der Möglichkeit von Pflichtenkollisionen unterschiedlicher Meinung. I. Kant etwa lehnt sie, wie bereits gezeigt wurde, ausdrücklich ab, während z. B. N. Hartmann, obwohl er wie I. Kant an dem Axiom ‚Sollen setzt Können voraus' festhalten will, sie im Fall der Pflicht zur

115 Vgl. zum Problem der Falschaussage etwa: *O. Lipmann–P. Plaut,* Die Lüge in psychologischer, philosophischer, sprach- und literaturwissenschaftlicher und entwicklungsgeschichtlicher Betrachtung, Leipzig 1927; *A. Kern,* Die Lüge, Graz 1930; *K. Hörmann,* Wahrheit und Lüge, Wien–Müchnen 1953; *G. Müller,* Die Wahrhaftigkeitspflicht und die Problematik der Lüge, Freiburg 1962.

wahrheitsgemäßen Aussage unter Umständen für gegeben hält. Die Auffassungen dieser beiden Ethiker sollen im folgenden zur Veranschaulichung einer typischen Argumentationsweise dargestellt werden.

1. I. Kant und N. Hartmann

Wie in der Tradition üblich, definiert *I. Kant* die bewußte Falschaussage als eine „vorsätzliche Unwahrheit in Äußerung [der] Gedanken", als „aliud lingua promptum, aliud pectore inclusum gerere".[116] Unter einer Falschaussage versteht er demnach die bewußt herbeigeführte Nicht-Übereinstimmung zwischen dem, was man sagt, und dem, was man denkt. Daß jede Falschaussage mit dem „harten Namen" ‚Lüge' bezeichnet werden müsse, ist nach I. Kant „für sich selbst klar". Daher verdiene jeder, der lüge, „moralische Verachtung", und „Ehrlosigkeit" begleite den Lügner „wie sein Schatten".[117] Die Lüge sei „Wegwerfung und gleichsam Vernichtung [der] Menschenwürde", sie sei „die größte Verletzung der Pflicht des Menschen gegen sich selbst". Durch eine Lüge mache sich der Mensch nämlich „in seinen eigenen Augen zum Gegenstand der Verachtung" und verletze „die Würde der Menschheit in seiner eigenen Person".[118]

I. Kant begründet die Verwerflichkeit jeder Mitteilung von „Gedanken an jemanden durch Worte, die doch das Gegenteil von dem (absichtlich) enthalten, was der Sprechende dabei denkt", an dieser Stelle damit, daß eine solche vorsätzliche Falschrede der ‚Natur' der Sprache widerspreche. Eine solche Mitteilung sei „ein der natürlichen Zweckmäßigkeit seines Vermögens der Mitteilung seiner Gedanken gerade entgegen gesetzter Zweck". Wer in diesem Sinne die Sprache mißbrauche, handle nicht der „Persönlichkeit" des Menschen gemäß, nicht als Mensch, sondern als „eine täuschende Erscheinung vom Menschen".[119]

I. Kant argumentiert also folgendermaßen: Der Zweck der Sprache besteht ihrem Wesen oder ihrer ‚Natur' nach darin, die Vermittlung als wahr erkannter Sachverhalte zu ermöglichen. Dieser ‚natürliche' Zweck der Sprache ist insofern für den Menschen sittlich bindend, als er niemals gegen diesen Zweck handeln darf. Zweck jeder Falschaussage ist es aber, die Vermittlung als wahr erkannter Sachverhalte zu verhindern. Daher ist jede Falschaussage, weil gegen die ‚Natur' der Sprache, sittlich ver-

116 *I. Kant,* Die Metaphysik der Sitten, a. a. O. 562.
117 Ebd.
118 Ebd.
119 Ebd. 563.

werflich. Sollte I. Kant an dieser Stelle die faktische ‚Natur' der Sprache als sittlich normativ verstehen, dann würde er in der Tat aus einem Sein ein Sollen ableiten und folglich den naturalistischen Fehlschuß begehen.[120]
In seiner kurzen Schrift ‚Über ein vermeintes Recht aus Menschenliebe zu lügen' gibt I. Kant seinem Argument aber eine andere Richtung. Hier sagt er: Durch die Falschaussage tue man „im wesentlichsten Stücke der Pflicht überhaupt Unrecht: d. h. ich mache, so viel an mir ist, daß Aussagen (Deklarationen) überhaupt keinen Glauben finden, mithin auch alle Rechte, die auf Verträgen gegründet werden, wegfallen und ihre Kraft einbüßen; welches ein Unrecht ist, das der Menschheit überhaupt zugefügt wird".[121] Wahrhaftigkeit sei eine Pflicht, „die als die Basis aller auf Vertrag zu gründenden Pflichten angesehen werden muß, deren Gesetz, wenn man ihr auch nur die geringsten Ausnahmen einräumt, schwankend und unnütz gemacht wird".[122]
Durchweg interpretiert man diese Argumentation I. Kants dahingehend, daß er die Behauptung, unter gewissen Umständen sei eine Falschaussage gerechtfertigt, als ein ‚self defeating principle'[123], wie man in der angelsächsischen Philosophie sagen würde, erklärt: Der Zweck der Institution ‚Sprache' besteht anerkanntermaßen in der Vermittlung als wahr erkannter Sachverhalte. Würde diese Institution die Regel in sich aufnehmen, unter bestimmten Voraussetzungen sei es erlaubt, zur Täuschung des andern die Unwahrheit zu sagen, dann könnte man in keinem einzigen Fall mehr sicher sein, daß eine solche Voraussetzung nicht vorläge; denn niemand, der meint, eine Falschaussage machen zu sollen, kann dies dem andern mitteilen, ohne dadurch seine Täuschungsabsicht zu vereiteln. Wenn man aber prinzipiell in keiner denkbaren Situation den Ausnahmefall ausschließen könnte, dann bestünde niemals Grund, den Aussagen anderer zu vertrauen; die Sprache wäre nicht mehr geeignet, ihren Zweck zu erfüllen. Damit aber könnte auch der Zweck der Ausnahmeregel, unter bestimmten Voraussetzungen sei es erlaubt, zur Täuschung des andern die Unwahrheit zu sagen, nicht mehr erreicht werden. Eine solche Ausnahmeregel würde sich also selbst aufheben.
Man kann I. Kant zugestehen, daß es unsinnig scheinen könnte, eine Institution zu haben, deren Zweck es ist, Kommunikation zu ermöglichen,

120 Vgl. zu dem entsprechenden Fehlschluß I. Kants in bezug auf das aufrichtige Geben von Versprechen: *R. Ginters*, Versprechen und Geloben, Düsseldorf 1973, 104–111.

121 *I. Kant*, Über ein vermeintes Recht aus Menschenliebe zu lügen, a. a. O. 638.

122 Ebd. 639.

123 Gemeint ist der Sachverhalt, daß jemand sich selbst den Ast absägt, auf dem er sitzt.

und in sie zugleich die Regel aufzunehmen, durch die unter bestimmten Umständen Kommunikation unmöglich gemacht wird. Bestünde die einzige Aufgabe des Menschen darin, wahre Mitteilungen zu machen, hätte I. Kant mit seinem Einspruch sicherlich Recht. Dies ist jedoch nicht der Fall. Der Mensch hat noch eine Vielzahl anderer Aufgaben zu erfüllen, wozu ihm häufig die Sprache als Hilfsmittel dienen kann. Der Widerstandskämpfer z. B. ist in der Lage, durch sein Sprechen nicht nur wahre Aussagen zu machen, sondern auch seine Freunde zu schützen. Würde er verlangen, in die Institution ‚Sprache' müsse die Ausnahmeregel aufgenommen werden, jedem sei es erlaubt, zum Schutz des Lebens seiner zu Unrecht verfolgten Freunde die Unwahrheit zu sagen, dann handelte es sich dabei keineswegs um ein ‚self defeating principle'. Denn obwohl recht häufig – und sicherlich auch oft aus den fadenscheinigsten Gründen – die Unwahrheit gesagt wird, wird in der Regel der Fälle trotzdem der Zweck der Sprache erreicht und damit auch die mit einer unwahren Aussage verfolgte Absicht nicht unmöglich gemacht. Die Frage, ob es sich in einem bestimmten Fall um ein ‚self defeating principle' handelt, läßt sich immer nur empirisch überprüfen.

Wie löst I. Kant aber nun das schwierige Problem, das dann auftritt, wenn die unbedingte sittliche Pflicht, nicht die Unwahrheit zu sagen, mit anderen Forderungen, etwa ein Menschenleben zu retten, kollidiert oder zu kollidieren scheint? Wie bereits gezeigt, hält er aufgrund des Axioms ‚Sollen setzt Können voraus' Pflichtenkollisionen im eigentlichen Sinn für unmöglich. Seiner Ansicht nach kann von konkurrierenden Handlungsalternativen immer nur eine einzige diejenige sein, „zu der jemand verbunden" ist.

In der soeben erwähnten Schrift zeigt I. Kant, daß er sowohl an der Unbedingtheit der sittlichen Pflicht, keine Falschaussage zu machen, als auch an der Unmöglichkeit von Pflichtenkollisionen festhält. Er greift den von Benjamin Constant ihm gegenüber erhobenen Vorwurf auf, er würde die „jede Gesellschaft zur Unmöglichkeit" machende Behauptung aufstellen, „daß die Lüge gegen einen Mörder, der uns fragte, ob unser von ihm verfolgter Freund sich nicht in unser Haus geflüchtet, ein Verbrechen sein würde."[124] I. Kant gesteht zu, diese Äußerung getan zu haben, auch wenn er sich nicht besinnen könne, an welcher Stelle. Er sieht sich aber nicht veranlaßt, sie zurückzunehmen, sondern er versucht, sie zu rechtfertigen. An diesem Versuch interessiert im vorliegenden Zusammenhang nur, wie er klarmacht, daß man durch eine pflichtgemäße wahrhaftige Aussage nicht zugleich eine andere Pflicht verletzen könne.

[124] Ebd. 637.

Er wirft B. Constant vor, dieser unterscheide nicht zwischen der Handlung, „wodurch jemand einem anderen schadet (nocet), indem er die Wahrheit, deren Geständnis er nicht umgehen kann, sagt," und der Handlung, wodurch man einem andern „Unrecht tut (laedit)".[125] Auf den beschriebenen Fall angewendet, bedeutet dies: wer dadurch, daß er pflichtgemäß handelt und die Wahrheit sagt, nicht verhindert, daß sein Freund in die Hände eines Mörders gerät, schadet zwar seinem Freund, tut diesem jedoch kein Unrecht an. I. Kant geht dann noch einen Schritt weiter: Ein Schaden, der durch pflichtmäßiges Handeln entstehe, sei im Grunde nicht dem Handelnden, sondern dem Zufall zuzuschreiben. Jeder habe nicht allein das Recht, sondern „sogar die strengste Pflicht zu Wahrhaftigkeit in Aussagen, die er nicht umgehen kann: sie mag nun ihm selbst oder anderen schaden. Er selbst tut also hiermit dem, der dadurch leidet, eigentlich nicht Schaden, sondern diesen verursacht der Zufall."[126]
Ganz ähnlich spricht, wie bereits erwähnt wurde, auch N. H. Søe: Statt die mit dem pflichtgemäßen Handeln häufig verbundenen unvermeidlichen Übel dem Zufall anzulasten, spricht er davon, der Christ dürfe solche „unglückliche Folgen ... auf Gott legen",[127] das heißt, er ist für sie nicht verantwortlich zu machen.
Von I. Kants Voraussetzung her, daß es in jedem Fall sittlich falsch sei, die Unwahrheit zu sagen, ist seine Behauptung zweifellos richtig, dem Handelnden seien die mit seiner wahrheitsgemäßen Aussage unvermeidlich verbundenen üblen Folgen, seien sie auch noch so schlimm, moralisch nicht anzulasten. Die sittlich richtige Handlung ist immer die bessere Möglichkeit; sie ist daher immer allen anderen möglichen Alternativen, weil sie die schlechteren sind, vorzuziehen. In der Macht und damit in der Verantwortlichkeit des Handelnden steht bei zwei Handlungsmöglichkeiten immer nur die Differenz zwischen der besseren und der schlechteren Alternative. Wählt er die bessere, dann hat selbstverständlich das Übel, das auch noch mit dieser Wahl verbunden ist, niemals in seiner Macht gelegen. Diese Verbindung ist vom Handelnden her gesehen, wie I. Kant sagt, rein zufälliger Art. Der Handelnde mag dieses mit seiner richtigen Handlung verbundene Übel bedauern, er muß sich aber auch sagen, daß er es nicht durch die Wahl der schlechteren Handlungsalternative hätte verhindern dürfen, weil er dann nicht das Pflichtgemäße getan und folglich seine moralische Integrität verloren hätte.
Aufgrund der oft fast unerträglichen Übel, die mit einer wahrhaftigen

125 Ebd. 640.
126 Ebd. 641.
127 *N. H. Søe,* a. a. O. 92.

Aussage verbunden sein können, schrecken jedoch viele Ethiker davor zurück, wie I. Kant eine bedingungslose Vermeidung der Falschaussage zu fordern. Nach den bisherigen Überlegungen scheinen ihnen nur zwei Lösungsmöglichkeiten zu bleiben: Entweder müssen sie die Richtigkeit der Norm, unter allen Umständen sei die Falschaussage zu vermeiden, bezweifeln, oder sie müssen an deren Richtigkeit festhalten und unter Wahrung des Axioms ‚Sollen setzt Können voraus' dennoch die Möglichkeit von Pflichtenkollisionen behaupten. Diesen zweiten Weg versucht N. Hartmann zu gehen.

Wie I. Kant versteht *N. Hartmann* unter der bewußten ‚Falschaussage' – er spricht hier von ‚Unwahrhaftigkeit' – jede vorsätzlich herbeigeführte Nicht-Übereinstimmung der Worte des Sprechenden mit seinen Gedanken. Auch er sieht in jeder Falschaussage eine Lüge, das heißt ein sittlich verwerfliches Tun; denn jede Falschaussage stelle insofern einen Mißbrauch der Sprache dar, als durch sie der Zweck der Rede, „Zeugnis der wirklichen Meinung, Überzeugung, Gesinnung des Menschen zu sein", nicht erfüllt werde. Auch er beruft sich also zur Begründung der Norm wie I. Kant auf die ‚Natur' der Sprache, fügt dieser Begründung aber noch den Gesichtspunkt hinzu, daß man durch eine Falschaussage das „gute Zutrauen" dessen, der durch sie in die Irre geführt werde, mißbrauche. Eine Falschaussage sei also nicht nur „Sinnverletzung der Rede, sondern zugleich Täuschung der fremden Person auf Grund ihres Glaubens".[128]

Entscheidend für die weiteren Überlegungen N. Hartmanns ist, daß er die Wahrhaftigkeit als „Übereinstimmung der Rede mit dem Gedanken (der Überzeugung)"[129] für einen „sittlichen Wert" hält und entsprechend die Unwahrhaftigkeit oder die bewußte Falschaussage für ein sittliches Übel.[130] Davon unterscheidet er dann ausdrücklich die Wahrheit und den Irrtum, die er als „objektive Übereinstimmung" bzw. Nicht-Über-

128 *N. Hartmann*, a. a. O. 461.
129 Ebd.
130 Wenn N. Hartmann an dieser Stelle das Wort ‚sittlicher Wert' gebraucht, dann will er sicherlich sagen, daß die Vermeidung einer Falschaussage sittliche Pflicht sei, so wie er später etwa von der „sittlichen Pflicht, drohendes Unheil abzuwehren", spricht. Vermutlich hat er sich durch das Wort ‚Wahrhaftigkeit' irreführen lassen. Wenn man unter ‚Wahrhaftigkeit' – wie es in der Regel wohl der Fall ist – eine bestimmte Tugend versteht, dann ist es durchaus sinnvoll, von einem ‚sittlichen Wert' zu reden. In diesem Zusammenhang geht es in den Ausführungen N. Hartmanns aber nicht um die *Tugend* der Wahrhaftigkeit, sondern um eine bestimmte *Handlungsweise*, nämlich um die Vermeidung der Falschaussage. In bezug auf Handlungen spricht man aber zur Vermeidung von Mißverständnissen besser statt von ‚sittlichem Wert' von ‚sittlicher Pflicht'.

einstimmung „des Gedankens (bzw. der Überzeugung) mit dem seienden Sachverhalt“[131] definiert, als ein nicht-sittliches Gut bzw. Übel.

Die Wahrheit ist für ihn deshalb kein sittlicher Wert, weil „diese Übereinstimmung ... von nichts weniger abhängig [ist] als vom freien Willen des Menschen“.[132] Demgegenüber sagt er von der Wahrhaftigkeit: „Diese Übereinstimmung herzustellen steht in der Macht des Menschen, für sie trägt er die Verantwortung. Wahrhaftigkeit ist sittlicher Wert.“[133] Offensichtlich hält N. Hartmann also an dem Axiom ‚Sollen setzt Können voraus‘ fest.

Wie löst er dann aber das Problem der sogenannten Notlüge? Grundsätzlich erklärt er: „Der Wahrhaftigkeitswert mit seiner spezifischen sittlichen Forderung läßt durchaus keine ‚Ausnahmen‘ zu. Was man die ‚Notlüge‘ genannt hat, ist und bleibt wertwidrig – wenigstens im Sinne des Wahrhaftigkeitswertes. Kein Zweck kann das Mittel bewußter Täuschung heiligen – nämlich in dem Sinne heiligen, daß es aufhörte, moralisches Vergehen zu sein“.[134]

Im Gegensatz zu I. Kant ist mit dieser Feststellung das ethische Problem der ‚Notlüge‘ für N. Hartmann aber noch nicht abgeschlossen. Seiner Meinung nach kann der Mensch in Situationen geraten, in denen die Wahrhaftigkeit mit einem anderen „gleich hohen (oder auch höheren) Wert“ kollidiere und der Handelnde gar nicht anders könne als einen der konkurrierenden Werte ausschließen. Diesem Wert gegenüber müsse er sich ‚wertwidrig‘ verhalten, er müsse sich an ihm ‚versündigen‘. In einer solchen Situation befinde sich z. B. der Arzt, „der dem hochgefährdeten Patienten die Wahrheit über seine Lage“ sage. Zwar genüge er der Norm, nicht die Unwahrheit zu sagen, aber „er versündigt sich gegen seine Berufspflicht“. In einer ähnlichen Konfliktsituation befinde sich „der gefangene Soldat, der sich, vom Feinde befragt, die Wahrheit über taktische Dinge abnötigen läßt“, wodurch er sich zum „Hochverräter“ mache, oder auch „der Freund, der das in höchstem persönlichen Vertrauen Mitgeteilte nicht vor zudringlichen Fragen mit allen Mitteln zu verschleiern trachtet“ und dadurch „Vertrauensbruch“ begehe.[135]

In allen solchen Situationen stehe der Handelnde vor Pflichtenkollisionen im eigentlichen Sinn: Wie er auch handelt, er wird notwendig sittlich schuldig. Dies zeige sich daran, daß „der Arzt, der Gefangene, der befragte Mitwisser seine sittliche Pflicht, drohendes Unheil abzuwehren“,

131 Ebd. 460.
132 Ebd.
133 Ebd. 461.
134 Ebd. 462f.
135 Ebd. 463f.

nur dann erfüllen könne, wenn er „zur Lüge" greife. „Greift er aber zur Lüge, so macht er sich auf der andern Seite am Wahrhaftigkeitswert schuldig." Es liege „im Wesen solcher sittlichen Konflikte, daß in ihnen Wert gegen Wert steht, und daß es nicht möglich ist, aus ihnen hervorzugehen, ohne schuldig zu werden".[136]
N. Hartmann erklärt, er habe seine Beispiele mit Absicht so gewählt, „daß dem Wahrhaftigkeitswert der jedesmal gegenüberstehende andere Wert überlegen erscheint" und der sittlich Hochstehende geneigt sei, „sich zugunsten des anderen Wertes zu entscheiden und die Lüge auf sich zu nehmen".[137] Die Schuld, die der sittlich Hochstehende bei der Verletzung des Wahrhaftigkeitswertes in solchen Situationen auf sich nimmt, beschreibt N. Hartmann, worauf bereits an anderer Stelle hingewiesen wurde, als eine Schuld, die man auf sich nehmen solle und die man „mit Stolz tragen" könne.
In ihren Überlegungen stimmen N. Hartmann und I. Kant also darin überein, daß beide die Norm, nicht die Unwahrheit zu sagen, für in sich richtig halten. Damit meinen sie, jede Falschaussage sei sittlich verwerflich, unabhängig davon, welche Übel dadurch verhindert werden könnten. Eine solche Handlungsanweisung, deren Inhalt „überhaupt nicht oder jedenfalls nicht ausschließlich von ihren Folgen her" bestimmt wird, nennt man in der angelsächsischen ethischen Literatur ‚deontologisch'.[138] Außer am deontologisch begründeten Verbot der Falschaussage halten beide Ethiker auch an dem Axiom ‚Sollen setzt Können voraus' fest. Trotz dieser Übereinstimmung lehnt N. Hartmann aber die Folgerung I. Kants, auch die schlimmsten Übel seien um der Vermeidung einer Falschaussage willen in Kauf zu nehmen, als „starren Rigorismus" ab und plädiert stattdessen dafür, man solle in solchen Fällen lieber durch eine Falschaussage die Übel vermeiden und die damit verbundene Schuld in Kauf nehmen. Kann N. Hartmann aber wirklich an dem Axiom ‚Sollen setzt Können voraus' festhalten und zugleich die Möglichkeit von Pflichtenkollisionen im eigentlichen Sinne behaupten?

136 Ebd.
137 Ebd.
138 Vgl. zu dieser Terminologie: *B. Schüller,* Die Begründung sittlicher Urteile, a. a. O. 139.

2. *Die Verletzung des Widerspruchsprinzips bei der Annahme von möglichen Kollisionen ‚aktueller' deontologisch begründeter Pflichten*

Aus den Ausführungen N. Hartmanns ging hervor, daß er wohl deshalb meint, eine Falschaussage zur Verhinderung großen Unheils sei sittlich anfechtbar, weil er der Ansicht ist, der Handelnde sei grundsätzlich in der Lage, die Wahrheit zu sagen. Auf den ersten Blick scheint in den von N. Hartmann genannten Fällen tatsächlich das Axiom ‚Sollen setzt Können voraus' gewahrt zu sein; denn der Arzt kann sowohl dem Patienten die Wahrheit sagen als ihn auch schonen; der Widerstandskämpfer kann – um ein Beispiel H. Thielickes aufzugreifen – sowohl die Wahrheit sagen als auch seine Freunde retten. Hält diese Beschreibung der Konfliktsituation aber einer genauen Prüfung stand?

Was liegt wirklich in der Macht des Widerstandskämpfers,[139] der seine Gesinnungsgenossen nur dadurch zu retten vermag, daß er den Untersuchungsrichter durch Falschaussagen irreführt? Hierbei wird vorausgesetzt, daß der Verhörte sein Ziel durch bloßes Schweigen nicht erreichen kann, weil er in diesem Fall auch durch sein Schweigen die gewünschten Informationen preisgeben würde.

Sieht man einmal von dem Konfliktfall ab und denkt sich eine Situation, in der jemand einzig vor der zugegebenermaßen irrealen Alternative steht, einem andern entweder die Wahrheit zu sagen oder ihn durch eine Falschaussage irrezuführen – wiederum sei die Möglichkeit zu schweigen ausgeschlossen –, dann könnte dieser entweder den Wert, der im Wissen der Wahrheit besteht, oder das Übel, das mit einer Irreführung verbunden ist, verwirklichen. Wenn nichts anderes zur Wahl steht als ein Wert A und ein Übel –A, dann ergibt sich allein aus der Bedeutung des Wortes ‚Wert', daß A dem Übel –A vorgezogen werden soll, d. h. die Wahl von A ist sittlich richtig. In diesem Fall steht sowohl die Wahl von A, als auch die von –A ganz in der Macht des Handelnden; er *soll* den Wert A wählen und *kann* es auch.

Ganz entsprechend wäre in dem gleichfalls irrealen Fall zu urteilen, daß jemand einzig vor der Alternative stünde, das Leben seiner Freunde zu retten oder es nicht zu tun. Das Leben stellt einen Wert dar, der Verlust des Lebens dagegen ein Übel. Steht auch hier nichts anderes zur Wahl als der Wert B und das Übel –B, dann ist die Wahl des Wertes B ebenfalls selbstverständlich sittlich richtig, und auch sie liegt ganz in der Macht des Handelnden.

139 Für die folgenden Überlegungen wird angenommen, daß es sich um einen sittlich gerechtfertigten Widerstand handelt.

Was aber ist einem Handelnden möglich, wenn diese beiden Alternativen nicht in verschiedenen Situationen voneinander losgelöst, sondern in einer einzigen zur Wahl stehen? Zunächst kann man an ein nur zeitliches Zusammenfallen denken. In einer solchen Situation stünde der Handelnde vor vier Handlungsmöglichkeiten: Er kann die Wahrheit sagen und das Leben seiner Freunde retten (Wert A und Wert B) oder auch irreführen und Leben retten (Übel –A und Wert B); weiterhin ist es ihm möglich, die Wahrheit zu sagen und das Leben seiner Freunde nicht zu retten (Wert A und Übel –B) sowie irrezuführen und Leben nicht zu retten (Übel –A und Übel –B). Offensichtlich sollte der Handelnde die erste Möglichkeit wählen, das heißt die Verwirklichung der beiden Werte A und B; und dies stünde auch in seiner Macht.
Wie steht es aber mit dem Können des Widerstandskämpfers, wenn die beiden Alternativen nicht nur zeitlich, sondern darüber hinaus auch in einem Bedingungsverhältnis derart miteinander verknüpft sind, daß die Rettung des Lebens der Gesinnungsgenossen nur durch bewußte Irreführung des Untersuchungsrichters möglich ist? Aufgrund des Bedingungszusammenhangs hat der Widerstandskämpfer nur noch zwei Handlungsmöglichkeiten: Er kann entweder die Unwahrheit sagen und das Leben seiner Freunde retten (Übel –A und Wert B) oder die Wahrheit sagen und seine Freunde ausliefern (Wert A und Übel –B). Die Aussage, der Widerstandskämpfer könne sowohl die Wahrheit sagen als auch seine Freunde retten, ist also irreführend, insofern in den genannten Alternativen nur die verwirklichbaren Werte, nicht aber auch die notwendig damit verknüpften Übel angegeben werden. In der Macht des Handelnden liegt demnach nicht die Realisierung der Werte A und B, sondern nur die der Differenz zwischen dem Übel der Unwahrheit und dem Wert des Lebens (–A + B) einerseits, sowie dem Wert der Wahrheit und dem Übel des Lebensverlustes (A + (–B)) anderseits, das heißt der Differenz zwischen den Werten A und B.
Was mit dieser Wertdifferenz, die allein in der Macht des Handelnden liegt, gemeint ist, läßt sich vielleicht deutlicher an einer Konkurrenzsituation zeigen, in der es um die Verwirklichung ein und desselben nicht-sittlichen Wertes, allerdings in quantitativ unterschiedlichem Ausmaß geht. Angenommen, ein Angestellter des Hilfswerks ‚Misereor' habe den Auftrag, eine bestimmte Summe Geldes zur Bekämpfung des Hungers in der Welt einzusetzen, und ihm böte sich nur folgende Alternative: In einem Land A könnte er mit dieser Summe auf lange Sicht gesehen 2000 Menschen von dieser Not befreien, wohingegen er – bei gleicher Bedürftigkeit der Hungernden – in einem anderen Land B nur 1500 Menschen in gleicher Weise helfen könnte. Wieviel Not zu lindern liegt in der Macht

dieses Angestellten? Da er voraussetzungsgemäß angehalten ist, diese Summe für diesen bestimmten Zweck einzusetzen, liegt es nicht in seinem Können und damit nicht in seiner Verantwortlichkeit, daß er die Not von 1500 Menschen lindert. Anderseits kann er aber auch nicht den Hunger von mehr als 2000 Menschen mit der ihm zur Verfügung stehenden Summe stillen. In seiner Macht und damit in seiner Verantwortlichkeit steht also allein die Differenz zwischen der Linderung der Not von 2000 und von 1500, das heißt also von 500 Hungernden. Er ist daher, wenn keine weiteren Gesichtspunkte eine Rolle spielen, sittlich verpflichtet, das Geld im Land A anzulegen. Wenn er es täte, dann wäre ihm kein sittlicher Vorwurf zu machen, daß er den Hunger von 1500 Menschen im Land B nicht stillte. Würde er das Geld dagegen im Land B anlegen, verdiente er einen sittlichen Vorwurf. Dieser dürfte aber nicht darin bestehen, daß er nicht 2000 Menschen im Land A geholfen hätte, sondern nur darin, daß er 500 weniger vom Hunger befreit hätte, als ihm möglich gewesen wäre.
Wenn also N. Hartmann – und mit ihm sicherlich auch W. Trillhaas – der Meinung ist, die Pflicht, nicht die Unwahrheit zu sagen, sei weniger gewichtig als etwa die, Leben zu retten,[140] und beide Ethiker außerdem gewillt sind, konsequent an dem Axiom ‚Sollen setzt Können voraus' festzuhalten, dann können sie nicht, ohne sich selbst zu widersprechen, in solchen Fällen das Vorliegen von Pflichtenkollisionen im eigentlichen Sinn behaupten. Das bedeutet für das Beispiel des Widerstandskämpfers: Dieser kann nur für die zwischen dem Wert der wahrhaftigen Aussage und dem der Rettung des Lebens seiner Freunde bestehende Wertdifferenz verantwortlich gemacht werden. Hält man wie N. Hartmann in solchen Fällen das Leben für den vorzugswürdigen Wert, dann ist der Handelnde sittlich verpflichtet, das kleinere Übel der Falschaussage in Kauf zu nehmen. Hält man dagegen wie I. Kant an der Vorzugswürdigkeit der Vermeidung jeglicher Falschaussage fest, dann ist es dem Handelnden sittlich geboten, den Tod seiner Freunde in Kauf zu nehmen. Unter beiden Voraussetzungen wäre es aber sinnlos, von sittlicher Schuld zu sprechen, weil das mit der für richtig gehaltenen Handlungsweise notwendig verbundene nachzustellende Maß an Übel niemals in der Macht des Handelnden gelegen hat.
Aus diesen Überlegungen folgt für das Problem einer deontologischen Bestimmung des Inhalts sittlicher Normen, wie z. B. der Pflicht, nicht die Unwahrheit zu sagen, gleichgültig, welche Folgen die Erfüllung dieser Pflicht mit sich brächte, daß solche Normen nur dann mit dem Axiom

140 Auch wenn N. Hartmann dies nicht ausdrücklich sagt, so geht es doch eindeutig aus seinen Ausführungen hervor.

‚Sollen setzt Können voraus' vereinbar sind, wenn eine Kollision solcher deontologischer Pflichten miteinander undenkbar ist. Insofern N. Hartmann sowie die anderen genannten Vertreter der Möglichkeit von Pflichtenkollisionen im eigentlichen Sinn an deontologisch begründeten Normen festhalten, die miteinander kollidieren können, ist zu schließen, daß der Inhalt wenigstens einiger dieser Normen von ihnen falsch bestimmt worden ist.

Damit wird bereits eine erste Schwierigkeit deutlich, die mit der deontologischen Begründung von sittlichen Pflichten verbunden ist: Will man mehr als eine dieser Pflichten behaupten, dann steht man in der Gefahr, unter Umständen einen Vorstoß gegen das Widerspruchsprinzip in Kauf nehmen zu müssen, falls es einem nämlich nicht gelingt, mögliche Kollisionen der behaupteten ‚aktuellen' deontologischen Pflichten völlig auszuschließen. Tatsächlich sind es im allgemeinen auch „nur wenige Verhaltensweisen, die man deontologisch zu beurteilen pflegt, z. B. die Falschaussage (Lüge), die Selbsttötung und die Tötung eines schuldlosen anderen, sodann gewisse sexuelle Handlungsweisen wie die Masturbation. Die Quäker fassen das Eidesverbot deontologisch auf, viele Christen die Unauflöslichkeit der Ehe."[141]

Die zweite grundlegende Schwierigkeit, auf die aber in dieser Arbeit nicht weiter eingegangen werden kann, besteht darin, daß sich deontologische Normen auf Handlungen beziehen, „deren intendierte Folgen ausschließlich in nicht-sittlichen Gütern und nicht-sittlichen Übeln bestehen".[142] Dennoch aber bestimmen sie die sittliche Richtigkeit bzw. Falschheit der Handlungen nicht von deren guten bzw. üblen Folgen her. Dies bringt es mit sich, daß jemand, der deontologische Normen vertritt, auch behaupten muß, es seien Situationen denkbar, in denen die sittlich richtige Handlungsweise insgesamt ein größeres Maß an nicht-sittlichen Übeln zur Folge hat als die sittlich falsche. Die Richtigkeit einer solchen Annahme ist aber kaum einsichtig zu machen. Außerdem halten die für die traditionell deontologisch gefaßten Normen vorgebrachten Gründe einer genauen Prüfung wohl kaum stand.[143]

Die Frage, ob eine deontologische Begründung einiger weniger sittlicher Normen mit Recht vertreten werden kann oder nicht, mag dahingestellt bleiben. Denn für das hier anstehende Problem genügt die Feststellung, daß eine Kollision solcher Normen von vornherein ausgeschlossen sein muß. Für die Frage nach der sittlichen Beurteilung des Kompromisses bedeutet

141 *B. Schüller*, Die Begründung sittlicher Urteile, a. a. O. 143.

142 Ebd. 153.

143 Einige der vorgebrachten Gründe versucht *B. Schüller*, ebd. 131–213, zu widerlegen.

dies dann, daß nicht nur nicht behauptet werden kann, durch *jeden* Kompromiß werde der Handelnde notwendig sittlich schuldig, sondern daß auch die einschränkende Behauptung unhaltbar ist, nur in einigen *wenigen* Situationen, und zwar dann, wenn ‚aktuelle' deontologische Normen miteinander kollidierten, gebe es Kompromisse, die zwar in gewissem Sinne pflichtgemäß, dennoch aber grundsätzlich sittlich anfechtbar seien.

Wenn auch die Behauptung einer Pflichtenkollision im eigentlichen Sinn und damit eines Kompromisses, durch den man notwendig schuldig werde, logisch nicht haltbar ist, so schließt dies keineswegs, wie bereits gezeigt, die Annahme von Kollisionen hypothetischer sittlicher Pflichten aus. In diesem Sinn spricht E. Brunner von der Kollision „vorläufiger Anweisungen" und W. D. Ross von der Konkurrenz von „prima facie Pflichten". Insofern W. D. Ross alle prima facie Pflichten deontologisch begründet, ist seine Normierungstheorie ein Beispiel dafür, daß man durchaus an einer Vielzahl von deontologischen Normen, die auch miteinander kollidieren können, festhalten kann, ohne das Axiom ‚Sollen setzt Können voraus' aufgeben zu müssen.[144] Vielleicht hat auch N. Hartmann, wenn er von „Wertekollisionen" spricht, nichts anderes im Sinn als die Konkurrenz von prima facie Pflichten. Sollte dies der Fall sein – und dafür spricht etwa sein ungewöhnlicher Gebrauch des Wortes ‚Schuld' im Zusammenhang mit der Erörterung der Kollision der Pflicht, nicht die Unwahrheit zu sagen, mit anderen Pflichten – (‚gesollte Schuld', ‚Schuld, auf die man stolz sein darf') –, dann wäre gegen seine Ausführungen sachlich nichts einzuwenden, obwohl manche Formulierungen äußerst mißverständlich wären.

[144] Vgl. zur Normierungstheorie W. D. Ross': *R. Ginters,* a. a. O. 120–139.

Zusammenfassung

Der Kompromiß wurde in dieser Arbeit definiert als ein Ausgleich zur gleichzeitigen Teilverwirklichung mehrerer gegenläufiger Interessen. Obwohl der Wortgebrauch bei H. Thielicke und W. Trillhaas mit dieser Definition nicht völlig übereinstimmt, ließ sich doch zeigen, daß die festzustellenden Unterschiede keinerlei Auswirkungen auf die Erörterung der ethischen Problematik haben. Mit seiner These von der grundsätzlichen sittlichen Verwerflichkeit des Kompromisses stellt H. Thielicke, genau genommen, zwei Behauptungen auf: Erstens sagt er, jedes Handeln im Kompromiß sei sittlich schlecht; darüber hinaus hält er zweitens aber auch jeden Kompromiß als Handlung in einem fundamentalen Sinn für sittlich falsch. Die erste Behauptung ergibt sich ohne weiteres aus der traditionellen reformatorischen Rechtfertigungslehre, die wiederum von der Interpretation der Allwirksamkeit Gottes als Alleinwirksamkeit abhängig ist. Für die zweite Behauptung, deren Überprüfung das vornehmliche Ziel dieser Arbeit ist, führt H. Thielicke, wie eine genaue Analyse zeigt, wenigstens zwei Gründe an. Einmal hält er jeden Kompromiß in einem fundamentalen Sinn für sittlich falsch, weil er die Welt als total verderbt und daher jedes Eingehen auf ihre Möglichkeiten als den Versuch eines Ausgleichs mit der Sünde ansieht. Diese These ist aber nur haltbar, wenn man nicht zwischen dem sittlichen Wert bzw. Übel und den nicht-sittlichen Werten bzw. Übeln unterscheidet. Jeder Kompromiß ist zweitens auch deshalb für ihn in einem fundamentalen Sinn sittlich anfechtbar, weil er den Inhalt der sittlichen Forderungen von einem Idealzustand der Welt her meint bestimmen zu müssen. Eine solche Behauptung läßt sich aber bei univokem Gebrauch der Wörter ‚sittlich richtig' und ‚falsch' nicht aufrechterhalten, ohne daß damit gegen das Prinzip vom ausgeschlossenen Widerspruch verstoßen würde. Aus demselben Grund muß aber gleichfalls die vielleicht auch von H. Thielicke vertretene Ansicht einiger Ethiker zurückgewiesen werden, wenigstens die Kompromisse zwischen kollidierenden ‚aktuellen' deontologischen Normen seien grundsätzlich sittlich anfechtbar; denn man kann nicht zugleich die Gültigkeit des Widerspruchsprinzips und die Möglichkeit von Kollisionen kategorisch gebietender Handlungsanweisungen behaupten. Will man also nicht gegen das Widerspruchsprinzip verstoßen, dann läßt sich die zweite Behauptung H. Thielickes nur dann aufrechterhalten, wenn man sie dahingehend interpretiert, daß mit ihr gesagt sein soll, jeder Kompromiß stelle insofern ein bedauerliches Übel dar, als durch ihn das Wünschenswerte nur zu einem Teil verwirklicht werden kann.

Damit kann also als Ergebnis dieser Arbeit festgehalten werden, daß die These von einer grundsätzlichen sittlichen Verwerflichkeit des Kompromisses in dem genannten doppelten Sinn, wenn sie mehr besagen sollte, als daß jeder Kompromiß ein ‚bedauerliches' Übel darstellt, nicht aufrechterhalten werden kann. Demnach stellt der Kompromiß bei der sittlichen Beurteilung von Handlungen in keiner Hinsicht einen Sonderfall dar, sondern er unterliegt denselben Beurteilungskriterien wie jede andere Handlung auch.

Damit ist gleichzeitig erwiesen, daß H. Thielickes deontologische Normierungsweise, die in seinen Ausführungen zum Kompromiß besonders klar hervortritt, nicht haltbar ist. Gleiches gilt von N. Hartmanns Versuch, das Problem der Kollision deontologisch begründeter Pflichten so zu lösen, daß die sich aus I. Kants Normierungstheorie ergebenden Schwierigkeiten ausgeräumt werden können. Mit Hilfe der Unterscheidung zwischen prima facie und aktuellen Pflichten ist es demgegenüber W. D. Ross, der ebenfalls die sittlichen Normen deontologisch begründet, gelungen, das mit der möglichen Kollision von Pflichten verbundene Problem zu lösen.[1]

Die Frage nach der ethischen Normierung von Handlungen und damit auch die von Kompromissen läßt sich aber auch grundsätzlich anders beantworten, nämlich durch eine teleologische Normierungstheorie, in der Pflichtenkollisionen im eigentlichen Sinn und grundsätzlich sittlich anfechtbare Kompromisse von vornherein ausgeschlossen sind. Nach einer solchen Theorie wird nämlich die Richtigkeit einer Handlung allein von den zu erwartenden guten und üblen Folgen her bestimmt. Der sittlich richtige Kompromiß wäre jener, durch den bei unparteiischem Urteil aufs Ganze gesehen ein Optimum an Wert bzw. ein Minimum an Übel realisiert wird.[2]

[1] In ähnlicher Weise behandeln die katholischen Autoren P. Chirico und D. E. Hurley dieses Problem: *P. Chirico*, Tension, morality and birth control, in: Theological Studies 28 (1967), 258–285; *D. E. Hurley*, Ein neues Moralprinzip, wenn Recht und Pflicht sich widersprechen, in: Orientierung 31 (1967), 134–136; *ders.*, In defense of the principle of overriding right, in: Theological Studies 29 (1968), 301–309.

[2] Es ist ausdrücklich anzumerken, daß unter den zu berücksichtigenden guten

und üblen ‚Folgen' nicht nur die durch eine Handlung verursachten Wirkungen verstanden werden, sondern darüber hinaus auch der Wertcharakter, der bestimmten Handlungen als solchen zukommt, insofern sie entweder Realisation bzw. Teilrealisation von Wert darstellen oder ihnen eine bestimmte Ausdrucksqualität anhaftet. Das Wort ‚Folgen' ist also im weitesten Sinn zu verstehen, so daß etwa auch der Wert, den die Betrachtung eines Kunstwerks darstellt, oder auch der Sinngehalt, der in der Übergabe eines Geschenkes liegt, mitberücksichtigt werden. Die guten und üblen Folgen werden mit Hilfe von Wertvorzugsregeln gegeneinander abgewogen: So ist ceteris paribus etwa der höhere Wert dem niederen vorzuziehen, der fundierende dem fundierten, der dringlichere dem weniger dringlichen usw. Zu den Wertvorzugsregeln vgl. die Ausführungen in den Handbüchern der katholischen Moraltheologie unter den Stichwörtern ‚ordo bonorum', ‚conscientia perplexa', ‚actus cum duplici effectu'; vgl. auch *H. Reiner*, Die Grundlagen der Sittlichkeit, a. a. O. 166–178; *B. Schüller*, Die Begründung sittlicher Urteile, a. a. O. 39–101.

Literaturverzeichnis

Althaus, P.	Die Theologie Martin Luthers, Gütersloh 1962
Aristoteles	Nikomachische Ethik, übers. von F. Dirlmeier, Stuttgart 1969
Bentum, A. van	Helmut Thielickes Theologie der Grenzsituation, Paderborn 1965
Bring, R.	Das Verhältnis von Glauben und Werken in der lutherischen Theologie, München 1955
Brunner, E.	Das Gebot und die Ordnungen, Zürich [4]1939
Brunner, E.	Dogmatik, Bd. II, Zürich–Stuttgart [2]1960
Bultmann, R.	Das Problem der Ethik bei Paulus, in: Zeitschrift für neutestamentliche Wissenschaft 23 (1924), 123–140
Bultmann, R.	Theologie des Neuen Testaments, Tübingen [4]1961
Chirico, P.	Tension, morality and birth control, in: Theological Studies 28 (1967), 258–285
Demmer, K.	Entscheidung und Kompromiß, in: Gregorianum 53 (1972), 332–351
Ebeling, G.	Luther II. Theologie, in: RGG IV, Tübingen [3]1960, 495 bis 520
Fichte, I. H. von	System der Ethik, Bd. II, Aalen 1969 (Neudruck der Ausgabe Leipzig 1851)
Frank, F. H.	System der christlichen Sittlichkeit, Bd. I, Erlangen 1884
Frege, G.	Funktion und Begriff, Göttingen [3]1969
Freytag-Löringhoff, B. von	Logik, Stuttgart [4]1966
Fuchs, B.	System der christlichen Sittenlehre oder Katholische Moraltheologie, Augsburg 1851
Ginters, R.	Versprechen und Geloben, Düsseldorf 1973
Göpfert, F. A.	Moraltheologie, Bd. I, Paderborn [3]1901
Gründel, J.	Überlegungen zum Wesen und zur Eigenart der Sünde, in: G. Teichtweier – W. Dreier (Hrsg.), Herausforderung und Kritik der Moraltheologie, Würzburg 1971, 131–148
Grundmann, W.	Das Evangelium nach Matthäus, Berlin 1968
Haering, Th.	Das christliche Leben: Ethik, Stuttgart 1913
Hare, R. M.	Freiheit und Vernunft, Düsseldorf 1973
Hartenstein, G.	Die Grundbegriffe der ethischen Wissenschaften, Leipzig 1844
Hartmann, N.	Ethik, Berlin [4]1962
Hörmann, K.	Wahrheit und Lüge, Wien–München 1953
Hurley, D. E.	Ein neues Moralprinzip, wenn Recht und Pflicht sich widersprechen, in: Orientierung 31 (1967), 134–136

Hurley, D. E.	In defense of the principle of overriding right, in: Theological Studies 29 (1968), 301–309
Jöhr, W. A.	Der Kompromiß als Problem der Gesellschafts-, Wirtschafts- und Staatsethik, Tübingen 1958
Kant, I.	Grundlegung zur Methaphysik der Sitten, in: ders., Werke, Bd. IV, hrsg. von W. Weischedel, Wiesbaden 1956
Kant, I.	Kritik der praktischen Vernunft, in: ebd.
Kant, I.	Die Metaphysik der Sitten, in: ebd.
Kant, I.	Über ein vermeintes Recht aus Menschenliebe zu lügen, in: ebd.
Kern, A.	Die Lüge, Graz 1930
Kinder, E.	Sünde und Schuld V, in: RGG VI, Tübingen 31962, 489–494
Koch, A.	Lehrbuch der Moraltheologie, Freiburg 21907
Köstlin, J.	Christliche Ethik, Berlin 1899
Kübel, R.	Christliche Ethik, hrsg. von G. Weißer, München 1896
Lehmkuhl, A.	Theologia moralis, Bd. I, Freiburg 121914
Lemme, L.	Christliche Ethik, Berlin 1905
Linsenmann, F. X.	Lehrbuch der Moraltheolgie, Freiburg 1878
Lipmann, O. – Plaut, P.	Die Lüge in psychologischer, philosophischer, sprach- und literaturwissenschaftlicher Betrachtung, Leipzig 1927
Løgstrup, K. E.	Die ethische Forderung, Tübingen 1959
Lotz, J. B.	Widerspruch, in: LThK X, Freiburg 21965, 1091f.
Luthardt, Ch. E.	Compendium der theologischen Ethik, Leipzig 21898
Martensen, H. L.	Christliche Ethik, Bd. I, Berlin 61892
Mausbach, J. – Ermecke, G.	Katholische Moraltheologie, Bd. I, Münster 91959
Mayer, E. W.	Ethik, christliche Sittenlehre, Gießen 1922
Metz, J. B.	Christliche Anthropozentrik, München 1962
Metz, J. B.	Freiheit III. Theolgisch, in: HthG I, München 1962, 403–414
Monzel, N.	Kompromiß, in: Staatslexikon X, Freiburg 1959, 1203–1206
Müller, E.	Theologia moralis, Vindabonae 31878
Müller, E.	Kompromiß, in: Evangelisches Soziallexikon, Stuttgart-Berlin 51965, 709–712
Müller, G.	Die Wahrhaftigkeitspflicht und die Problematik der Lüge, Freiburg 1962
Nink, C.	Philosophische Gotteslehre, München 1948
Nohl, H.	Die sittlichen Grunderfahrungen, Frankfurt 21947
Noldin, H.	Summa theologiae moralis, Bd. I, Oeniponte 341962
Ott, L.	Grundriß der katholischen Dogmatik, Freiburg 51961
Pruner, J.	Lehrbuch der katholischen Moraltheologie, Freiburg 1875
Rahner, K.	Probleme der Christologie von heute, in: Schriften zur Theologie, Bd. I, Einsiedeln–Zürich–Köln 61962, 169–222
Rast, M.	Freiheit Gottes, in: W. Brugger (Hrsg.), Philosophisches Wörterbuch, Freiburg 71959, 94
Reiner, H.	Die ethische Weisheit der Stoiker heute, in: Gymnasium 76 (1969), 330–357
Reiner, H.	Die Grundlagen der Sittlichkeit, Meisenheim 1974
Reiner, H.	Die philosophische Ethik, Heidelberg 1964
Rothe, R.	Theologische Ethik, Bd. III, Wittenberg 21870
Reinhard, F. V.	System der christlichen Moral, Bd. II, Reutlingen 41813

Ross, W. D.	The Right and the Good, Oxford [7]1965
Schilling, O.	Lehrbuch der Moraltheologie, Bd. I, München 1928
Schlier, H.	Der Brief an die Galater, Göttingen [4]1965
Schleiermacher, F. D.	Grundlegung der Kritik der bisherigen Sittenlehre, in: Werke, Auswahl in vier Bänden, hrsg. von O. Braun und J. Bauer, Bd. I, Leipzig 1927
Schnackenburg, R.	Die sittliche Botschaft des Neuen Testaments, München [2]1962
Schott, E.	Willensfreiheit, in: RGG VI, 1719–1725
Schüller, B.	Die Begründung sittlicher Urteile, Düsseldorf 1973
Schüller, B.	Gesetz und Freiheit, Düsseldorf 1966
Seeberg, R.	System der Ethik, Leipzig–Erlangen [2]1920
Siewerth, G.	Freiheit I. Philosophisch, in: HthG I, München 1962, 392 bis 398
Siewerth, G.	Thomas von Aquin: Die menschliche Willensfreiheit, Düsseldorf 1954
Søe, N. H.	Christliche Ethik, München [3]1965
Steubing, H.	Der Kompromiß als ethisches Problem, Gütersloh 1955
Thielicke, H.	Geschichte und Existenz, Gütersloh [2]1964
Thielicke, H.	Der Glaube der Christenheit, Göttingen [5]1965
Thielicke, H.	Theologische Ethik, Bd. I, Tübingen [3]1965; Bd. II, 1, Tübingen [3]1965; Bd. III, Tübingen [2]1968
Trillhaas, W.	Dogmatik, Berlin 1962
Trillhaas, W.	Ethik, Berlin [1]1959 und [3]1965
Trillhaas, W.	Ethik, in: Evangelisches Staatslexikon, Stuttgart 1969, 442 bis 449
Trillhaas, W.	Kompromiß, in: ebd. 1113–1116
Trillhaas, W.	Zum Problem des Kompromisses, in: Zeitschrift für evangelische Ethik 4 (1960), 355–364
Vries, J. de	Widerspruch, in: W. Brugger (Hrsg.), Philosophisches Wörterbuch, Freiburg [7]1959, 378
Walther, D.	Der Kompromiß in der römisch-katholischen Moral und der evangelisch-lutherischen Ethik, Diss. Heidelberg 1956
Walther, D.	Zur Behandlung des Kompromißproblems in der Geschichte der evangelisch-lutherischen Ethik, in: Kerygma und Dogma, Bd. IV (1958), 73–111
Zink, G.	Der Begriff des Kompromisses, sein Ort, sein Rang und seine Verwandlung in der theolgischen Ethik, Diss. Hamburg 1955
Zink, G.	Der christliche Glaube und der Kompromiß, in: Die Mitarbeit 11 (1962), 110–114
Zink, G.	Versöhnendes Handeln, in: ebd. 153–156